Eduard Dreher

Der Traum als Erlebnis

zugleich eine Auseinandersetzung
mit Sigmund Freuds Traumdeutung

Verlag Franz Vahlen
München

CIP-Kurztitelaufnahme der Deutschen Bibliothek

Dreher, Eduard:
Der Traum als Erlebnis : zugl. e. Auseinandersetzung mit Sigmund Freuds Traumdeutung / Eduard Dreher. – München : Vahlen, 1981.
ISBN 3-8006-0871-5

ISBN 3 8006 0871 5

Umschlaggestaltung: Bruno Schachtner, Dachau

Satz und Druck: Mühlberger, Augsburg

Eduard Dreher
Der Traum als Erlebnis

Dem Andenken meiner Frau Lucie,
die keinen geringen Anteil an
dieser Arbeit hat

Eine Nacht! und war ein Leben.
Eine Nacht. Es war ein Traum.

Grillparzer: Der Traum, ein Leben.

Vorwort

Der von der Antike bis in die neueste Zeit reichenden Flut von Literatur über den Traum noch eine weitere Schrift hinzuzufügen, muß als ein Wagnis erscheinen, zumal wenn der Autor wie ich weder Psychiater noch Psychologe ist und die Literaturflut nicht so beherrschen kann, wie es ihm selbst wünschenswert wäre. Aber ich habe mich seit meiner Jugendzeit immer wieder mit dem ewig jungen Thema Traum befaßt und bin dabei zu Einsichten gelangt, die mir teils neu erscheinen, teils alten Erkenntnissen neue Akzente geben, so daß ich glaube, sie der öffentlichen Diskussion zugänglich machen zu sollen. Es handelt sich dabei um eine Strukturanalyse des Traums, die mit ihren Ergebnissen in Widerspruch zur tiefenpsychologischen Deutung der Träume gerät, wie sie die Theorie heute noch beherrscht. Meine Schrift enthält daher nach Entwicklung meiner eigenen Theorie in einem zweiten Teil eine eingehende Auseinandersetzung mit der modernen Traumdeutung, vor allem aber mit Sigmund Freuds epochemachendem Werk „Die Traumdeutung".

Ich habe die Schrift in einem Stil gehalten, der wissenschaftlichen Ansprüchen genügen zu können meint, aber auch für den gebildeten Laien verständlich sein und sein Interesse an dem Thema wecken oder vertiefen soll. Das Thema verdient es. Denn der Traum ist eine Sache, die uns alle angeht.

Bonn, im Januar 1981 *Eduard Dreher*

Inhalt

Einleitung 1

1. Die Ähnlichkeit mit der Welt des wachen Menschen 6
2. Eine zweite Welt im Menschen 19
3. Eine ganz andere Welt 36
4. Traumerleber und Traumspieler 52
5. Der Traumerleber 62
6. Der Traumspieler 77
7. Das Material des Traumspielers und seine Traumthemen 93
8. Die Entstehung des einzelnen Traumes 121
9. Die Folgerungen 132
10. Traum als Erlebnis oder als Geheimsprache? 153
11. Sigmund Freuds Traumdeutung 169
12. Freuds Wunscherfüllungstheorie 188
13. Zensur und Traumarbeit 203
14. Der Traumentstehungsprozeß in der Lehre Freuds . 218
15. Grundsätzliche Einwände 232
16. Der Traum, ein Leben 244

Anmerkungen 257

Einleitung

Zwischen der antiken Auffassung von der Natur der Träume und der modernen Traumtheorie, wie sie vor allem dem Genie Sigmund Freuds zu verdanken ist, gibt es zweifellos gravierende Unterschiede. Aber es zeigen sich auch frappierende Parallelen. Das gilt nicht nur für Einzelheiten wie etwa die Übereinstimmung zwischen antiken Autoren und der psychoanalytischen Schule über die Symbolbedeutung gewisser in Träumen häufig auftauchender Gebilde. Eine bemerkenswerte Übereinstimmung ist gerade in Grundauffassungen vom Wesen der Träume zu konstatieren. Die erste geht dahin, daß Träume nicht etwa nur bedeutungslose Schemen darstellen, sondern einen Sinn haben. Sie zeigen an, wie es um den Träumer, seine Situation, seine Wünsche und Sorgen, aber auch um seine Zukunft bestellt ist. Dieses Anzeigen aber wird seltsamerweise – und in dieser zweiten Grundauffassung liegt das Besondere dieser Lehren – im Traum nicht offen, sondern regelmäßig in einer verschlüsselten Geheimsprache übermittelt, die dem unkundigen Träumer unverständlich bleibt. Der Sinn des Traumes ist ihm verborgen. Ihn zu deuten, ist einem engen Kreis Wissender vorbehalten, in der Antike der Kaste der Priester und sonstigen Traumdeuter und Magier, heute dem analysierenden Psychiater, auf dessen Couch sich der wißbegierige Träumer vertrauensvoll zu legen hat. Träume sind also zwar das Erlebnis aller, ihr Verständnis aber ist das Monopol einer Elite der Deuter. Unter den Divergenzen zwischen den Auffassungen der beiden Zeitepochen hat Freud selbst einen Unterschied seiner Methode zur Antike vor allem darin gesehen, daß es für ihn darauf ankomme, was dem Träumer zu seinem Traum einfalle, während in der Antike der Einfall des Traumdeuters entscheidend gewesen sei.[1] Doch

---

[1] Die Anmerkungen zu den einzelnen Abschnitten befinden sich am Ende des Buches.

kann dahin gestellt bleiben, inwieweit diese Unterscheidung zutrifft, denn auch bei der Assoziationsmethode der Tiefenpsychologie kommt es letztlich darauf an, was dem Deuter selbst zu den Einfällen des Träumers einfällt. Doch wie auch immer, die aufgezeigten grundsätzlichen Parallelen zwischen antiker und moderner Traumauffassung werden dadurch nicht berührt.

Den soziologischen Auswirkungen dieser eigentümlichen Situation nachzugehen, die den wissensdurstigen Träumer auf die elitäre Kaste der Deuter verweist, ist hier nicht der Ort. Immerhin soll am Rande vermerkt werden, daß die traumdeutenden ägyptischen Priester zu immensem Reichtum kamen.[2] Für unsere Untersuchung interessiert vor allem die Feststellung, daß die Beschäftigung der Menschen mit ihren Träumen mit deren Deutung beginnt und ihren Höhepunkt in der Moderne wiederum in deren Deutung findet. Deutung aber setzt Verborgenheit des Traumsinns, setzt Deutungsbedürftigkeit voraus und es ist an der Frage nicht vorbeizukommen: Wenn der Traum dem Menschen Wichtiges über ihn selbst zu offenbaren hat, warum tut er das nicht in einer dem Träumer verständlichen Form, sondern in einer dunklen Geheimsprache, die zu lesen nur einem kleinen Kreis von Kundigen möglich ist? Die Antike hat, soweit ich sehe, keine Antwort auf diese Frage gegeben, ja hat sie nicht einmal als Frage erkannt. Wie die moderne Traumtheorie versucht hat, mit dem Problem fertig zu werden, wird im Verlauf dieser Untersuchung gezeigt werden.

Im Gegensatz zu den eben geschilderten Grundauffassungen hat sich denn auch spätestens seit der Aufklärung eine Gegenströmung entwickelt, welche die Deutungsbedürftigkeit der Träume schon deshalb verneinte, weil sie ihnen einen der Deutung fähigen Sinn von vornherein absprach. Im Volke hat diese Auffassung ihren Niederschlag in dem bekannten Sprichwort gefunden: „Träume sind Schäume“. In der Wissenschaft kam die sogenannte Traumforschung vor allem der zweiten Hälfte des 19. Jahrhunderts zu dem Ergebnis, daß die Träume ohne tieferen Sinn seien und es sich dabei um nichts anderes als bedeutungslose Auswirkungen interner organischer oder externer mechanischer Einflüsse handle. Konnte das aber die bunte Bilderwelt der Träume ausreichend erklären? Bezeichnend ist die Antwort, die ein so prominenter, aber auch typischer Vertreter der Epoche wie der Psychologe Wilhelm Wundt darauf geben zu können meinte. Er nannte den Traum kurzerhand einen „normalen, zeitweiligen Wahnsinn".[3]

Es war die große Tat Freuds, diese den Traum nüchtern herabsetzende naturwissenschaftliche Auffassung mit historisch gewordenem Erfolg widerlegt zu haben. Er war es, der den Begriff des Unbewußten zum zentralen Punkt für das Verständnis der menschlichen Psyche machte und den Traum begriff er als die „Via regia zur Kenntnis des Unbewußten im Seelenleben".[4] Zwar war Freud dabei nicht ohne Vorläufer. Schon in der Traumdeutungslehre des Talmud finden sich Erkenntnisse, die Freud vorwegzunehmen scheinen.[5] 1869 erschien Eduard v. Hartmanns „Philosophie des Unbewußten", ein Werk, das damals auf heftige Kritik stieß, aber heute als Vorläufer der modernen Tiefenpsychologie angesehen werden kann. 1871 schon bezeichnete Griesinger den Traum als Wunscherfüllung[6] und traf damit einen zentralen Punkt in Freuds späterer Lehre. Auch die Namen von Novalis und Carus sind in diesem Zusammenhang zu nennen, wie überhaupt die Romantik ihrem Wesen nach dem Traum ein ganz anderes Wertverständnis entgegenbrachte als vor ihr die Aufklärung und nach ihr die naturwissenschaftlich orientierte zweite Hälfte des 19. Jahrhunderts. Daß Friedrich Nietzsche da mit seiner der Zeit weit vorauseilenden Philosophie eine gewichtige Ausnahme macht, verdient hervorgehoben zu werden, und es ist auch nicht zu vergessen, daß im Volke die Überzeugung von der geheimen oder offenen Bedeutung der Träume immer lebendig blieb. Das beweist die ununterbrochene Reihe der Traumbücher, von den Babyloniern angefangen über den bedeutenden Griechen Artemidor und den Mailänder Arzt Cardanus als Repräsentanten der Renaissance bis hin z. B. zu dem „Großen arabisch-ägyptischen Traumbuch“, das 1957 in Wien erschien.

Für die Argumentation Freuds und deren späteres Gewicht war es von erheblicher Bedeutung, daß seine Lehre keine nur gedachte Theorie oder Philosophie war, sondern daß er sie aus der Empirie entwickelte, und zwar nicht um ihrer selbst willen, sondern als eines seiner therapeutischen Mittel, um die Neurotiker, die seine Patienten waren, zu heilen. Seine Forschungsform war also eine praktisch induktive, keine von irgendwelchen Abstraktionen herkommende deduktive Methode. Darauf hat schon C. G. Jung mit Recht hingewiesen.[7] Mit diesem beachtlichen Vorzug waren aber auch Nachteile verbunden. Abgesehen davon, daß Freud, wie zu zeigen sein wird, beim Ausbau seiner Lehre den Boden der Empirie verließ und spekulative Hypothesen zu wissenschaftlichen Erkenntnissen erheben wollte, war es auch ein Nachteil, daß er sich ebenso wie seine Vorgänger in der Antike sofort auf die Deutung der Träume stürzte und diese Deutung zu einem praktischen medizinischen Zweck betrieb. Freuds Ziel war, wie er schon am Anfang seines epochemachenden Werkes klar aussprach[8] und in dessen Titel offen zum Ausdruck brachte, die Deutung der Träume. Die Vorfrage, ob sie überhaupt deutungsbedürftig seien, behandelte er nicht. Auch mit dem Phänomen Schlaf z. B. wollte er sich nicht befassen.[9] Und diese Traumdeutung betrieb er, wie gesagt, nicht als zweckfreie Wissenschaft, sondern mit therapeutischen Zielen.[10] Das mußte zu einer Einengung des Gesichtsfeldes führen, zumal sich Freuds Forschung weitestgehend am Traummaterial seiner neurotischen Patienten orientierte. Dieser Punkt wird später noch näher zu beleuchten sein. So wie Freud selbst waren auch seine Nachfolger in der Tiefenpsychologie in aller Regel Psychiater, welche die Traumdeutung als therapeutisches Instrument einsetzten und ihre Erkenntnisse aus den Träumen ihrer Patienten herleiteten. Das gilt vor allem auch für C. G. Jung, der ursprünglich der Lieblingsschüler und auserkorene geistige Erbe Freuds war, später aber von ihm abfiel und eine eigene Lehre vom Unbewußten und vom Traum entwickelte, die wohl die bedeutendste nach Freud geblieben ist, zumal Alfred Adler, dessen tiefenpsychologischer Rang hier nicht verkleinert werden soll, dem Traum keine besondere Bedeutung beimaß.

Die eben aufgezeigte Entwicklung führte dazu, daß die zweckfreie Untersuchung des Phänomens Traum als solchem zu kurz kam. Für die medizinisch orientierte Traumforschung erschien eine solche Untersuchung, insbesondere der Versuch, den Einzelheiten der Traumerscheinungen nicht nur nachzugehen, sondern ihnen auch Sinn abzugewinnen, von vornherein zwecklos. Einem Phänomen, das man *a limine* als sinnlos ansieht und für partiellen Wahnsinn hält, läßt sich kein Sinn entnehmen. Man begnügte sich damit, z. B. den Alptraum als Folge eines überladenen Magens anzusehen. Das genügte.

Freud und die ihm folgenden Psychiater hingegen wollten ihre Patienten heilen und zu diesem Zweck deren Träume deuten. Auch wenn sie sich dabei intensiv mit der Entstehung, der Struktur und den Erscheinungsformen des Traumes in zahlreichen Untersuchungen befaßten, taten sie das nicht, um zunächst systematisch objektive Erkenntnisse vom Wesen des Traumes zu gewinnen. Sondern sie hatten dabei stets ihr therapeutisches Ziel im Auge und übersprangen auf diese Weise eine Forschungsstufe, um die sie sich, bevor sie an die Aufgabe der Deutung von Träumen herangingen, erst einmal näher hätten bemühen müssen, nämlich um die zweckfreie Erforschung des Traums, wie er sich als psychisches Phänomen darstellt. Vor jeder etwaigen Traumdeutung muß eine gründliche Untersuchung der Struktur des Traumes stehen, so wie er sich in der ganzen Vielfalt seiner Erscheinungsformen abspielt. Daran scheint es mir bisher, wenn ich richtig sehe, noch zu fehlen. Es fehlt, um es auf einen knappen Begriff zu bringen, auch wenn es sehr verdiente Vorarbeiten wie die von Hoche gibt, eine Phänomenologie des Traumes, jedenfalls in der Form, wie sie sich mir darstellt. Eine solche, wenigstens als Skizze zu entwerfen, ist das Ziel der folgenden Untersuchung. Sie kann sich auf zahlreiche Erkenntnisse aus früheren Arbeiten stützen. Aber es wird sich zeigen, daß die von mir durchgeführte Bestandsaufnahme nicht nur alten Beobachtungen neue Akzente gibt, sondern daß sie auch zu neuen Erkenntnissen führt, die eine kritische Auseinandersetzung mit den herrschenden Traumdeutungstheorien herausfordern. Bei meiner Darstellung werde ich mich nicht nur auf Träume beziehen, die im Schrifttum mitgeteilt werden, sondern weitgehend auch auf eigene Träume. Der Leser wird Verständnis dafür haben, daß die eigenen Träume für jeden Traumforscher ein besonders reichhaltiges Material liefern, auf dessen Verwertung er nicht verzichten darf und das auch weiteren Untersuchungen dienen kann.

1. Kapitel

Die Ähnlichkeit mit der Welt des wachen Menschen

Im Traum erlebt der Mensch sich selbst und eine Welt um sich, die er in aller Regel als ebenso real empfindet wie die seines Wachzustandes. Der Träumer fühlt sich als dasselbe Ich, dessen er sich in der Tageswelt bewußt ist, also als das Zentrum seines Lebens und zugleich als ein Innen, dem als das Außen eine Welt gegenübertritt, in der er wie im Wachzustand beobachtet, in Kontakte tritt, agiert und reagiert. Die Kontinuität seines Ichbewußtseins setzt sich für den Träumer aus dem Wachzustand in den Traum hinein und durch ihn fort.[1] So wie sich der Träumer, jedenfalls während seines Traumes, regelmäßig als mit sich selbst identisch erlebt, empfindet er auch das, was im Traum geschieht, während dieses Zustandes in aller Regel als eine den Vorgängen des Wachzustandes gleichkommende Wirklichkeit.[2] Die Traumvorgänge haben für ihn denselben Realitätswert.[3]

Träume sind also nicht nur wirkliche Erlebnisse der Seele,[4] für den Träumer selbst pflegen sie auch in ihren Bildern und Ereignissen als solchen Wirklichkeiten vorzustellen. Das gilt in besonderem Maße für die nicht seltenen Fälle, daß man träumt, man sei erwacht, in Wirklichkeit aber weiter träumt[5] und nun das, was folgt, mit großer Intensität als Vorgang des Wachzustandes empfindet. Freilich gilt das, was hier geschildert wird, nur für den Regelfall, es gibt auch Ausnahmen, nämlich Träume, bei denen dem Schläfer schon im Traum Zweifel an der Wirklichkeit des Geträumten kommen oder er sich sogar beruhigend oder bedauernd sagt, daß das alles ja nur ein Traum sei. Davon wird noch näher die Rede sein.[6] Und es braucht nicht hervorgehoben zu werden, daß die Wirklichkeitsvorstellung mehr oder weniger rasch verschwindet, sobald der Schläfer erwacht ist und sich seines Traumes erinnert.

Daß der Träumer das während des Traumes Geschehene wie einen Vorgang der Wachwelt empfindet, wird dadurch begünstigt, daß sich im Traum Szenen abspielen können, wie sie ebenso oder doch sehr ähnlich in der Wirklichkeit des Tages vorkommen könnten. Es kann sich dabei auch um ein längeres, zusammenhängendes und keineswegs sinnlos erscheinendes Geschehen handeln. Ich möchte das mit der Schilderung eines Traumes anschaulich machen, den ich in der Nacht zum 16. 9. 1979 hatte, mir beim Erwachen in dieser Nacht einzuprägen suchte und am Morgen aufzeichnete. Er läßt auch in Einzelheiten bemerkenswerte Elemente des Traumlebens erkennen. Während des gesamten Traumes war ich mit meiner im Oktober 1978 gestorbenen Frau zusammen.

Der Traum begann in einem hochgelegenen alten bayerischen Gasthaus. Dort waren wir erst in einem Raum allein und suchten dann nach einem anderen, wo wir essen wollten. Als wir in den Nachbarraum kamen, stand dort ein den größeren hinteren Teil sperrendes Schild, auf dem mit Handschrift geschrieben stand, daß heute wegen Todes des Inhabers geschlossen sei. Durch einen dritten Raum nach links gingen wir hinaus. Dort saß ein Mann bei einem verspäteten Frühstück und wir machten eine Bemerkung darüber, daß er wohl sehr spät ins Bett gekommen sei. Es geschahen dann drinnen und draußen vor dem Gasthaus Vorfälle, an die ich mich nicht mehr erinnern kann, die uns aber zu der anerkennend gemeinten Bemerkung veranlaßten, daß hier alles sehr bayerisch sei. Wir sagten dann, daß wir nun ins nächste Dorf gehen wollten, und die Szene verwandelte sich. Wir standen in ebenem Gelände, vor uns langgestreckte Felder, das eine direkt vor uns mit niedrigen, sehr grünen Pflanzen bestanden, links davon ein ähnliches Feld mit schwächerem Grün. Im Hintergrund sah man die zusammengedrängten, gelblich hellen Häuser eines Dorfes mit einem herausragenden Gebäude, wohl der Kirche. Wir erkannten das Dorf (im Wachzustand mir ganz unbekannt) und meine Frau wollte direkt über das Feld darauf zugehen. Ich sagte aber, wir könnten doch nicht über die Rüben gehen, und schlug vor, eine Allee zu wählen, die rechts von uns auf das Dorf zulief und auf der wir Leute gehen sahen. Wir gingen dorthin, unterwegs begegnete uns eine alte, schwer gehende Frau. Durch die Allee kamen wir zum Dorf und bogen in eine Straße links ein. Wir sprachen dabei über ein Thema, das ich beim Erwachen in der Nacht noch wußte, aber dann leider vergessen habe. Meine Frau sagte dazu, sie werde sich damit einmal befassen, wenn es auf das Ende zuginge. Bei dieser merkwürdigen Bemerkung fiel mir plötzlich ein, daß meine Frau doch schon tot sei, und ich erwog, ob sie nicht nur scheintot gewesen sei. Dem neigte ich zu und überlegte, was die Leute wohl sagen würden, wenn meine Frau plötzlich wieder zu Hause sei. Dann aber fiel mir ein, daß sie doch aus dem Sarg gekommen sein müßte, und konnte mir das nicht erklären, akzeptierte aber weiter, daß sie nun wieder lebendig sei, und sagte mir, sie habe vom Tod gar nichts gewußt, weil sie ja zwischen dem Sterben und Wiederlebendigwerden ohne Bewußtsein gewesen sei. Dann kamen wir in das Dorfwirtshaus und nahmen in einem Raum Platz, der leer war. Dort saßen wir an einem langen Tisch, auf den ich mein Notizbuch und andere

Sachen legte. Als niemand kam, gingen wir in einen weiteren Raum, der ebenfalls leer war und wo ein Schild an der Wand mit der Aufschrift „Post“ nach links wies. Uns wurde klar, daß im Wirtshaus auch die Post untergebracht war. In diesem Augenblick kam ein älterer Mann von rechts, offenbar der Wirt, und führte uns nach rechts durch einen Raum, der eine rötlich gefurchte alte Decke hatte, die wir bestaunten. Dann kamen wir in einen sehr langen Raum, an dessen rechter Wandseite lauter kleine Tische für zwei Personen standen, die alle von Menschen besetzt waren. Links standen hintereinander lange Tische, an denen noch etwas Platz war. Der Wirt brachte uns zu einem, wo nur eine Frau am Fenster saß. Ich setzte mich neben sie, meine Frau gegenüber. Eine Kellnerin kam. Darauf stand die Frau neben mir auf, um zu gehen. Dabei sagte sie, daß sie Leander heiße. Ich fragte sie nach einigem Überlegen, ob sie wisse, daß das Löwenmensch bedeute, wobei ich an den griechischen Ursprung des Namens dachte. Sie verneinte meine Frage, ich stand auf und ließ sie durch. Dann ging ich in den ersten Raum, um mein Notizbuch und die übrigen dort liegengelassenen Sachen zu holen, konnte sie aber nicht gleich finden. Es gab Schwierigkeiten, an die ich mich nicht erinnere. Dann erwachte ich.

Die umfangreichen, zusammenhängenden Vorgänge dieses Traums könnten sich, wenn man vom Tod meiner Frau und meinen Reflexionen über ihre Wiederkehr absieht, ebenso in der Wachwelt abgespielt haben, und zwar in allen Einzelheiten. An diesen Einzelheiten, die übrigens von zahlreichen Erinnerungen an das gemeinsame Leben mit meiner Frau durchwoben sind, läßt sich instruktiv ablesen, wie sehr Traumerlebnisse denen des Wachzustandes gleichen können. Der Träumer erlebt eine vollständige Welt mit dreidimensionalem Raum, sowohl in den Interieurs, hier in den Zimmern der beiden Gasthöfe, als auch draußen, wo sich eine ganze Landschaft mit Feldern, Dorf und Allee zeigt. Alles hat Plastik und Perspektive. So ist es in vielen Träumen. Es gibt auch Licht wie in der Wirklichkeit, scheinbares Tageslicht, künstliches Licht, es gibt Sonne, Mond und Sterne. Die Szene kann aber auch in der Dunkelheit spielen.

Der geschilderte Traum zeigt auch, daß Traumbilder wie in der Wirklichkeit in Farbe auftreten können, und zwar nicht nur in groben, einfachen Tönen, sondern sehr nuanciert. In dem geschilderten Traum zeigen die Felder ein verschiedenes Grün, die Häuser des Dorfes sind gelblich hell, die Decke in dem zweiten Gasthof rötlich gefurcht. In der Nacht zum 2. 10. 1978 träumte ich, daß mir in einem Geschäft Krawatten vorgelegt wurden. Die eine war dunkelrot, kreuzförmig von unterbrochenen Goldfäden durchzogen, eine zweite hatte einen dunkelblauen Knoten, während die Krawatte selbst ein weiches Grau zeigte. Daß Menschen farbig träumen können, wird auch im Schrifttum hervorgehoben, ja man hat versucht, auch den Farben im Traum einen spezifischen Symbolgehalt zuzuschreiben.[7] Demgegenüber gibt es Menschen, die behaupten, nur schwarzweiß zu träumen.[8] Auch einige meiner Bekannten haben das erklärt. Doch wird die Richtigkeit solcher Erinnerungen angezweifelt,[9] im Zeitungsartikel eines amerikanischen Autors im Jahre 1977 sogar behauptet, daß sich alle Träume in Farbe abspielen.[10] Ich vermag mich einer solchen apodiktischen Behauptung nicht anzuschließen, zumal ich mir nicht vorzustellen vermag, wie sie bewiesen werden könnte. Selbst wenn man in einzelnen Fällen festgestellt hätte, daß Menschen mit ihrer Erklärung, nur schwarz-weiß zu träumen, im Irrtum waren, wäre das noch bei weitem kein genereller Beweis. Ich halte es für möglich, daß Augenmenschen, für die das Optische im Leben die herausragende Rolle spielt, auch farbig träumen, während andere, bei denen das Akustische oder abstrakt Gedankliche im Vordergrund steht, vielleicht nur schwarz-weiße Bilder sehen. Ein so ausgesprochener Augenmensch wie Goethe, bei dem das musikalische Element nur unvollkommen entwickelt war, träumte jedenfalls farbig. In der Italienischen Reise berichtet er in Bologna am 19. 10. 1786 von einem Traum, in dem Einwohner einer reich bewachsenen Insel eine Art von Fasanen herbeibrachten, die „lange, farbig beaugte Schweife wie von Pfauen oder seltenen Paradiesvögeln" hatten; sie waren dann „so zierlich gehäuft, daß die langen bunten Federschweife, nach außen hängend, im Sonnenglanz einen herrlichen Schober bildeten."

So wie die Farben können auch Töne im Traum eine Rolle spielen. Es gibt, wie mein Traum vom 16. 9. 1978 zeigt, Gespräche und Reden. Aber auch Musik kann im Traum gehört werden. H. Ellis berichtet in seiner „Welt der Träume", daß er Haydns Schöpfung im Traum gehört habe.[11] Auch ein Bekannter hat mir erzählt, daß er im Traum nicht selten herrliche Musik höre. Ob es sich dabei nur um ein Quasi-Hören handelt, wie v. Siebenthal annimmt,[12] kann hier dahingestellt bleiben. Jedenfalls hat der Träumer das Erlebnis des Hörens. Auch die sonstigen Sinne des Menschen sind an den Träumen beteiligt.[13] Es gibt Tastgefühle und Berührungen, Hitze- und Kältegefühle, es gibt Gerüche und Geschmack. Freud berichtet vom Traum eines dreizehnjährigen Jungen, in dem der Teufel auftrat und es nach Pech und Schwefel roch.[14] Siebenthal teilt mit, daß jemand im Traum Beeren aß, die so bitter schmeckten, daß er aufwachte, wachend ausspuckte und rief: „Pfui diese bitteren Beeren!"[15]

Dieses Beispiel führt zu einer für das Wesen des Traumes ganz grundsätzlichen Feststellung: Die Szene wird vom Träumer unmittelbar gesehen, gehört, gerochen, also so erlebt, als ob sie sich in Wirklichkeit abspiele. Es verhält sich nicht so wie im Wachzustand, wenn man sich aus der Erinnerung Bilder, Musik, Gerüche oder sonstige Sinneseindrücke zurückruft und lebendig vorzustellen versucht. Dabei bleibt, sofern man nicht etwa Eidetiker ist, immer der Eindruck, daß man selber reproduziert, daß die erzielten Bilder nur in unserem Inneren existieren und nichts als Eigenvorstellungen sind. Ganz anders im Traum. Hier empfinden wir, was wir sehen und erleben, als selbständig und außer uns. Es sind „plastisch-leibhaftige Fremderlebnisse"[16], die sich „wahrhaftig in der Außenwelt"[17] abzuspielen scheinen. Am 7. 4. 1976 träumte meine Frau, daß ihr Bruder, den sie sehr liebte, plötzlich am Fußende ihres Bettes saß, so leibhaftig, als ob er wirklich da sei, sie mit rotbraunem Gesicht anlachte, aber schwieg, als sie ihn ansprach, und daß seine Gestalt dann allmählich verblaßte und verschwand. Sie erlebte das so intensiv wie eine Vision. Dieses scheinbare Fremderlebnis ist nach meinem Dafürhalten auch das entscheidende Kriterium für den Übergang von Vorstellungen im Wachzustand zu echten Traumbildern. Die sogenannten Einschlaf- oder Schlummerbilder, die sich an der Schwelle des Schlafes häufig einstellen und hinsichtlich deren im Schrifttum streitig ist, ob es sich um eine Erscheinung eigener Art, nämlich sogenannte hypnagogische Einschlafhalluzinationen, oder bereits um Traumbilder handelt,[18] möchte ich für solche halten, sobald sie, was wohl fast stets der Fall ist, von dem Fremdbilderlebnis begleitet sind. Die Annahme, daß es sich bereits um Träume handelt, könnte durch eine eigentümliche Erscheinung gestützt werden, die ich schon oft bei mir beobachtet habe. In den Einschlafbildern erkenne ich häufig frühere Träume von mir wieder oder jedenfalls Motive aus solchen Träumen. Nach meiner Selbstkontrolle bin ich davon überzeugt, daß es sich dabei nicht nur um das bekannte Phänomen des selbsttäuschenden déjà vu handelt. Auch einer meiner Bekannten hat dasselbe Phänomen bei sich beobachtet.

Hand in Hand mit dem Fremderlebnis geht eine weitere Erscheinung, die für das Wesen des Traumes von erstrangiger Bedeutung ist. Der Träumer, der die Traumvorgänge als wirklich empfindet, erlebt sie mit derselben Intensität wie entsprechende Vorgänge im Wachzustand. Emotionen und Affekte sind von gleicher Stärke wie im Wachen, Freude, Trauer, Furcht, Schrecken und Zorn begleiten den Traum mit ebensolcher Kraft. „Die Angst vor dem geträumten Räuber ist genauso wirklich wie im Wachleben.“[19] Das wird nicht nur in der Traumliteratur weitestgehend so gesehen[20]; auch jeder, der sich seiner Träume erinnert, wird es bestätigen können.

Damit zusammen hängt ein weiteres Phänomen. Jeder

Traum steht unter einer ihn ganz spezifisch färbenden Grundstimmung,[21] die von dem Träumer als positiv oder negativ empfunden werden kann, aber mit so einfachen Prädikaten noch bei weitem nicht ausreichend beschrieben ist. Das Wort „stimmungsdurchtränkt", das v. Siebenthal verwendet,[22] trifft den Sachverhalt gut. Dazu kommt aber noch, daß die Stimmung zwar sehr eindeutig, aber auch außerordentlich differenziert und nuanciert sein kann. Träume sind wie Musik in verschiedenen Tonarten geschrieben, aber Tonart und Stimmung können auch im selben Traum wechseln oder sich mit anderen vermischen, so daß wie im Wachleben auch mehrere Stimmungsschichten übereinander wirken und letztlich ein gerade für den konkreten Traum charakteristisches Stimmungsspezifikum entsteht. Das kann von solcher Stärke sein, daß es noch die Stimmung des Schläfers am nächsten Tag beherrscht. Ja, es kommt vor, daß ihm vom Inhalt des Traumes selbst keine Erinnerung mehr bleibt, er aber dessen Stimmung wie einen Duft oder einen Klang noch fühlt und sie weiter in ihm fortwirkt.

Mein am Anfang dieses Kapitels geschilderter Traum eröffnet über das bisher Festgestellte hinaus noch weitere Einsichten in das Wesen der Träume. Es ist eine in Laienkreisen weit verbreitete, vom Schrifttum freilich längst als irrig erkannte Meinung,[23] daß der Mensch im Traum seine Fähigkeit zum Denken eingebüßt habe und nur Unsinniges und Unlogisches produzieren könne. Dem ist keineswegs so. Die Traumvorgänge sind weit komplizierter und differenzierter. Der Verstand arbeitet im Traum weiter. Der Träumer denkt nicht nur, er kann auch logisch denken und sinnvolle Einfälle haben. In meinem Traum könnte zwar die Reflexion über Tod und Wiederkehr meiner Frau im Wachzustand nicht möglich sein, weil die Grundlage, nämlich das Rückkehrerlebnis fehlte, aber von diesem her vollzieht sich im Traum ein durchaus bemerkenswerter Denkprozeß. Noch signifikanter ist meine Bemerkung gegenüber der im zweiten Gasthof getroffenen Frau, daß der von ihr genannte Name Leander soviel wie Löwenmensch heiße. Diese Deutung dürfte richtig sein. Der Name stammt aus dem Griechischen (Hero und Leander) und kombiniert leon (Löwe) mit aner (Mann, Mensch, Genitiv: andros). Was mich nach dem Traum am meisten verblüffte, war, daß ich mich nicht erinnern konnte, jemals über die Etymologie dieses Namens nachgedacht oder davon gelesen zu haben.

Es ließen sich noch zahlreiche Beispiele für die oft bemerkenswerte Denkarbeit im Traum anführen. Drei davon möchte ich erwähnen. Im Februar 1977 träumte ich, ich sähe zusammen mit meiner Frau eine Skifahrerin an einem uns gegenüberliegenden Hang in Schwierigkeiten kommen. Ich schrie ihr zu, sie solle sich links halten. Meine Frau warf ein, ich meinte doch die rechte Seite. Ich erwiderte, von der Fahrerin aus gesehen sei es die linke und deshalb müsse man „links" rufen. Gleichgültig, wer hier von uns beiden recht hatte; jedenfalls wurde gedacht. In der Nacht zum 29. 12. 1972 träumte ich, in Südtirol (wo ich im April gewesen war) in einem Geschäft zu sein, wo sich eine Gruppe von Angestellten vergnügt über eine am Abend bevorstehende Veranstaltung unterhielt. Ich sagte darauf zu meiner Begleiterin: „Wenn wir Deutschen mit unserer Arbeit am Tage anfangen, schalten wir einen Hebel ein, den wir nach Schluß wieder abstellen. Die Südtiroler schalten keinen Hebel ein, sondern leben einfach weiter." Richtig oder nicht, es liefen hier Denkprozesse ab, die auch im Wachzustand möglich wären. Ein letztes, nicht uninteressantes Beispiel: In der Nacht zum 4. 12. 1979 wurde mir eine Handschriftprobe vorgelegt, die ich graphologisch beurteilen sollte (ich habe mich in jungen Jahren mit Graphologie beschäftigt); ich sah die Schriftprobe noch vor mir, als ich am Manuskript dieser Schrift arbeitete. Ich erklärte, die Schrift zeige eine regelmäßige Freiheit (oder so ähnlich), anderseits eine gewisse Antiquiertheit; sie könne aus dem 19. Jahrhundert stammen. Auch dieser Traum zeigt eine ausgesprochene Denkarbeit.

Wie im Wachzustand werden auch Reden im Traum gehalten, Diskussionen geführt, Gedichte oder Witze gemacht, aufgesagt oder erzählt. Mein Material enthält eine ganze Reihe von Träumen, in denen ich ziemlich eingehende juristische Diskussionen führte. Einige davon werde ich noch wiedergeben. An dieser Stelle möchte ich noch ein paar interessante Beispiele anderer Art bringen. In der Weihnachtszeit 1975 träumte ich, ich säße mit anderen Mitgliedern einer Reisegesellschaft aus meinem Heimatland Sachsen an einem langen Tisch. Da trat ein anderer Teilnehmer heran, dessen nackte Brust ganz mit Äpfeln bedeckt war, die einer neben dem anderen hafteten. Ich rief ihm zu: „Na, Sie haben se ja schön veräppelt!" Das rief großes Gelächter hervor (sächsisch heißt „veräppeln" = veräpfeln soviel wie „verulken"). Seltsamerweise sah ich kurze Zeit nach diesem Traum im Fernsehen ein pompejanisches Wandbild mit der Gestalt eines Bacchus, dessen Brust ganz ähnlich wie bei dem Mann meines Traumes mit Weintrauben bedeckt war. In der Nacht zum 9. 9. 1978 träumte ich, ich würde in ein schloßartiges Anwesen gebracht, um das herum Schnee lag. Dort rezitierte ich vor einigen Damen und dem Sohn des Hauses Mörikes Gedicht: „Zierlich ist des Vogels Tritt im Schnee" und nannte im anschließenden Gespräch Mörike einen „genialen Kleinbürger". Nach meiner Erinnerung rezitierte ich das verhältnismäßig kurze Gedicht, das ich auswendig weiß, vollständig; doch sind hier Zweifel nicht auszuschließen. Die Bemerkung über Mörike, der zu meinen Lieblingsdichtern gehört, würde ich so pointiert im Wachzustand vermutlich nicht machen; immerhin gibt sie doch etwas von meiner Meinung über ihn wieder. In der Nacht zum 26. 5. 1972 träumte ich, ich sei zusammen mit einem Kollegen auf einem Faschingsfest des Bundesjustizministeriums (dem wir beide lange Jahre angehört haben) und wir sähen einen Herrn vorbeitanzen, der seine Jacke ausgezogen hatte und über dem Hemd Hosenträger trug. Dazu erfanden wir folgenden strafrechtlichen Tatbestand: „Wer Hosenträger trägt, ohne ein Dandy zu sein, wird als Gummischwein bestraft." Dieser groteske Einfall, zu dem erläuternd zu sagen ist, daß es eine meiner Hauptaufgaben während meiner Tätigkeit im Bundesjustizministerium war, strafrechtliche Tatbestände zu entwerfen, ist gewiß nicht gerade geistvoll, zeugt aber doch von humoristischen Denkprozessen auch während des Traumes.

Alle diese Beispiele sollen kein Mißverständnis aufkommen lassen; sie demonstrieren lediglich Möglichkeiten des Traumes. Daß es in Träumen auch Fehldenken und Unlogik, Widerspruchsvolles und Sinnwidriges in Fülle gibt, weiß jeder, der sich seiner Träume erinnert. Doch das soll Gegenstand eines späteren Kapitels sein. Hier sollen zunächst noch weitere Parallelen zum Wachleben aufgezeigt werden.

So verfügt der Träumer über Gedächtnis und Zeitgefühl. Damit ist hier nicht gemeint, daß er das Material seiner Träume, mindestens zum größten Teil, aus der Erinnerung an Erlebtes gewinnt, sondern daß er sich während des Träumens selbst zu erinnern vermag und wie im Wachen das Gefühl für Vergangenheit und Zukunft behalten kann. Siebenthal bestreitet das und behauptet, dem Träumer fehle die Kategorie der Zeit: „Der Träumer kennt keine Zukunft und keine Vergangenheit."[24] Hier irrt dieser bedeutende und verdienstvolle Forscher. Vielfach träumt zwar der Schläfer nur zeitlose Gegenwart. Aber es gibt gar nicht selten Träume, in denen er Zeitgefühl hat, sich der Vergangenheit erinnert und an die Zukunft denkt. Siebenthal bringt selbst den aus dem Jahr 1911 stammenden Traum einer damals neunzehnjährigen Dame, der folgendermaßen beginnt: „Ich höre oder jemand sagt zu mir: ich werde im Jahre 1928 heiraten. Ich bin entsetzt und sage: es ist zu spät."[25] Freud berichtet von einem Traum, in dem eine Frau mit zwei kleinen Mädchen spazieren geht, „die eineinviertel Jahre auseinander sind". In einem weiteren Traum fragt jemand einen anderen: „Wie alt sind Sie denn?" Antwort: „Ich bin 1882 geboren." – „Ah, dann sind Sie 28 Jahre alt."[26] Ich habe in meinem Material zahlreiche Träume aufgezeichnet, in denen Zeitgefühl und Erinnerungen eine Rolle spielen, und zwar Erinnerungen sowohl an Dinge, die der früheren Wachwelt angehören, als auch an solche, die im selben Traum vorausgegangen sind. Ende September 1979 berichtete ich im Traum meinem Gesprächspartner, ich sei früher im Bundesjustizministerium tätig gewesen. In der Nacht zum 8. 8. 1978 erzählte mir im Traum ein Skipartner, daß er am Vormittag ein Skihochspringen mitgemacht habe. In der Nacht zum 12. 9. 1978 träumte meine Frau, sie krame mit ihrer damals schon verstorbenen Mutter in alten Sachen, finde dabei einen welken Blumenstrauß und sage zur Mutter, mit ihr gemeinsam habe sie diese Blumen gepflückt, als sie einmal in E. gewesen seien. Das lag Jahrzehnte zurück. In der Nacht zum 10. 9. 1978 tanzte ich im Traum mit meiner Schwester allein auf einer Tanzfläche, auf der am Abend eine große Tanzveranstaltung stattfinden sollte. In der Nacht zum 7. 11. 1979 träumte ich von einem Spaziergang mit einem Mann, der mich nach der Zeit fragte. Ich sah auf meine Uhr und bestätigte ihm, daß es kurz nach 4 Uhr sei. In der Nacht zum 10. 8. 1979 sagte ich im Traum zu meinem Gesprächspartner: „Was du vorhin sagtest, stimmt nicht.“ Ich könnte diese Beispiele, die für sich selbst sprechen, leicht vermehren.

Schließlich ist noch eine weitere Parallele zum Wachzustand hervorzuheben. Auch der Willensapparat des Träumers läuft weiter. In den Träumen werden fortgesetzt zahlreiche Willensentscheidungen getroffen, und zwar nicht nur von dem träumenden Ich, sondern auch von anderen Menschen, die im Traum auftreten. Demgegenüber meint v. Siebenthal, das Wollen des Träumers sei zwar da, mit wachsender Schlaftiefe aber eingeschränkt, und behauptet dann: „Im Tiefschlaf gibt es überhaupt keine Willensregung mehr, der Träumer ist ganz passiv, es geschieht an ihm.“[27] Hier irrt v. Siebenthal doppelt. Im Tiefschlaf gibt es überhaupt keine Träume. Das haben amerikanische Untersuchungen erwiesen, von denen im nächsten Kapitel die Rede sein wird, die aber v. Siebenthal bei Abfassung seines großen Werkes noch nicht kennen konnte. Der Mensch träumt in bestimmten Phasen seines Schlafes, die aber gerade nicht solche des Tiefschlafs sind. Während er träumt, kann es zwar geschehen, daß er völlig passiv bleibt, nur duldet oder nur beobachtet, aber in der Regel trifft er Willensentscheidungen. Denn er handelt und es handeln auch andere Beteiligte seines Traumerlebens. Jedes Handeln setzt aber, wenn man von Reflexreaktionen absieht, einen Willensentschluß voraus. Ich brauche daher keine Beispiele für Willensentschlüsse zu bringen, die der Träumer auch als solche empfindet. Denn die Träume sind voll von Handlungen. Ich erinnere nur an das Gespräch mit meiner Frau in dem am Anfang dieses Kapitels mitgeteilten Traum, als sie den Weg zum Dorf über die Felder gehen wollte, wir uns dann aber auf meinen Vorschlag hin entschieden, durch die Allee zu gehen.

Ich ziehe das Fazit dieses Kapitels. Es lautet: Die Traumwelt gleicht oft und in vielen Beziehungen der Wachwelt. Sie kann wie ihr Spiegelbild sein. Es gibt lang dauernde, komplizierte oder jedenfalls inhaltsreiche Träume, die sich so oder doch ähnlich auch im Wachleben abspielen könnten. Mein eben schon erwähnter Traum vom 16. 9. 1979 gehört fast ganz in diese Kategorie. Schildern möchte ich aber noch den letzten von drei Träumen, die Descartes am 10. 11. 1619 als Soldat in Tillys Armee im Ulmer Winterquartier in derselben Nacht hatte und als so bedeutsam empfand, daß er sie unter dem Titel „Olympica" veröffentlichte.[28] Sie sind auch in unserer Zeit tiefenpsychologisch gedeutet worden. Nur in gewissen Einzelheiten geht dieser Traum über das hinaus, was dem Träumer auch im Wachzustand widerfahren könnte, enthält aber mancherlei Aufschlüsse über die Traumstruktur, nicht zuletzt hinsichtlich der Frage, inwieweit Gedächtnis, Wissen und Denkprozesse auch im Traum eine Rolle spielen.

Descartes träumte, auf seinem Tisch liege ein Lexikon, von dem er nicht wußte, wer es dort hingelegt hatte. Er freute sich darüber, weil es ihm gute Dienste leisten könne. Zu gleicher Zeit befand sich jedoch noch ein anderes Buch in seiner Hand, das „corpus poetarum" hieß und eine Gedichtsammlung enthielt. Als er es aufschlug, las er den Vers „quod vitae sectabor iter?" Plötzlich stand bei ihm ein Mann, der ihm ein Gedicht mit den Anfangsworten „Est et Non" überreichte und es lobte. Descartes sagte, es sei in der Gedichtsammlung enthalten und eine Idylle von Ausonius (Spätrömischer, durch ein Preisgedicht auf die Mosel und einen Liederzyklus bekannt gewordener Dichter), er werde es aufschlagen. Während er blätterte, sagte er dem Mann, daß er eben noch ein anderes Buch gehabt habe, das aber verschwunden sei. Doch im gleichen Augenblick tauchte es wieder auf, sah aber nicht mehr genauso aus wie das Lexikon am Anfang. In der Gedichtsammlung fand Descartes ein „Est et Non" nicht, erbot sich aber, das noch viel schönere Gedicht „quod vitae sectabor iter?" zu suchen. Beim Blättern fand er jedoch nur viele kleine Kupferstiche, die ihn entzückten. Da aber verschwanden Mann und Bücher und Descartes erwachte.

Sein Traum wird uns auch noch später beschäftigen. An dieser Stelle soll nur festgehalten werden, wie auch dieser Traum deutlich eine Spiegelung der Wachwelt des Träumers darstellt. Das kann so weit gehen, daß sich der Traum völlig wie ein Geschehen in der Wachwelt abspielen kann. Der Ton muß allerdings auf das Wort „kann" gelegt werden. Denn der Traum hat auch ein ganz anderes Gesicht. Davon soll aber erst im übernächsten Kapitel die Rede sein. Vorher erscheint es mir geboten, noch einen anderen Gedankengang zu entwickeln.

2. Kapitel

Eine zweite Welt im Menschen

Daß er träumt, ist für den Durchschnittsmenschen von heute nichts Erstaunliches. Er ist es gewöhnt. Denn schon als Kind wächst er in das Traumleben hinein. Neuere Forschungen haben ergeben, daß schon der Säugling, und gerade dieser in auffallendem Umfang, träumt.[1] Was er dabei erlebt, werden wir wohl nie erfahren. Schaefer stellt die Frage, ob Archetypen im

Sinne C. G. Jungs, von denen später noch die Rede sein wird, durch seine Seele ziehen.[2] Man kann sich auch vorstellen, daß es um Erinnerungen aus der Zeit im Mutterleib geht, wie man sie noch in gewissen späteren Wasserträumen zu erkennen glaubt. Wie dem auch sei. Vom frühesten Lebensstadium über die Kindheit bis ins höchste Alter sieht sich der Mensch von Träumen begleitet. Er erfährt bald, daß auch andere Menschen träumen, und so empfindet er den Vorgang als ein zum Menschenleben Zugehöriges und Selbstverständliches.

Auch die sprachliche Abstammung unseres Wortes „Traum" deutet nicht in die Richtung eines als schrecklich oder auch nur wunderbar empfundenen Phänomens. Es finden sich allerdings in der Literatur voneinander abweichende etymologische Deutungen. Siebenthal erklärt, das Wort stamme wie das englische dream vom altsächsischen „drômian" her, das soviel wie fröhliches Treiben, Ergötzen oder Wonne bedeute.[3] So etwas mag noch in Shakespeares Midsummer Night's Dream nachgeklungen haben. Nach Schaefer[4] ist das Wort Traum auf das altdeutsche „Draugma" zurückzuführen, das soviel wie „Trugbild" heißt, eine Ableitung, die uns heute plausibel erscheint, aber zur Vorstellung vom Traum auch noch in mittelalterlichen Quellen wie z. B. bei Honorius v. Autun oder Bartholomäus Anglicus[5] wenig passen will, die noch die göttliche Herkunft mancher Träume lehrten. Doch kann das hier dahinstehen. Beide Deutungsformen lassen nichts von der Vorstellung eines wundersamen oder schreckerregenden Geschehens erkennen. Zu gleichen Ergebnissen kommt man, wenn man der Wortbedeutung von Traum in weiteren Sprachen nachgeht. Das lateinische somnium steht zugleich für „leeren Wahn". Das altgriechische enhypnion heißt nichts weiter als „im Schlaf"; daneben gibt es noch das für sich selbst sprechende Wort „phantasma" für Traumbild. Interessant ist, daß im Französischen songer nicht nur träumen, sondern auch „nachsinnen" heißt. Aber auch all das deutet nichts Wunderbares an.

Anders sieht das bei Völkern aus, die man früher bedenkenlos als die „Primitiven" zu bezeichnen pflegte, die aber einerseits mit der Anerkennung und Rezeption ihrer Kunst durch die Moderne, anderseits durch eine mit neuen Augen arbeitende Völkerkunde, nicht zuletzt aber durch den in die Tiefe gehenden Geist eines C. G. Jung heute in ganz anderem Licht gesehen werden. Ich kann die Traumauffassung solcher Völker hier nicht in Einzelheiten ausbreiten,[6] möchte aber doch einiges davon als charakteristisch und wichtig hervorheben. So heißt ostafrikanisch träumen „drokuku" und das bedeutet „zur Hälfte tot sein".[7] Die Seele des Träumers begibt sich ähnlich wie die des kürzlich Verstorbenen auf Wanderschaft.[8] Es gibt den magischen Flug, einen Zustand, in dem die Seele den Körper zu Himmels- und Unterweltfahrten verläßt.[9] Traum und Tod rükken nahe aneinander. Dem Traum wird höchste Macht zugesprochen; wer dem Traum nicht gehorcht, muß nach der Vorstellung gewisser Indianer sterben.[10] Der Traum hat, wie schon bei den Chaldäern, absoluten Wirklichkeitsrang.[11] Das führt zu Ergebnissen, die uns grotesk erscheinen. Aus Kamtschatka berichtete ein Reisender, daß, wenn jemand dort träume, ein anderer gebe ihm ein Gewand oder sonst einen Gegenstand, der andere ihn dann auch wirklich geben müsse. Nach einem Bericht von W. B. Grubb in seinem Buch „An unknown people is an unknown land" kam einmal ein Indianer über eine weite Strecke zu ihm und forderte von ihm Schadenersatz für eine Menge Kürbisse, die er aus des Indianers Garten gestohlen haben sollte. Obwohl sich herausstellte, daß dieser das nur geträumt hatte und die Kürbisse noch vorhanden waren, blieb er bei seiner Forderung, denn der Weiße sei an dem Ort gewesen und habe die Begierde seiner Seele befriedigt.[12]

Und wir heute? Achtlos und ohne das Gefühl, daß sich in seinem Inneren etwas Wundersames ereignet, geht der moderne Mensch der industriellen Massengesellschaft an seinen Träumen vorüber. Für die große Mehrzahl gilt das jedenfalls, auch wenn die Massenmedien zuweilen versuchen, Interesse für das Thema zu wecken. Man stelle sich aber einmal als Gedankenexperiment folgendes vor: Angenommen, wir Menschen hätten alle bis heute nie geträumt und von einer bestimmten Nacht an würde mit einem Male das Träumen über uns kommen. Was würde dann geschehen? Man kann wohl sicher sein, daß die Menschen dann von einem panischen Schrecken, einem staunenden Entsetzen ergriffen würden und nicht zu fragen aufhörten, woher dieses Wunder einer zweiten Welt komme, die da plötzlich im Schlaf aus ihrem eigenen Inneren so lebendig aufsteigt. Die schon erwähnte Art, wie der neugeborene Mensch langsam und behutsam in seine Umwelt hineinwächst und sie für sich erobert, ein Prozeß, den Arnold Gehlen meisterhaft dargestellt hat,[13] hat einerseits das Gute, daß der Mensch die Welt nach und nach als das ihm stetig Begegnende begreifen und sich so an sie gewöhnen lernt, daß er sich in ihrem Hause als dem seinen geborgen fühlt und sie schließlich als selbstverständlich hinnimmt. Der Nachteil dieses Prozesses ist andererseits, daß der Mensch nicht mehr begreift, daß er von Wundern umgeben ist. So geht es auch mit dem Traum. In Wirklichkeit nimmt die Gewöhnung, die darüber hinweggleitet, bei neuer Besinnung dem Phänomen nicht das Unerhörte. Wie ist es denn möglich, daß im Innern des schlafenden Menschen eine zweite Scheinwelt entsteht, die alle Erscheinungen der Wachwelt wie in einem Film zu reproduzieren vermag, die den Menschen sehen, hören, riechen und schmecken läßt, obwohl es an allem zu fehlen scheint, was in der Wachwelt solche Sinneseindrücke hervorrufen kann? Das ist ein ungelöstes Rätsel, das gerade der darüber Nachdenkende als erstaunliches Phänomen empfinden muß.

Wie in der Wachwelt Sinneseindrücke im Menschen entstehen, können wir mit einiger Genauigkeit sagen. Die sogenannten sensiblen Neuronen, eine der drei Arten unseres weitverzweigten Nervensystems, liefern mit einer Vielfalt von Aufnahmestrukturen, die man Rezeptoren nennt, Informationen über Reize, die von außen oder auch aus dem Körper selbst kommen, an das Gehirn. In der Netzhaut des Auges z. B. befinden sich zwei Arten von Rezeptoren, die sogenannten Stäbchen, die auf

Licht und Schatten verschiedener Intensität und Wellenlänge reagieren und nur Schwarz-Weiß-Bilder aufnehmen, und die sogenannten Zäpfchen, die auf Farben reagieren, wobei sie allerdings nur die drei Grundfarben Rot, Gelb und Blau aufnehmen können, während sich alle anderen Farbtöne erst durch Mischung im Gehirn ergeben sollen. Die von außen kommenden Lichtwellen werden durch Hornhaut, Kammerwasser, Linse und Glaskörper so gebrochen, daß auf der Netzhaut ein reelles Bild entsteht. Der Sehnerv leitet durch elektrochemische Impulse die erhaltene Bildinformation an das Gehirn weiter, wo sie, meist gemeinsam mit Informationen anderer Sinnesorgane, verarbeitet und ausgewertet wird. Manches an diesem komplizierten Vorgang ist noch unaufgeklärt oder umstritten. Wie im Falle des Auges werden Sinnesreize anderer Art als Lichtwellen, so Töne, Gerüche usw., und zwar auch Reize aus dem Körper selbst wie etwa Schmerzempfindungen, Völlegefühl, Juckreize usw. über entsprechende Rezeptoren dem Gehirn zugeleitet, wo sie erkannt und bewußt gemacht werden. Mit motorischen Neuronen kann dann das Gehirn über das Rückenmark Reaktionsbefehle, z. B. an die Muskeln, geben. Alles in allem überaus komplizierte und differenzierte Vorgänge.

Wie aber sollen denn nun die Sinneseindrücke des Traumes entstehen, Eindrücke, die, wie wir gesehen haben, nicht nur optischer Art sind, sondern auch solche aller anderen Sinne sein können? In aller Regel entstehen diese Sinneseindrücke im Traum doch ohne eine feststellbare Außenwirkung, so daß gerade das fehlt, was im Wachzustand die empfangenden und weiterleitenden Nerven erst in Aktion treten läßt. Wir kommen an der erstaunlichen Feststellung nicht vorbei, daß der Mensch im Traum Sinneseindrücke in sich selbst erzeugen und sie nicht nur im einzelnen als Bild, Ton, Geruch oder Berührung erkennen, sondern sie auch als mehr oder weniger sinnvolles Gesamterlebnis deuten und zu einer Traumwelt zusammenfügen kann, die das träumende Ich als eine von ihm getrennte erlebt, so wie es die Wachwelt als eine von ihm getrennte erlebt, erleidet und mitgestaltet. Ein erregender Sachverhalt.

Die naturwissenschaftlich orientierte Traumforschung des 19. Jahrhunderts glaubte, dem sich hier für sie auftuenden Dilemma dadurch entgehen zu können, daß sie auch die Träume als die Ergebnisse von konkreten Sinnesreizen zu erklären suchte, und zwar entweder von äußeren Reizen, wie z. B. von Druck auf den Körper, Flammenschein am Fenster, Glockenläuten, Klingeln an der Haustür, oder von inneren Reizen wie Magenüberladung, Überfüllung der Blase, Tätigkeit von Sexualdrüsen und ähnlichen Auslösern. Die Namen von Wundt und Strümpell mögen hier für zahlreiche andere stehen.[14] Es gehört zu den bleibenden Verdiensten von Freud, diese somatische Theorie der Traumdeutung überzeugend widerlegt zu haben.[15] Auch C. G. Jung hat sich nach ihm mit Entschiedenheit gegen solche Erklärungsversuche gewandt.[16]

Sie sind in der Tat zum Scheitern verurteilt. Sie scheitern bereits daran, daß es somatisch überhaupt nicht zu erklären ist, wieso die erwähnten externen oder körperinternen Sinnesreize nicht so, wie es im Wachzustand geschieht, richtig gedeutet werden, was sie sind, nämlich z. B. als Magendrücken oder als Klingeln des Weckers, sondern daß spätestens die Deutungszentrale im Gehirn versagt und es zuläßt, daß an die Stelle der zutreffenden Deutung irgendwelche Fehlvorstellungen und Falschbilder treten und dadurch sogar möglicherweise Gefahren oder Unannehmlichkeiten für den Schläfer entstehen, so wenn ihm sein Traum statt des beginnenden Brandes ein Feuerwerk vortäuscht oder ihm nach dem Klingeln des Weckers vorspiegelt, daß er schon aufgestanden sei, und ihn so den rechtzeitigen Aufbruch zur Arbeit versäumen[17] läßt. Auch Freud hat sich schon des eben entwickelten Arguments bedient. Strümpell und Wundt haben das Problem durch die These aufzulösen versucht, daß sich der Schläfer gegenüber solchen Sinnesreizen unter den Bedingungen der Illusionsbildung befinde, ähnlich wie ein Mensch, der sich auf freiem Feld einem entfernten Gegenstand nähere und ihn dabei wechselnd verschieden und unzutreffend deuten könne.[18]

Dieser Erklärungsversuch hilft aber nicht weiter. Denn es verhält sich ja nicht so, daß die Sinnesreize im Schlaf in der Weise falsch gedeutet werden, daß man anstelle des Magenschmerzes Beschwerden am Herzen zu haben glaubt, sondern der Magenschmerz setzt sich in ein sinnliches und als fremd empfundenes Bilderlebnis um, das keinerlei Sinnesreize signalisiert. Vor allem kann die somatische Theorie nicht erklären, warum der Schläfer auf den gleichen Sinnesreiz mit völlig verschiedenen Träumen reagieren kann. Bei überladenem Magen träumt der eine, eine nackte junge Hexe sitze ihm auf der Brust und bearbeite sie mit ihren Fäusten, der andere hingegen erlebt im Traum, wie ihm der gefürchtete Chef einen riesigen Berg unerledigter Akten auf den Leib schleudert. Morgenglocken führen bei dem einen Träumer dazu, daß er sich unter feierlichem Geläut als Hochzeiter am Arm der Geliebten in die Kirche schreiten sieht, dem anderen läuten die Glocken sein eigenes Begräbnis ein. Ein Dritter hört, während sein Kanarienvogel singt, Orchestermusik.[19] Musik kann auch zu Farbvisionen des Träumers führen, der Geruch einer Gewürznelke sich im Traum in das Bild eines brennenden Hauses umsetzen.[20] Wie auch andere Traumforscher[21] hat Freud diese Argumentation besonders hervorgehoben und dabei auf drei von Hildebrandt[22] berichtete Träume hingewiesen, die sämtlich durch ein Klingeln des Weckers ausgelöst wurden, aber nicht nur völlig verschiedene Inhalte, sondern auch ganz unterschiedliche Stimmungslagen hervorriefen.[23] Sinnesreize können also sehr wohl Träume auslösen, aber niemals ihren konkreten Inhalt bestimmen oder erklären helfen, warum dieser Inhalt gerade so und nicht anders ausfällt.

Es kommt weiter hinzu, daß die somatische Theorie auf der Prämisse beruht, ein jeder Traum werde durch Sinnesreize hervorgerufen. Diese Prämisse ist aber nicht zu beweisen. Im Gegenteil. Freud berichtet von der amerikanischen Traumforscherin M. W. Calkins[24], daß sie ihre Träume und die einer zweiten Person durch sechs Wochen hindurch unter diesem Gesichtspunkt geprüft „und nur 13,2 %, respektive 6,7 % gefunden habe, in denen das Element äußerer Sinneswahrnehmung nachweisbar war; nur zwei Fälle der Sammlung ließen sich auf organische Empfindungen zurückführen."[25] Noch mehr: Neuere Forschungen in den USA, von denen gleich die Rede sein wird, haben gezeigt, daß der Schlaf in bestimmten Phasen verläuft, zu denen auch gesetzmäßig eingefügte Traumabschnitte gehören, die einem bestimmten Rhythmus unterliegen. Ist das aber richtig, so ist der Traum kein somatisches Produkt, sondern ein selbständiges, physiologisch allein nicht zu erklärendes Phänomen. Somatische Reize kennen keinen Stundenplan.

Gerade daß der Traum externe oder interne Sinnesreize völlig zu verfremden imstande ist, ist eine erstaunliche, für eine somatische Theorie unerklärbare Erscheinung. Es zeigt sich daran, daß im Schlaf zwar die Empfangs- und Weiterleitungsrezeptoren noch funktionieren können, da sonst nicht einmal die Auslösung von Träumen durch Reize wie Magenüberfüllung oder Weckerklingeln möglich wäre. Ein „Abriegeln der Sinnesorgane", wie es noch Albertus Magnus angenommen hatte,[26] braucht nicht stattzufinden. Was hingegen im Schlaf nicht funktioniert, ist die für die Deutung der Informationen zuständige Zentrale im Gehirn. Sie wird, wie postuliert werden muß, ausgeschaltet und durch eine andere Stelle ersetzt, die dem Träumer statt der richtigen Deutung völlig abweichende Bilder und Szenen vorgaukelt. Davon gibt es freilich interessante Ausnahmen. So ist bekannt, daß Mütter, die sich durch andere Geräusche nicht im Schlaf stören lassen, auf das Schreien ihres Babys sofort reagieren, während eine Amme in einem von der Forschung stark beachteten Fall[27] zunächst einmal träumt, daß sie das ihr anvertraute Kind auf der Straße abhalte, und so wenigstens für einige Zeit ihren Schlaf bewahrt. Mir hat ein Taxifahrer erzählt, daß er einen festen, von Geräuschen der Außenwelt ungestörten Schlaf habe, daß er aber aufwache, sobald in seinem auf der Straße in der Nähe des Schlafzimmers abgestelltem Auto die Stimme aus der Taxitelefonzentrale ertöne. Es gibt also ein durch spezifische

Konzentration erreichtes Einschalten der normalen Deutungszentrale im Gehirn unter Ausschalten der verfremdenden Trauminstanz. Gewiß ist so etwas auch möglich, wenn die Sinneseindrücke übermächtig stark werden, etwa in der Nähe eine gellende Sirene ertönt. Das ändert aber am Ergebnis nichts: Der Traum ist keine durch somatische Reize erklärbare Erscheinung. Er ist ein Produkt unserer Psyche.

Freilich wird man ihn nicht als ein rein psychisches Phänomen ansehen dürfen. Ob es ausschließlich psychische Phänomene, die nicht auch von physischen Vorgängen mitgetragen oder begleitet werden, überhaupt gibt, möchte ich dahingestellt sein lassen. Der Traum gehört, auch wenn man ihn, wie es schon Aristoteles tat, als Seelenleben im Schlaf bezeichnen kann,[28] gewiß nicht dazu. Vielmehr wird man hier mit Schaefer eine „psycho-physische Korrespondenz" anzunehmen haben.[29] Freud selbst hatte die Problematik einfach beiseitegeschoben und erklärt, er wolle „der Versuchung sorgfältig aus dem Wege gehen, die psychische Lokalität" (der Träume) „etwa anatomisch zu bestimmen. Wir bleiben auf psychologischem Boden . . ."[30] Siebenthal schreibt unter Berufung auf Siegmund und v. Weizsäcker, der „Zielsinn des Traumes liege in jener Ebene, wo die Wurzeln des Biologischen und Seelischen zusammenkommen. Er ist zugleich Mittler zwischen Leibgeschehen und Seelischem."[31] C. G. Jung erklärt allgemeiner, er sei „sicher, daß die psychische Energie irgendwie mit dem physischen Prozeß aufs innigste verknüpft ist", es darüber aber bisher „höchstens vage Vermutungen" gebe,[32] Inzwischen ist jedoch durch die schon erwähnten Untersuchungen in den USA, die vor allem mit den Namen Kleitman (Chikago) und Dement (New York) verknüpft sind[33] und die Freud, v. Siebenthal und Jung noch nicht bekannt sein konnten, insoweit eine gewisse Klarheit geschaffen worden. Es waren Experimente am schlafenden Menschen, dem zahlreiche Elektroden angelegt und der auch sonst genau beobachtet wurde, die, kurz gefaßt, zu folgenden Ergebnissen führten: Der Schlaf des gesunden Menschen

(Schlafmittel können schon zu Abweichungen führen) verläuft in einem gewissen Zeitrhythmus, bei dem Perioden traumlosen Schlafens bis zu erheblicher Schlaftiefe mit Perioden flacheren Schlafes wechseln, die mit Träumen verbunden sind. Ein etwa siebenstündiger Schlaf soll mit einer mehr als eine Stunde dauernden traumlosen Phase beginnen, in der die größte Schlaftiefe erreicht wird, dann folgt eine kurze Traumphase, die von einer weiteren Phase des traumlosen Schlafes abgelöst wird, der aber die Tiefe des ersten nicht mehr erreicht. Es folgen weitere traumgefüllte und traumlose Schlafabschnitte, wobei jene länger und häufiger, diese kürzer und immer weniger tief werden, so daß schließlich fünf Phasen traumlosen Schlafes vier Traumphasen gegenüberstehen.[34] Daß der Mensch in diesen Phasen tatsächlich träumt, ist einmal daran zu erkennen, daß sich seine Augäpfel rasch bewegen, und zwar erstaunlicherweise in einer seinem Traum angepaßten Form. So berichtete ein Schläfer, bei dem Augenbewegungen in rascher Folge von links nach rechts und umgekehrt registriert worden waren, daß er im Traum ein Tennismatch gesehen habe.[35] Das zweite Zeichen für das Einsetzen von Träumen ist, daß das Elektroencephalogramm (EEG) des Schläfers statt der für das untätige Gehirn und den traumlosen Schlaf typischen Alphawellen wieder Betawellen zeigt, wie sie sonst nur im Wachzustand auftreten.[36] Atmung und Herzfrequenz steigen, bis zu einem gewissen Grad auch der Blutdruck.[37] Daß alle diese Anzeichen das Träumen charakterisieren, wurde dadurch verifiziert, daß der Schläfer in solchen Phasen geweckt wurde und bestätigte, daß er eben geträumt habe. Die amerikanischen Forscher haben die Traumphasen des Schlafes, die durch rasche Augenbewegungen gekennzeichnet sind, unter Abkürzung des englischen „rapid eye movements" als REM-Schlaf bezeichnet. In der früheren Traumforschung hatte übrigens schon Scherner 1861 angenommen, daß ein Zustand von „Gesichtsreiz", von innerer Erregung im Sehorgan eintrete, wenn die Träume besondere Lebhaftigkeit oder besonderen Reichtum ihrer visuellen Elemente aufwiesen.[38]

Ob den amerikanischen Forschungsergebnissen in allen Punkten zuzustimmen ist, mag dahingestellt bleiben. Mit Sicherheit ist ihnen zu entnehmen, daß das Gehirn, wie ich schon im 1. Kapitel darzulegen versuchte, nicht unähnlich wie im Wachzustand arbeitet. Eines der Ergebnisse erscheint mir allerdings nicht gesichert. Ich habe nach den Beobachtungen, die ich in erster Linie bei mir selbst gemacht habe, gewisse Zweifel, ob der relativ starre Rhythmus, den die Amerikaner hinsichtlich des REM-Schlafes annehmen, stets in dieser Weise abläuft. Ich habe z. B. auch im Mittagsschlaf von etwa einer Stunde Träume, was in das amerikanische Schema schlecht passen will. Dasselbe weiß ich von Bekannten. Auch die Phasen meiner Träume während der Nacht scheinen mir keiner so starren Zeitfolge unterworfen zu sein. So kann es geschehen, daß ich, wenn ich gegen 22 Uhr einschlafe, kurz vor 1 Uhr, 1^{45} oder 2^{45} Uhr aus einem Traum erwache. Wie dem aber auch sei. Sicher haben die verdienstvollen amerikanischen Forschungen die psycho-physische Korrespondenz für das Phänomen Traum eindeutig nachgewiesen.

In dieser Richtung gehen auch Beobachtungen anderer Art. Physische Einflüsse können, wenn auch nicht den konkreten Trauminhalt, so doch einen gewissen Traumtypus bestimmen oder wenigstens die Tendenz beeinflussen, unter der sich der Trauminhalt konkretisiert. Das gilt z. B. für Fieberträume, für die sich stets wiederholende, als Zwangsvorstellungen empfundene Bilder bezeichnend sind. Auch sonst können Krankheiten Träume beeinflussen.[39] So berichtet Freud von der seltsamen Auswirkung eines Furunkels, unter dem er litt, auf einen seiner Träume.[40] Jahreszeit und Klima[41] können ebenso wie Kälte- oder Hitzegefühle, die der Schläfer empfindet, eine Rolle spielen. Durst während des Schlafes kann zu Trinkträumen führen,[42] Harnreiz zu Träumen, die dem Schläfer dessen Befriedigung vortäuschen.[43] Vor allem aber können Drogen die Färbung der Träume bestimmen, jedenfalls so weit, daß sie zu ganz anderen Erscheinungen führen, als der Schläfer sie sonst in seinen

Träumen erlebt. So ruft Meskalin schizophrenieähnliche Zustände hervor, während Opium und Haschisch liebliche und farbenfrohe Bilder mit Euphorie produzieren, Atropin häßliche und grauenhafte Bilder hervorruft und Hyoscyamin zu Flugerlebnissen und üppig-sinnlichen Bildern führt.[44] Aber auch hier ist festzuhalten: Die äußere Einwirkung bestimmt zwar die Tendenz des Traumes, nicht aber seine konkrete Gestalt. Sie hängt stets von der Psyche des Träumers ab.[45]

Wenn auch an der psycho-physischen Korrespondenz für das Phänomen Traum nach alledem nicht zu zweifeln ist, so sind wir doch über Schopenhauer nicht viel hinausgekommen, der einerseits meinte, die „schwachen Nachfälle aus der Werkstätte des organischen Lebens" könnten das Gehirn erregen, das auch auf Reize des inneren Organismus reagiere, anderseits aber einräumte, daß er über die genaue physiologische Tätigkeit des Gehirns keine Auskunft geben könne und daß ihm auch die Gegensätzlichkeit und Entwicklung des Traums ein Geheimnis sei.[46] Die amerikanischen Forschungen haben uns gewiß ein gutes Stück weiter gebracht, werfen aber auch neue Fragen auf und haben Entscheidendes noch offen lassen müssen. Nach diesen Forschungsergebnissen setzt das Gehirn seltsamerweise den Rezeptorenapparat, der doch an sich dazu dient, Informationen über Sinnesreize an das Gehirn weiterzuleiten, auch dann und gleichsam rückwärts in Gang, wenn der Träumer Bilder sieht, die in ihm selbst produziert werden. Er bewegt die Augen hin und her, wenn er von einem Tennisspiel träumt, obwohl keinerlei Lichtstrahlen von einem solchen Spiel seine Netzhaut berühren. Der Apparat läuft also nur scheinbar, sozusagen im Leerlauf, was mindestens so lange unnütz und unverständlich erscheint, wie wir nichts Näheres über die Gesamtheit des physiologischen Prozesses wissen, der während des Träumens abläuft. Wie die scheinbaren Sinneserscheinungen, die Traumbilder physiologisch zustandekommen und wieso sie im konkreten Traum so und nicht anders entstehen, ist eine Frage, die, soweit ich sehe, wissenschaftlich bisher unbeantwortet geblieben ist.

Schaefer erklärt, daß die chemischen Begleiterscheinungen unbekannt seien, und spricht von spontanen Zellerregungen.[47] Das aber ist nicht viel mehr als eine Bezeichnung und keine wirkliche Erklärung. Es bleibt uns nichts übrig, als im Gehirn des Menschen, wie schon gesagt, eine Stelle zu postulieren, die imstande ist, Sinneseindrücke für den Träumer zu produzieren, ohne daß äußere Reize dabei eine Rolle spielen, ja sogar in der Lage ist, etwaige äußere Reize zu verfremden und die im Wachleben zuständige Instanz des Gehirns in zahlreichen Fällen daran zu hindern, diese Reize richtig zu deuten. Das alles ist noch voller Geheimnisse.

Die Rätselhaftigkeit wird noch durch eine weitere Erscheinung erhöht, die im Zusammenhang mit der physiologischen Problematik noch nicht ins Blickfeld kam. Die postulierte Instanz, die den Träumer Sinneserlebnisse ohne echte Sinnesreize vermittelt, ersetzt ja nicht nur diese fehlenden Reize, indem sie in etwa einen Film der im Traum fehlenden Außenwelt ablaufen läßt; sie oder vielleicht eine andere Stelle in unserem Gehirn läßt überdies den Träumer selbst in einen scheinbaren Wachzustand geraten, in dem er sich als dasselbe Ich erlebt wie im echten Wachzustand, so wie es im 1. Kapitel schon geschildert worden ist. Und dieses Ich beobachtet nicht nur, es erlebt, leidet und handelt wie im Wachzustand, agiert und reagiert. Das physiologische Problem ist also nicht nur, wie im Traum die fehlende Außenwelt ersetzt wird, sondern wie es zu einem scheinbaren Wachzustand des träumenden Ich kommt, in dem sich dieses in der Scheinwelt des Traumes wie in der Wachwelt selbst erlebt und bewegt.

Und noch ein letzter Umstand verdient besondere Aufmerksamkeit. Es ist nicht nur erstaunlich, daß die Bilder einer Scheinwelt durch den Schlaf des Menschen ziehen, erstaunlich ist auch, daß diese Scheinbilder nicht etwa mit dem Schlaf unwiederbringlich versinken, sondern daß der Mensch in der Lage ist, sich ihrer zu erinnern und sie in seinem Gedächtnis festzuhalten, als seien es Erlebnisse der Wachwelt. Auch darüber hat man sich noch nicht genug gewundert. Denn es wäre doch leicht denkbar, daß die Scheinbilder des Traumes spurlos vorüberzögen. Daß sie stattdessen wie Ereignisse der Wachwelt im Gedächtnis haften, ja über Jahre hinaus darin erhalten bleiben können, also in irgendeiner Form im Gehirn gespeichert, ist erstaunlich, aber wohl mit der Intensität zu erklären, mit der ein Träumer sein Erleben als real empfinden kann. Schließlich werden ja auch Gedanken des Menschen in seinem Gedächtnis festgehalten, auch wenn er sie nicht geäußert hat und sie in seinem Inneren geblieben sind. Allerdings können sie ebenso wie Träume vergessen werden, und zwar oft genug.

Damit aber tut sich ein für das Traumverständnis wichtiges Problem auf. Es gibt Menschen, die behaupten, niemals zu träumen. Die amerikanischen Untersuchungen sollen demgegenüber ergeben haben, daß alle Menschen stets träumen und die, welche behaupten, niemals zu träumen, ihre Träume lediglich vergessen haben.[48] Davon wird später noch ausführlich die Rede sein. Auf der anderen Seite gibt es zweifellos Menschen, die wissen, daß sie träumen, aber an manchen Tagen sich nicht daran erinnern können oder aber doch den Inhalt ihrer Träume im Wachzustand vergessen haben. Zahlreiche Träume werden jedoch nicht vergessen, zum mindesten noch am nächsten Tage erinnert. Über die Gründe, warum Träume vergessen werden, gibt es verschiedene Theorien. Vor Freud nannte man die Diskontinuität zwischen Träumen und Wachen, das Fehlen des Situationsbewußtseins und von Erinnerungskonstanten wie Ort und Zeit. Siebenthal, der diese Gründe nennt, bezweifelt mit Recht ihre Überzeugungskraft,[49] denn sie würden für alle Träume gelten und können nicht erklären, wieso gewisse Träume haften bleiben. Nach Freud gibt es an sich überhaupt kein wirkliches Vergessen der Träume.[50] Späteres Nichterinnernkönnen werde in seinem Umfang überschätzt, ebenso wie „die mit der Lückenhaftigkeit des Traums verbundene Einbuße an seiner Kenntnis“.[51] Vergessen am Tage oder Zweifel an der Richtigkeit der Wiedergabe seien eine Folge des Widerstands, der auf die

Traumzensur zurückgehe, die den Träumer vor ihm peinlichen Träumen bewahren will.[52] Auf die wichtige Figur der Zensur im System Freuds wird noch ausführlich zurückzukommen sein. Im übrigen räumt er selbst ein, daß es für die Problematik des Vergessens keine voll befriedigenden Erklärungen gebe.[53] Solche Erklärungen glauben die amerikanischen Forscher erbracht zu haben. Sie sehen nach der Wiedergabe bei Gottschalk so aus: Versuchspersonen wurden während der Traumphase geweckt und befragt, ob sie geträumt hätten. Traten während des Weckens Alphawellen im EEG auf, bestand sofort volles Bewußtsein. Wenn sie für mehrere Sekunden fehlten, zeigte sich eine Art Dämmerzustand. Fehlten Alphawellen für kurze Zeit, traten aber keine Deltawellen auf, hatten die Versuchspersonen einen leichten Schlaf und klare Traumerinnerungen. Beim 55 Sekunden langen Ausbleiben der Alphawellen und dem schwachen Auftreten von Deltawellen waren die Erinnerungen an Träume zwar da, konnten aber nicht reproduziert werden. Wenn die langsamen Deltawellen vorherrschten, fehlte den Geweckten jede Erinnerung daran, daß sie geträumt hatten.[54] Ich vermag diese Resultate, die den psychologischen Erklärungsversuchen Freuds völlig widersprechen, nicht nachzuprüfen, bin aber nach meinen eigenen Beobachtungen sicher, daß ich Träume nach Erwachen aus tieferem, aber auch aus flachem Schlaf sowohl mir gemerkt, als auch vergessen habe. Richtig ist allerdings, daß ich in den Morgenstunden sehr flachen Schlafes häufig sehr klare Träume habe, die mir gut in der Erinnerung bleiben. Im übrigen erfassen die amerikanischen Untersuchungen folgende Erscheinungen nicht: Man kann sich nach einem Erwachen in der Nacht sehr deutlich an einen Traum erinnern, ihn aber dann nach weiterem Schlaf am Morgen vergessen haben. Umgekehrt kann es geschehen, daß man sich weder in der Nacht noch am Morgen an einen Traum erinnern kann, den man in der Nacht gehabt hatte, daß aber später die Erinnerung kommt, vielfach durch irgendeine Assoziation. So fiel mir Anfang September 1979, als ich mich im Laufe des Tages kämmte, also nicht schon während des Kämmens am Morgen, ein, daß ich in der Nacht zuvor geträumt hatte, ich zöge aus meiner Jackentasche einen Kamm heraus und dann noch einen und wieder einen, eine ganze Reihe von Kämmen nach Art eines Zauberkünstlers. So eine unerwartete Traumerinnerung schildert auch Mörike in seinem bekannten Gedicht von dem verlassenen Mägdlein, in dem es heißt: „Plötzlich da kommt es mir, treuloser Knabe, daß ich die Nacht von dir geträumet habe." Ich neige zu der Auffassung, daß sich Merken und Vergessen von Träumen im wesentlichen nach gleicher Regel oder doch gleichen Gesichtspunkten abspielt wie das Merken und Vergessen von Ereignissen des Wachlebens. Maßgebend ist die Stärke des Eindrucks auf den Träumer, wobei nicht nur das, was vom Standpunkt eines Außenstehenden bedeutsam erschiene, den Schläfer beeindrucken kann, sondern auch das, was jenem als Bagatelle vorkäme. So träumte ich im November 1979 einen längeren Traum, in dem meine verstorbene Frau vorkam; vor allem rührte mich dabei ein kleiner blauer Rucksack, den ich in einem Garderobeschrank liegen sah und von dem ich wußte, daß er meiner Frau gehöre. In etwa die gleiche Richtung weisen „Untersuchungen über verschiedene Stufen der Traumerinnerung", die von Inge Strauch im Institut der Freiburger Universität von Professor Bender durchgeführt worden sind. Danach werden Träume von starker Intensität leichter behalten als diffuse Bilder oder ein hochgradig verdichtetes und komplexes Traumgeschehen.[55]

Das führt zu einem Punkt, der zwar nicht für die grundsätzlichen Erwägungen dieses Kapitels, wohl aber für die weitere Traumtheorie, vor allem für die Traumdeutung von erheblicher Bedeutung ist, zu der Frage nämlich, inwieweit, wenn sich der Träumer nachträglich an seine Träume erinnert, er auch imstande ist, deren Inhalt noch richtig wiederzugeben. Wie schon erwähnt, hat der praktisch so viel erfahrene Freud, auch wenn er die Gefahr der Erinnerungstäuschung sah, sie verhältnismäßig niedrig eingeschätzt.[56] Man muß aber bedenken, daß Traumerlebnisse von vage vorbeihuschenden und formlosen Schattengebilden bis zu lang dauernden, szenenreichen Erlebnissen, von Vorkommnissen großer Prägnanz bis zu konfusem, ineinander geschachtelten Wirrwarr reichen. Es liegt auf der Hand, daß sich hier für das Erinnerungsvermögen des Träumers gravierende Unterschiede auftun. Schaefer spricht mit Recht von Bewußtseinsinhalten im Schlaf, die für das wache Bewußtsein „unfaßbar" sind,[57] und der russische Dichter Wenjamin Kawerin schreibt in einem seiner Romane sehr eindrucksvoll: „Ich meine einen jener Träume, die man nicht wiedergeben kann. Sobald man zu erzählen anfängt, stockt man verwirrt und schweigt."[58] Dabei kommt noch folgendes gravierend hinzu: In Träumen geschieht viel Verworrenes und (scheinbar) Sinnloses. Der Mensch hat seinem Wesen nach die Neigung, Sinn auch ins Sinnlose zu bringen. Erzählt er daher Träume solcher Art, so neigt er, auch ganz unbewußt, dazu, Veränderungen zum Sinn hin vorzunehmen. Das bestätigen auch die erwähnten Freiburger Untersuchungen von Strauch, die Erzählungen vom selben Traum ihrer Versuchspersonen unmittelbar nach dem Erwachen auf ein Tonband aufnehmen und dann am Tage nochmals niederschreiben ließ. Während die erste Fassung die Weitschweifigkeit der Traumbilder und ihr kompliziertes Geschehen regelmäßig noch ganz erlebnisbeeindruckt beschrieb, pflegte die zweite Fassung bereits eine Angleichung an die Vorstellungen des Wachbewußtseins zu enthalten.[59] Für den Traumforscher, vor allem aber für den Traumdeuter ist also Vorsicht geboten, wenn er das ihm gebotene Material auswerten will.

Damit stehen wir am Ende der Zwischenüberlegungen, denen dieses 2. Kapitel gewidmet war. Das Ergebnis kann man wie folgt zusammenfassen: Der Traum ist ein rätselhaftes Phänomen, das somatisch allein nicht erklärbar ist, sondern, auch wenn eine psycho-physische Korrespondenz besteht, in erster Linie ein Produkt der Psyche ist.[60] Ja, man darf sagen, es ist eine psychische Leistung des Menschen ebenso wie das Denken, Reden, Schreiben oder Malen, in der, getragen und begleitet von physischen Elementen, seine Seele Ausdruck findet.

3. Kapitel

Eine ganz andere Welt

Das Erstaunliche an dem Phänomen Traum wird dadurch noch gesteigert, daß seine Erscheinungen, auch wenn weitreichende Parallelen zum Wachleben bestehen und es, was im 1. Kapitel gezeigt wurde, Traumszenen geben kann, die sich ebenso auch im Wachleben abspielen könnten, dennoch keineswegs einen bloßen Abklatsch oder ein reales Spiegelbild dieses Wachlebens darstellen, sondern eine so starke Eigenart und so viele Abweichungen zeigen, daß kaum ein Traum ganz von ihnen frei ist. Es sind prinzipielle und tiefgreifende Unterschiede.

Ich möchte dabei mit einem Gesichtspunkt beginnen, der den Traumforschern längst bekannt und denen, die ihre Träume beobachten, einsichtig ist, aber für die, welche ihren Träumen wenig Beachtung schenken, kaum auffallen mag. Es ist die Feststellung, daß im Traumerleben, auch wenn der Träumer, wie im 1. Kapitel gezeigt wurde, nicht nur sieht, sondern auch hören, riechen, schmecken und fühlen kann, das Optische einen weit größeren Raum einnimmt als im Wacherleben.[1] Nicht umsonst hat die Sprache auch den Begriff „Traumgesicht" geprägt. Im Traum dominieren die Bilder. Das gilt nicht nur, wie man vielleicht erwarten könnte, für Augenmenschen, für die das Anschauliche die wesentliche Rolle im Leben spielt, sondern, wie man festgestellt hat, auch für Menschen anderer Art, wie vor allem Musiker.[2] Einige Traumforscher haben versucht, die Beteiligung der verschiedenen Sinne an den Träumen statistisch zu erfassen, und sind übereinstimmend zu dem Ergebnis gekommen, daß das Sehen mit 67 bis 99% deutlich an der Spitze liegt, während dann bei der Mehrzahl der Forscher das Hören folgt, die übrigen Sinne hingegen mehr oder weniger weit zurückliegen.[3] Manche Menschen wollen im Traum überhaupt nur Bilderlebnisse haben. Das soll vor allem für Kinder gelten.[4] Jedenfalls spielen lange Reden kaum eine Rolle und noch viel weniger langes Lesen, Schreiben oder bloßes Nachdenken. Die Sprache mit ihrer Problematik wird zurückgedrängt oder doch auf Prägnantes komprimiert, die Gebärdensprache tritt stärker in den Vordergrund. Das Gesprochene wächst aus den Bildern heraus und ist mit ihnen verwoben.[5] Auch wenn man berücksichtigt, daß im Wacherleben die Optik gleichfalls überwiegt, ist das doch im Traumerleben in deutlich stärkerem Maße der Fall.

Man hat versucht, physiologische Erklärungen dafür zu finden, die aber kaum befriedigen können.[6] Siebenthals psychologische Begründung geht dahin, daß der Traum die Funktion habe, „Wirkung" auszuüben, und zwar eine suggestive, die durch das Bild viel leichter erreicht werde als durch andere Sinneseindrücke.[7] Doch ist die Prämisse, daß der Traum dazu da sei, eine Suggestivwirkung auszuüben, schwerlich beweisbar. Goethe hat erklärt: „Das Gesicht ist der edelste Sinn. Die anderen vier belehren uns nur durch die Organe des Takts: wir hören, wir fühlen, riechen und betasten alles durch Berührung; das Gesicht aber steht unendlich höher, verfeint sich über die Materie und nähert sich den Fähigkeiten des Geistes."[8] Diese These ist gewiß naturwissenschaftlich anfechtbar. Denn wenn Schallwellen das Ohr und Lichtwellen das Auge berühren, so steht das gewiß auf gleicher Stufe. Aber auch wenn die These wenigstens psychologisch richtig wäre, erscheint zweifelhaft, ob sie für unser Problem fruchtbar gemacht werden könnte; man müßte erklären können, wieso dieser edelste Sinn gerade im Traum zu dominieren vermöchte, in dem das Geistige gewiß nicht herausragt. Näher liegt vielleicht die umgekehrte Überlegung, daß das Optische gerade für die Aufnahmefähigkeit und -bereitschaft des Durchschnittsmenschen das an erster Stelle stehende Medium der Sinnvermittlung darstellt. Die Herrschaft der comic-strips in unserer Zeit spricht da eine beredte Sprache ebenso wie die Tatsache, daß vom Fernsehen ungleich stärkere Wirkungen ausgehen als von dem nur gesprochenen Wort im Hörfunk. Auch unsere Sprache weist einen bemerkenswerten Reichtum an Bildern auf.[9] Dieser freilich im Schwinden begriffene Bilderreichtum der Sprache ist gewiß ein Erbteil aus früheren Stadien der Sprachentwicklung und so hat man auch in der optischen Sprache des Traums einen atavistischen Zug gesehen, der auf die Bilderschrift magischen Denkens zurückweist.[10] Schon Männer wie Herder und Novalis hatten auf die Verwandtschaft von Märchen und Mythen und deren magischem Charakter mit dem Traum hingewiesen.[11] Nietzsche hatte erklärt, daß wir im Traum das ganze Pensum früheren Menschenseins durchmachten, und C. G. Jung, der mit besonderer Intensität den Zusammenhang zwischen Traum, Märchen und Mythen von neuem betonte und vertiefte, hat unter Hinweis auf Nietzsches Erklärung das Traumdenken als eine phylogenetisch ältere Art des Denkens aufgefaßt.[12] Auch Ernst Kretschmer erklärte, der Traum sei nur ein Restbestand aus der stammesgeschichtlichen Entwicklungsstufe des Seelenlebens.[13] Sicher ist, daß auch die frühesten Schriftformen, wie vor allem die Hieroglyphen, Bilderschriften waren, Gedanken also durch Bilder ausdrückten. Es ist auch wohl kein Zufall, daß gerade aus Ägypten eines der ältesten und schönsten Beispiele dafür stammt, wie im Traum anstelle von Gedanken Bilder auftreten, die Geschichte nämlich, wie Joseph die Träume des Pharao von den sieben fetten und mageren Kühen und den sieben vollen und dürren Ähren deutet, eine Geschichte, die schon auf die Bildvorstellung der Kinder einen großen Eindruck macht und die Thomas Mann in dem wohl poetischsten seiner Werke, der Josephstrilogie, zu neuem Glanz gebracht hat.

So neige ich auch dazu, das Überwiegen der Optik im Traum als einen Zug aufzufassen, der auf eine archaische Vergangenheit und auf das Verlangen gerade des einfachen Menschen nach visuellem Ausdruck von Gedanken und Empfindungen zurückgeht. Allerdings sind dabei gewisse Vorbehalte angebracht. Es schiene mir verfehlt, den Traum als eine lediglich atavistische Erscheinung abzutun, die mit der Zeit schwinden und schließlich ganz verschwinden dürfte. Das wäre mit der Funktion des Traums, von der noch ausführlich die Rede sein wird, nicht vereinbar. Zum anderen spielt eine maßgebliche Rolle, wer träumt. Daß beim Durchschnittsmenschen, der selten oder nie ein Buch in die Hand nimmt, das Optische im Traum vorherrschen wird, ist leicht verständlich. Die Träume der Gebildeten und Intellektuellen sind anders strukturiert, wie schon der im 1. Kapitel mitgeteilte Traum von Descartes zeigt, bei dem das Gedankliche eindeutig im Vordergrund steht.

Die Dominanz des Optischen im Traum hat in mancher Hinsicht Bedeutung. Einmal führt die Bildersprache zu einer hochgradigen Anschaulichkeit und Eindringlichkeit des Traumerlebens; die Suggestibilität des Traums wird damit groß.[14] Auf der anderen Seite läge ein gewisses Manko darin, wenn sich der Traum auf die Bildsprache beschränkte; er schränkte damit, worauf schon Freud hingewiesen hat,[15] zugleich seine Darstellungsmöglichkeiten und -fähigkeiten ein, so daß er etwa die Rolle der Malerei und Plastik gegenüber der Dichtung spielte. Nun verhält es sich zwar nicht so, daß der Traum ausschließlich die Bildersprache benützt, doch ist eine gewisse Einschränkung des gedanklichen Ausdrucks nicht zu verkennen. Gerade sie aber kann, und darin liegt das dritte und für die Entwicklung der Traumlehre wichtigste Moment, zu einer Unverständlichkeit des Traumes für den Schläfer führen und damit nach dem Bedürfnis für die Erklärung seiner Bilder. An dieser Stelle liegt die Quelle der Traumdeutung.

Mit dem Element der optischen Dominanz verbindet sich ein zweites, das die Traumerlebnisse von denen des Wachseins unterscheidet. Der Traum liefert sehr viel mehr ungewöhnliche und emotional stärker aufgeladene Ereignisse als in aller Regel die Wachwelt, mindestens in Friedenszeiten. Der Träumer kann herrliche Bilder sehen, in wunderbare Landschaften und seltsame fremde Städte kommen, er hat Abenteuer zu bestehen, gerät in ungewöhnliche Gefahrensituationen, sieht sich Einbrechern und wilden Tieren gegenüber, erlebt zum ersten Mal oder noch einmal die Schrecknisse des Krieges, qualvolle Ereignisse voller Angst und Verzweiflung können seine Träume füllen. Nicht zuletzt Liebeserlebnisse von großer Intensität können ihm begegnen. Vor allem kann sich ganz Außergewöhnliches abspielen. Der Träumer kann fliegen, neue, nie gesehene Dinge und Bilder tauchen vor ihm auf. Drachen, geflügelte Katzen, seltsame Lebewesen, halb Mensch halb Tier, Kentauren und Lemuren können ihm begegnen.[16] Die Märchen- und Mythenwelt wird lebendig. Novalis schrieb: „Ein Märchen ist wie ein Traumbild, ohne Zusammenhang. Ein Ensemble wunderbarer Dinge und Begebenheiten, z. B. eine musikalische Phantasie, die harmonischen Folgen einer Äolsharfe, die Natur selbst."[17] Nimmt man zu alledem die Erlebnisintensität, die durch die Bildersprache des Traums gesteigert wird, so tut sich ein beträchtlicher Unterschied zur Welt des wachen Tages auf, wo der Mensch im Büro oder an einem Schalter sitzt oder gar am Fließband den ganzen Arbeitstag lang denselben Handgriff tut. Hier also oft graue Monotonie, dort ein reiches Inszenarium voller Überraschungen.

Die Möglichkeit zu Überraschungen im Traum, die Beweglichkeit seines Szenariums wird noch vergrößert durch ein weiteres Traumelement, das von ganz wesentlicher Bedeutung ist. Im Traum ist das Gesetz der Einheit von Ort und Zeit aufgehoben. Im Wachzustand ist der Mensch in das Koordinatensystem von Ort und Zeit wie in ein Korsett eingezwängt. Er kann zu einem bestimmten Zeitpunkt nur an einem bestimmten Ort sein und er muß es. Er kann weder Zeit noch Ort entfliehen, auch der noch so rasche Wechsel seines Platzes zwingt ihn doch wieder zu einem ganz bestimmten Zeitpunkt an einen bestimmten Ort. Die Zeit, mag sie naturwissenschaftlich oder philosophisch so oder so gedeutet werden, läuft für ihn unerbittlich von Sekunde zu Sekunde. Gegenwart gibt es für den wachen Menschen, streng genommen, nur für den gedachten Bruchteil einer Sekunde. Eben lag noch diese Sekunde als Zukunft vor ihm, schon ist sie verstrichen und hat sich in Vergangenheit verwandelt. Auf diese Bahn des unablässigen Wechsels von Zukunft und Vergangenheit ist der Mensch von seiner Geburt an gefesselt. Ein rührendes Beispiel dafür, wie dieser Moloch Zeit den Menschen ängstigen kann, ist die Figur der alternden Marschallin im Rosenkavalier, welche die Uhren in ihrem Palais anhält, um sich wenigstens die Illusion des Stillstandes der Zeit, der Zeitlosigkeit zu verschaffen. Ihr merkwürdiger Gegenspieler ist Karl V., der nach seiner Abdankung versucht haben soll, im spanischen Kloster San Gerónimo de Yuste zahlreiche Uhren auf genau gleichem Gang zu halten und damit zugleich den tickenden Ablauf der Zeit gleichsam zu fixieren.

Von diesem Zwang an Ort und Zeit, an diesen unausweichlichen Gang von Sekunden, Stunden, Monaten und Jahren sieht sich der Mensch im Traum befreit. Die Uhren brauchen nicht angehalten zu werden. Der Schauplatz der Träume ist ein anderer als der des wachen Vorstellungslebens.[18] Der Ort kann beliebig und blitzschnell wechseln. Der Traum, der im Wohnzimmer des Schläfers beginnt, kann sich plötzlich in Afrika oder an einem unbekannten Ort der Phantasie fortsetzen und auch wieder rückwärts wechseln. Orte können sich ineinander schieben. Die Kirche des Heimatdorfes kann im neuen Wohnort des Schläfers stehen. Es kann auch geschehen, daß der Träumer einen Ort vor sich sieht, von dem er genau weiß, daß das seine Heimatstadt ist; aber die Stadt des Traums sieht ganz anders aus. Es kann auch das Umgekehrte geschehen. Der Träumer kann beglückt in die Landschaft seiner Kinderzeit zurückkehren. Ich träume oft von meiner Heimatstadt Dresden, die ich seit ihrer Zerstörung im Februar 1945 nicht mehr gesehen habe, und stelle dann im Traum mit Freude fest, daß ja gar nichts zerstört ist und alles noch da steht wie früher. Die Möglichkeiten des Traumes sind hier unbegrenzt. Der Träumer kann sich mit Bekannten oder Freunden in Neuseeland oder sonstwo an einem fernen Ort treffen, wo sie jetzt wohnen. Schließlich kann sich ein Traum in der Luft abspielen, wenn der Träumer fliegt, oder er kann überhaupt ortlos sein, nirgendwo und nirgends. Der Träumer sieht nur ein vages Bild vor sich, das nicht lokalisiert ist. Das Bewußtsein, sich an einem bestimmten Ort zu befinden, das den Wachen stets begleitet, kann im Traum fehlen.

Ähnlich ist es mit der Zeit. Zwar haben wir gesehen, daß der Träumer noch Zeitgefühl haben, von Vergangenheit und Zukunft wissen und auch auf die Uhr schauen kann, aber das Gefesseltsein an den Lauf der Zeit ist aufgehoben. Die Zeit ist eine Variable geworden. Die Szene spielt im Präsens, wie Freud es formuliert hat.[19] W. Kemper hat erklärt, im Traum sei die Kategorie der Zeit aufgehoben, das „Ineins" im Traum enthalte Vergangenes, Gegenwärtiges, aber auch die Dimension des Zukünftigen.[20] Das Kind kann träumen, daß es schon erwachsen sei, der Greis kann sich in seine Kindheit zurückversetzen. Der Erwachsene träumt, daß das Jahre zurückliegende Examen gerade stattfindet.[21] Zeit kann zusammengedrängt, logischer Zusammenhang als Gleichzeitigkeit erlebt werden.[22] Ereignisse der Gegenwart können mit solchen der Vergangenheit verschmelzen.[23] In der Nacht zum 8. 10. 1979 träumte ich, ich sei ein kleiner Grundschüler und der Lehrer wies mich an, das Schreiben des kleinen a zu üben. Mir fiel das schwer, weil mir bewußt war, daß ich ja inzwischen ein ausgeschriebenes a hätte, das dem Anfänger-a gar nicht mehr glich. Der Traum kann selbst Historisches in die Gegenwart hineinziehen. In der Nacht zum 21. 10. 1979 träumte ich, ich stände an einem Bahnhof in Böhmen und bespräche mit jemanden meine Heimfahrt nach Deutschland, für die es vielleicht günstiger sei, erst nach einem größeren Ort landeinwärts zu fahren, um dort einen durchgehenden Zug zu erreichen; da wurde ich darauf aufmerksam gemacht, daß Friedrich (wie mir im Traum bewußt war, Friedrich der Große) gerade in der Nähe von Prag eine Schlacht verloren habe. Besonders wichtig ist, daß der Träumer, wie schon erwähnt, in der Lage ist, die eigene Vergangenheit in die Gegenwart zurückzuholen. Das bedeutet vor allem, daß er Umgang mit den Toten haben kann, die ihm nahe standen, mit geliebten wie mit ungeliebten. Meine Frau träumte oft von ihrer gestorbenen Mutter, einem gestorbenen Bruder, ja auch ein kleiner

Hund aus ihrem elterlichen Hause, den sie sehr geliebt hatte, war ein häufiger und willkommener Gefährte ihrer Träume. Einen ihrer Träume von ihrer Mutter habe ich schon im 1. Kapitel mitgeteilt. Ich selbst träume ebenfalls viel von Toten, die mir nahe standen, vor allem sehr regelmäßig von meiner Frau. Dabei können solche Träume in drei verschiedenen Formen auftreten, und zwar auch hinsichtlich desselben Verstorbenen. Meist – jedenfalls ist das meine Erfahrung – empfindet man den Toten als noch immer Lebenden und es kommen gar keine Zweifel daran auf. Oder man weiß, daß man Umgang mit einem Toten hat, braucht ihn aber deshalb nicht als Gespenst oder sonst als erschreckend zu empfinden. Die seltsamste Form ist, daß man zwar vom Tode des im Traum Erscheinenden weiß, aber annimmt, daß er aus dem Totenreich zurückgekehrt sei. Als Beispiel erinnere ich an meinen im 1. Kapitel mitgeteilten Traum vom 16. 9. 1979. Die Erscheinungsformen solcher Träume können auch kombiniert sein. Vor kurzem hatte ich einen Traum von zwei Verstorbenen, wobei ich den einen für lebendig hielt, vom anderen aber wußte, daß er tot sei. Auch sonderbare Verwechslungen können vorkommen. In der Nacht zum 31. 7. 1978 traf ich im Traum einen langjährigen Staatssekretär des Bundesjustizministeriums, der mir sagte, daß er sich jetzt sehr vereinsamt fühle, womit er auf den Tod seiner Frau anspielte. In Wirklichkeit ist er selbst gestorben, während seine Frau noch lebt.

Mit der Auflösung der Kategorien von Ort und Zeit geht auch die Aufhebung von Naturgesetzen einher. Wie schon erwähnt, braucht der Ort des Traumes überhaupt nicht lokalisiert zu sein. Der Raum des Traumerlebnisses braucht aber nicht einmal ein dreidimensionaler zu sein, es ist möglich, daß dem Träumer nichts als ein zweidimensionales Bild erscheint oder sonst ein vages Gebilde ohne jede Dimension. Das Gesetz der Schwerkraft ist aufgehoben. Daß der Träumer fliegen kann, ist schon erwähnt und eine in den Träumen häufig auftretende Erscheinung. Aber auch andere in seinem Traum auftretende

Menschen oder feste Gegenstände, die in der Wachwelt an den Boden gebunden sind, können sich in die Luft erheben. Das Kausalgesetz gilt nicht. Die Folge der Traumereignisse erscheint völlig frei und nicht von vorausgegangenen Vorgängen abhängig. Die Erklärung Freuds, Kausalität werde im Traum durch Nacheinander dargestellt,[24] erscheint mir nicht verständlich. Auch in der Wachwelt kann Kausalität nur in der Form des Nacheinander auftreten, ja sie ist gerade die Erklärungsform für ein bestimmtes Nacheinander. Im Traum kann zwar auch Kausalität erlebt werden, wenn hier auf ein Ereignis A ebenfalls das in der Wachwelt zwingende B folgt, wie der Träumer es auch erwartet. Doch kann im Traum B gerade nicht eintreten, sondern das in der Wachwelt ausgeschlossene C geschehen. Weiter können sich die von der Wachwelt her gewöhnten Größenverhältnisse völlig verändern. Es können winzige Zwerge und ungeheure Riesen oder Tiere, Bauwerke und Pflanzen in völlig ungewohnten Dimensionen auftreten. Die Eltern des Träumers können ihm sehr klein, andere Figuren hingegen riesengroß vorkommen.[25] In der Nacht zum 24. 7. 1978 träumte meine Frau im Zusammenhang mit einem nächtlichen Hustenanfall, aus ihrem Munde sprengten eine Menge Reiter, die ihre Zunge als Straße benutzten.

Die bisher geschilderten Abweichungen der Traumwelt von der des Wachzustands erscheinen bereits als so wesentlich, daß man die Träume schon deshalb als naturgesetzwidrig und damit als sinnwidrig oder auch mit einem oberflächlichen Sprachgebrauch als „unlogisch" bezeichnen könnte. Doch sollte hier klar zwischen dem, was der wache Mensch als unmöglich oder unsinnig ansieht und dem Auftreten von Unlogik im Traum unterschieden werden. Ich träumte in der Nacht zum 2. 11. 1979, auf der Wiese vor unserem Hause liefen kleine Igel herum; diese Igel wurden mit einem Male groß, trugen menschliche Kleider, redeten und warnten mich vor ihren spitzen Krallen, die aus ihren Ärmeln hervorsahen. In der Nacht zum 13. 3. 1979 träumte ich von einer in einem Hotel angebrachten Klingel, um die herum im Kreis die Worte standen: „Der Tag riecht gut." Derartige Träume erscheinen unsinnig, aber sie haben nichts mit Unlogik zu tun. Träume dieser Art, in denen Dinge geschehen, die im Wachleben ausgeschlossen wären und ihrer Erscheinung nach keinen Sinn erkennen lassen, ja einen geradezu halluzinatorischen Charakter tragen können, gibt es in großer Menge. Ein jeder, der seinen Träumen auch nur einige Aufmerksamkeit schenkt, hat sie erlebt. Was dabei dem Träumer allerdings vorgeworfen werden könnte, ist, daß er meist während des Träumens das Unsinnige seines Erlebens nicht erkennt, so wie er, wie schon geschildert, häufig nicht erkennt, daß der Mensch, mit dem er im Traum als mit einem Lebenden umgeht, in Wirklichkeit schon gestorben ist. Insoweit kann man von einem Mangel an Erkenntnisfähigkeit sprechen. Darüber hinaus gibt es aber auch echte Unlogik im Traum. Widersprüche bleiben bestehen oder bilden Kompromisse, „die wir unserem Denken nie verzeihen würden".[26] In der Nacht zum 23. 7. 1978 hatte ich im Traum mit einem früheren Generalleutnant eine längere juristische Diskussion über die Frage, ob die Verwirklichung eines strafrechtlichen Tatbestandes stets als Delikt anzusehen sei, und vertrat zu dieser mir an sich völlig vertrauten Problematik einen anfängerhaft falschen Standpunkt; das wurde mir aber erst am nächsten Morgen klar. So arbeitet der Verstand zwar im Traum, aber er arbeitet oft genug mangelhaft. In der Nacht zum 22. 3. 1970 träumte ich, wie auf einem Ozeandampfer ein Herr zwei Damen, die sich rechts und links an ihn schmiegten, wegführte, worauf ich zu einem Dritten in Versen sagte:

Wie reizend er da aussieht, wie er sie so führt,
Ehre, wem Ehre gebührt.

Erst am nächsten Morgen merkte ich, daß die zweite Zeile dieses Verses, der mir in der Nacht so nett vorgekommen war, viel zu wenig Füße hatte. Im Traum kann es auch zu echten Fehlleistungen kommen. So träumte ein Bekannter im März 1978, er säße in lustiger Gesellschaft in einem Restaurant, als einer aus der Runde sagte: „Ich will jetzt einen Witz erzählen. Oder ist hier ein Ehemann dabei?" Darauf meinte der Träumer: „Ich werde mich durch Ihren Witz nicht in meiner ehelichen Untreue irre machen lassen." Das gab großes Gelächter. Der Träumer hatte aber sagen wollen: „in meiner ehelichen Treue." Diesen Traum kann man leicht in einen Sinnzusammenhang bringen. Aber es gibt Träume, in denen sich der gestörte Verstand in gestörten Sprachformulierungen äußert, in Versprechen, die der Träumer gar nicht merkt, in seltsamen Wortschöpfungen wie z. B. „Maistollmütz" (aus Mais – mannstoll – Olmütz)[27] oder Wortverdrehungen wie Catastapa (aus Capablanca).[28] Es kann sogar zu Träumen kommen, die Verwandtschaft mit deliranten Zuständen haben, bei denen jedes Denken aussetzt und die Traumsprache mit der von Geisteskranken vergleichbar wird.[29] Diese gar nicht so seltenen Erscheinungen haben in ihrer Gesamtheit dem Traum die Note des Unsinnigen und damit Unbeachtlichen eingetragen. So hat ähnlich wie Wundt schon Schopenhauer den Traum als „kurzen Wahnsinn" bezeichnet.[30] Fechner erklärte, es sei, als ob die psychologische Tätigkeit aus dem Gehirn eines Vernünftigen in das eines Narren übersiedelte.[31] Binz nannte den Traum einen in allen Fällen unnützen, in vielen Fällen geradezu krankhaften Vorgang.[32]

Solche Urteile könnten sich noch auf andere Erscheinungen stützen, die den Traum weiter von der Welt des wachen Bewußtseins abrücken. Dazu gehören die Diskontinuität und Sprunghaftigkeit des Traumgeschehens. Es ist das ja schon im Zusammenhang mit der Aufhebung der Einheit von Ort und Zeit für einen Teilbereich gezeigt worden, doch reicht die Diskontinuität wesentlich weiter. Die Bilder des Traumes können springen, zerreißen, das Thema wechseln, jeden scheinbaren Zusammenhang verlieren. Auch die für den Traum so wichtige Stimmung kann jäh umschlagen.[33] „Es entsteht eine asyntaktische Bilderreihe auf der untersten Stufe der Bilderschicht."[34] C. G. Jung hat zwar gemeint, in den Träumen vielfach eine dem Drama nicht unähnliche Struktur mit Exposition, Verwicklung,

Kulmination und Lösung aufzeigen zu können.[35] Aber er hat natürlich gesehen, daß das nur eine der Möglichkeiten des Traumes ist und er vom „blitzartigen Eindruck bis zum unendlich langen Traumgespinst" reichen kann.[36]

In der Tat kann das Traumbild aus nichts als einem blitzartigen Eindruck bestehen. Die Szene kann, ganz anders als in aller Regel in der Wachwelt, weitestgehend vereinfacht sein, wie etwa wenn im Theater nur eine einzige Figur auf der Bühne mit Scheinwerfern beleuchtet wird. Das Bild kann im Zentrum deutlich, an der Peripherie blaß und vage sein.[37] Freud schreibt, daß das Traumgebilde von einer „Schärfe der Ausprägung, die man . . . geneigt ist, über die der Realität zu stellen" bis zu einer „ärgerlichen Verschwommenheit" reichen kann.[38] Es kann sein, daß der Träumer nur ein isoliertes Bild sieht,[39] etwa eine fettgedruckte chemische Formel.[40] In einem Traum der Nacht zum 22. 7. 1978 sah ich nur eine Hand, die einen Teller hielt und bewegte. Solch ein detaillierter Gegenstand kann mit großer Ausdruckskraft und starkem Stimmungsakzent ausgestattet sein. Ich erinnere an den im 2. Kapitel erwähnten blauen Rucksack meiner Frau, von dem ich im November 1979 träumte. Ähnlich berichtet v. Siebenthal von einem Traum, in dem ein „blaues Schürzenbändel" eine bedeutsame Rolle als Erinnerung an die Konfirmation und zugleich als religiöses Symbol spielte.[41] Solchen isolierten Bildern von großer Schärfe und intensivem Ausdruck stehen, wie Schaefer richtig hervorhebt, diffuse, kaum erfaßbare Gebilde gegenüber,[42] die auch den Übergang zu deutlicheren Bildern darstellen können. Die Möglichkeiten des Traumes sind also außerordentlich abgestuft und differenziert; dagegen haben die Ereignisse der Wachwelt, so mannigfaltig sie auch sein können, sehr viel eindeutigere und schärfere Konturen.

Wenn hier von den Unterschieden zwischen den beiden Welten die Rede ist, so soll an zwei Eigenarten des Traumes nicht vorbeigegangen werden, die von Freud postuliert und von der modernen Traumtheorie im wesentlichen akzeptiert worden sind. Freud hat sie Verdichtung und Verschiebung genannt. Beide Phänomene hängen allerdings von Grundthesen ab, die Freud für sein Traumverständnis aufgestellt hat, nämlich einmal von der These, daß der sogenannte manifeste Trauminhalt, womit das dem Träumer begegnende Traumerlebnis in seinem Erscheinungsbild gemeint ist, das Ergebnis einer vorausgegangenen intensiven und komplizierten Traumarbeit sei, und zum anderen, daß dieser manifeste Inhalt die dahinter stehenden Traumgedanken, also das, was der Traum eigentlich meine, nur verberge. Eine kritische Auseinandersetzung mit diesen Thesen wird später folgen. An dieser Stelle sollen aber die beiden Phänomene der Verdichtung und Verschiebung wenigstens erwähnt werden. Unter Verdichtung versteht Freud die Eigenart des Traumes, mehrerlei in einem ausdrücken zu können, vielerlei auf knappe Bilder zu komprimieren, mit wenig viel zu sagen. So kann im Traum ein Mensch erscheinen, der als Sammelperson für eine ganze Reihe einzelner bestimmter Menschen steht.[43] In einem einzigen Wort werden mehrere Bedeutungen zusammengepreßt wie in dem oben erwähnten Traumwort „Maistollmütz". In der Nacht zum 31. 7. 1978 träumte ich, nachdem ich am Abend vorher mit einem Münzhändler wegen des Kaufs einer von mir begehrten Münze telefoniert hatte, daß eine solche Münze ein gutes Mittel gegen Herzbeschwerden sei. In diesem absurden Gedanken vereinigten sich mein Wunsch nach der Münze mit dem Wunsch nach Heilung meiner herzkranken Frau zugleich mit dem Wunsch, sie möge, da es sich ja auch um ein Heilmittel handle, nichts gegen den Erwerb des teuren Stücks einzuwenden haben. In der Presse fand ich den Bericht vom Traum eines Rentners, der viel fernsah und träumte, er sei gleichzeitig Karajan, spiele Tischtennis und erkläre außerdem die Wetterkarte. Das Traumphänomen der Verdichtung, das Freud mit einer Hervorhebung im Sperrdruck verglichen hat,[44] gibt es also zweifellos.

Mit dem zweiten Phänomen der Verschiebung meint Freud, daß die Traumarbeit die eigentlichen Traumgedanken durch

Entstellung in einen andersartigen manifesten Trauminhalt verwandle und damit für den Träumer unkenntlich mache, unter Umständen sogar durch Umkehrung in ihr Gegenteil.[45] Da es sich dabei um ein später noch näher zu erörterndes Kernstück der Freud'schen Traumtheorie handelt und ich mich zunächst nur mit den Erscheinungsbildern des Traumes befasse, soll die Figur der Verschiebung hier zunächst nur erwähnt werden.

Behandeln möchte ich hingegen noch einen anderen Punkt, der zu dem Fragenkomplex gehört, inwieweit die Traumwelt von der des Wachzustandes abweicht. Es geht um das Problem, ob und inwiefern die Schlaftiefe einen Einfluß darauf hat, daß sich der Traum vom Wachzustand mehr oder weniger entfernt. Siebenthal meint, daß bei Oberflächenschlaf noch Kritik und vernünftige Überlegungen möglich seien, während im Tiefschlaf Kindheitserinnerungen und Archetypen auftreten können, es anderseits keine Willensregungen mehr gebe, der Träumer ganz passiv sei und es schließlich nur noch zu diffusen, gefühlsartigen Erlebnissen komme.[46] Demgegenüber ist bereits im 2. Kapitel dargelegt worden, daß es im Tiefschlaf überhaupt keine Träume gibt und sie nur in bestimmten Phasen flachen Schlafes auftreten. Die amerikanische Traumforscherin R. Cartwright soll allerdings nach einem Zeitungsbericht[47] festgestellt haben, daß in der Folge der nächtlichen Traumphasen der erste Traum normalerweise in der Gegenwart spiele und sich um ein vor dem Einschlafen akutes Problem drehe. Die beiden nächsten Träume behandelten in der Regel Situationen aus der Vergangenheit, während der vierte Traum oft in der Zukunft angesiedelt sei und Wunscherfüllungen im Sinne von Freud betreffe. Derartige Inhaltsbestimmungen der nächtlichen Traumfolge sind mir in der Literatur sonst nicht begegnet. Zu Freuds Vorstellungen, der meint, daß mehrere Träume derselben Nacht stets auf dieselben Traumgedanken zurückgingen, stehen sie in klarem Widerspruch. Ich habe auch Zweifel, ob derartige Thesen ohne ein Material verifiziert werden könnten, dessen Umfang weit über die praktischen Möglichkeiten einer einzelnen Traumforscherin hinausginge. Aus meiner eigenen Erfahrung kann ich diese Thesen nicht bestätigen und zu dem Thema lediglich beisteuern, daß bei mir Träume mit längeren, zusammenhängenden und deutlichen Szenen überwiegend während einer Phase leichten Schlafes in den frühen Morgenstunden auftreten. Doch können solche Träume auch schon in frühere Phasen fallen. Solange zu diesem Fragenkomplex exakte Faktenfeststellungen nicht getroffen werden können, werden sich auch maßgebliche Schlüsse für die Traumforschung nicht ziehen lassen.

Zum Schluß möchte ich noch einen Punkt berühren, der von einigem Interesse für das Verhältnis von Traum- zu Wachwelt ist, die Frage nämlich, ob die Szenen des Traums objektiv ebenso lange dauern, wie sie im Wachzustand dauern würden. Wenn ich nicht irre, sollen die neuen amerikanischen Forschungen zu einer Bejahung dieser Frage geführt haben. Auch in der vorausgegangenen Traumforschung ist die Frage vereinzelt bejaht worden.[48] Ganz überwiegend ist man jedoch zu einem abweichenden Ergebnis gekommen, nämlich dem, daß im Traum ein Erlebnisvorgang weit rascher abläuft als ein entsprechender in der Wachwelt. Man hat dafür auch überzeugende Beobachtungen heranziehen können. Dazu gehört vor allem der auch von Siebenthal geschilderte, berühmte Guillotinetraum Maurys. „Er erlebte im Traum die ganzen Qualen eines zum Tode Verurteilten, von der Gerichtsszene, dem Gang zum Schaffot, der Vorbereitung des Henkers bis zum schrecklichen Augenblick, in dem das Fallbeil herunterfällt; er erwachte, weil der Bettaufsatz auf seinen Hals gefallen“ war.[49] Siebenthal bringt dazu noch weitere Beispiele und Beobachtungen, die sich schwerlich widerlegen lassen.[50] Beweiskräftig ist insoweit auch ein Traum, von dem Gerhart Hauptmann in seinen autobiographischen Schriften berichtet. Der Dichter war in seiner Jugend als Eleve auf dem Gut eines Onkels beschäftigt und ließ sich um drei Uhr morgens von dem Nachtwächter des Ortes dadurch wecken, daß dieser von der Straße her an einer Klingel ziehen mußte, die Hauptmann über seinem Bett angebracht hatte. Als eines Morgens diese Klingel wieder ertönte, vermeinte er, aufzustehen und im Anschluß daran eine lange Reihe von Erlebnissen zu haben, angefangen von der Teilnahme an einem Kinderfestzug über ein Kaffeetrinken mit der Mutter und anderen Verwandten, Spielen mit den Kindern, einem langen Spaziergang mit dem Vater unter vielen Gesprächen bis zur Einkehr mit ihm in einer alten Burggaststätte, wo die Wirtin eine Menge erzählte und schließlich die beiden Hauptmanns zu einer Besichtigung der Burg drängte, deren Kastellan aber nicht öffnete. Darauf zog Gerhart an einem kunstreich geschmiedeten Klingelzug und eine Schelle schmetterte ohrenzerreißend. Es war das der Nachtwächter, der zum zweiten Mal schellte, als er gemerkt hatte, daß Hauptmann noch nicht aufgestanden war. Denn alles Vorausgegangene vom scheinbaren Aufstehen angefangen, Szenen, die der Dichter auf fünf Seiten schildert und die im Wachzustand stundenlang gedauert hätten, war nur geträumt, geträumt in der kurzen Zeitspanne zwischen dem zweimaligen Läuten des Nachtwächters.[51] Sie entsprechen auch der Überlegung, daß Träumen ein Denken und Vorstellen im Schlaf ist und derartige Prozesse laufen um ein vielfaches schneller als die gedachten oder vorgestellten Ereignisse in der Wachwelt.

Das Ergebnis dieses Kapitels läßt sich wie folgt zusammenfassen: Soviel Parallelen es auch zwischen der Welt des Wachseins und der des Traumes gibt, so zahlreich, bedeutsam und gewichtig sind auch die Abweichungen. Ja sie sind es so sehr, daß der Träumer zumeist das Gefühl hat, in eine fremdartige und seltsame Welt versetzt zu sein, die voller Überraschungen ist; eben in die Traumwelt.

4. Kapitel

Traumerleber und Traumspieler

Die Untersuchung kommt jetzt zu einem Punkt der Abweichung zwischen der Welt des Wachseins und der Traumwelt, der sehr schnell ins Auge springt, aber zugleich so selbstverständlich erscheint, daß man es anscheinend bisher nicht für nötig befunden hat, ihn mit seinen Konsequenzen näher zu untersuchen. Das soll hier geschehen und es wird sich eine grundlegende Einsicht in die Struktur des Traumes überhaupt ergeben. Gemeint ist folgendes: Im Wachbewußtsein tritt das Ich einer außer ihm existierenden Welt gegenüber, die es als ihm fremde Wirklichkeit empfindet, in der und mit der es lebt, handelt und Gegenstand von Handlungen anderer wird. Im Traum tritt dieses Ich, das sich, wie wir sahen, mit dem der Wachwelt identisch fühlt, ebenfalls einer Welt gegenüber, die es als ihm fremde, als Außenwelt empfindet, in der und mit der es ebenso lebt, handelt und Gegenstand von Handlungen anderer oder von sonstigen Ereignissen wird, genauso wie in der Welt der Wirklichkeit. Das Ich findet sich, jedenfalls in der Regel, an irgendeinem Ort, in einer Landschaft, einer Stadt, trifft auf Menschen, redet mit ihnen, wird von ihnen freundlich oder unfreundlich behandelt, macht eine Reise, erlebt Abenteuer und so fort. Kurzum, auch im Traum existiert das Ich in einer Außenwelt. Der radikale Unterschied ist nur, daß diese Außenwelt eine Scheinwelt ist, nicht eine Welt, die wie die der Wirklichkeit dem Ich als objektiv fremde gegenübertritt, sondern eine Welt, die, auch wenn er sie als fremde erlebt, im Innern des Schläfers selbst entsteht und existiert. Und diese Traumaußenwelt ist nicht mit dem sie erlebenden Ich identisch, sondern Gegenstand dieses Erlebens und damit deutlich von ihm getrennt, so wie das die Wachwelt erlebende Ich deutlich von dieser getrennt ist. Das ist der entscheidende Punkt.

Diese Traumaußenwelt ist auch, wie jede Beobachtung nur

weniger Träume zeigt, nicht etwa ein Erzeugnis des den Traum erlebenden Ich. Was in ihr geschieht, mögen es Handlungen von Menschen oder Tieren, mögen es Naturkatastrophen oder sonstige Vorgänge in dieser dem Ich gegenübertretenden Welt sein, sie sind nicht sein Werk. Der Träumer kann nicht allein bestimmen, was um ihn herum im Traum vor sich geht. Schon Schopenhauer sprach von der Objektivität des Traumes, die darin bestehe, daß im Traum alles gegen unsere eigene Erwartung und unseren eigenen Willen geschehe.[1] Binswanger erklärte: Der Traum „geschieht" dem Träumer, er macht ihn nicht.[2] Und C. G. Jung schrieb 1919: „An dieses Ich assoziieren sich im Traum psychische Inhalte, die so an das Ich herantreten, wie z. B. die realen äußeren Umstände . . . so treten auch die Traumbilder wie eine andere Art von Realität in das Bewußtseinsfeld des Traum-Ich. Wir haben nicht das Gefühl, daß wir die Träume machen, sondern sie kommen zu uns . . . sie gehorchen eigenen Gesetzen. Sie stellen offenbar autonome psychische Komplexe dar, die unserer Bewußtseinskontrolle entgehen."[3] Jung ist hier ganz nahe an dem, worauf es mir ankommt. Es verhält sich aber nicht nur so, daß sich die Träume unserer Bewußtseinskontrolle entziehen, sondern das, was „wie eine andere Art von Realität" an das Traum-Ich herantritt, entzieht sich grundsätzlich auch der Kontrolle dieses träumenden Ich. Manches zwar, was im Traum geschieht, scheint den Erwartungen oder Befürchtungen des Träumers zu folgen: Das vor ihm gehende Mädchen dreht sich tatsächlich um, der in der Nähe auftauchende Löwe greift den Träumer, wie er schon fürchtet, an. Die Befürchtung scheint das gefürchtete Ereignis geradezu provozieren zu können.[4] Dem ist aber keineswegs stets so. Wie der Löwe plötzlich auftauchte, ohne daß der Träumer es erwartete, kann er auch, statt wie befürchtet, anzugreifen, davonlaufen oder sich streicheln lassen. Die unerfreuliche Szene macht wider Erwarten einer ganz anderen, angenehmen Platz. Kurzum: Auch wenn im Traum oft das von dem träumenden Ich Erwartete geschieht, weit mehr geschieht doch Unerwartetes. In der

Nacht zum 23. 10. 1979 befand ich mich im Traum in einer weiten alpinen Landschaft mit großen offenen Hängen, auf denen zum Teil noch Schnee lag und Ski gelaufen wurde. Plötzlich tauchten in meiner Nähe vier Giraffen auf, die in einer Reihe nebeneinander gingen. Es gelang mir, aus der Gehrichtung der Tiere, die grasten und mich nicht beachteten, wegzukommen. Das Erscheinen derartiger Tiere, gerade in dieser Landschaft, kam für mich völlig verblüffend. Wie dieser Traum zeigen zahllose andere, von denen ich noch Beispiele bringen werde, immer wieder, daß das, was in der Traumaußenwelt geschieht, sich unabhängig von dem träumenden Ich abspielt, soweit dieses nicht selbst handelnd in das Geschehen eingreift.

Und das geschieht ebenso wie in der Wachwelt. Das träumende Ich versucht, auf den Gang der Handlung Einfluß zu nehmen. Es handelt mit, widersteht, greift an, jedoch keineswegs immer mit Erfolg, flieht vor dem Einbrecher oder stürzt sich auf ihn und überwältigt ihn oder wird von ihm überwältigt. Im eben geschilderten Traum gelang es mir, den Giraffen auszuweichen. Anderseits erinnere ich daran, wie meine Frau und ich in meinem im 1. Kapitel mitgeteilten Traum vom 16. 9. 1979 im ersten Gasthaus kein Essen bekamen, weil wegen eines Trauerfalls nicht gekocht wurde, und wie wir im zweiten Gasthaus, weil alle kleinen Tische besetzt waren, uns an einen größeren Tisch zu einem anderen Gast setzen mußten. Wie in der Wachwelt läuft es auch im Traum nicht immer so, wie das träumende Ich es sich vorstellt und wünscht. In jedem Fall stehen sich Traum-Ich und Traumaußenwelt als zwei eigene und selbständige Größen gegenüber wie das wache Ich und die wirkliche Welt. Im Februar 1977 hielt ich im Traum vor dem Bundestag eine Rede über ein Fischfangabkommen mit der DDR, begann damit, daß ich der Vorlage „mit schwerem Herzen" zustimme, wurde aber sofort durch Zwischenrufe unterbrochen und konnte nur mit Mühe weiterreden. In der Nacht zum 24. 7. 1979 träumte ich, ich sei in irgendeinem juristischen Gremium. Als einer der Teilnehmer sagte, wir könnten ja auch Herrn Stoph begnadigen, und ich dazu eine Äußerung machte, welche die als Scherz gemeinte Bemerkung ernst zu nehmen schien, wurde ich allgemein ausgelacht. Schon zwei derartige kurze Träume illustrieren zur Genüge, daß es im Traum zugeht wie in der Wirklichkeit. Das träumende Ich trifft auf eine von ihm grundsätzlich unabhängige Scheinaußenwelt, die es als wirkliche Außenwelt erlebt und auf die es nur im selben beschränkten Maße Einfluß nehmen kann wie auf die wirkliche Wachwelt. Ein sehr prägnantes Beispiel für die Trennung von träumendem Ich und der Traumaußenwelt findet sich in dem 1947 erschienenen Werk von Max Dessoir „Das Ich, der Traum, der Tod." Dort wird berichtet: „Paul Lindau erzählte im Traum einer kleineren Gesellschaft, daß in seinem demnächst aufzuführenden ernsten Schauspiel Mitterwurzer die Hauptrolle spielen werde, und bemerkte zu seinem Erstaunen, daß diese Mitteilung mit Befremden aufgenommen wurde. Als er den Raum verlassen hatte, durchfuhr ihn plötzlich die Erkenntnis, daß er sich versprochen und statt Mitterwurzer den Komiker Schweighofer genannt hatte, worüber sich die Leute mit Recht wundern konnten." Dessoir bemerkt zu diesem Traum zutreffend: „es wurde in der Verselbständigung von Vorgängen und Personen ein Äußerstes erreicht."[5] Das heißt: Das träumende Ich auf der einen Seite und die Vorgänge und Personen auf der anderen sind zweierlei.

Aus dieser Erkenntnis folgt aber nun zwingend: Wenn die Scheinaußenwelt des Traumes dem den Traum erlebenden Ich grundsätzlich entzogen ist, aber – zum mindesten nach unseren bisherigen Ergebnissen – nicht von außen dirigiert, sondern im Schläfer selbst hervorgerufen und gestaltet wird, muß es im Traum außer dem erlebenden Ich noch eine zweite Instanz geben, die an die Stelle der Außenwelt in der Wachwirklichkeit tritt und die Scheinaußenwelt des Traumes vor dem Traum-Ich aufbaut, inszeniert und im einzelnen gestaltet. Es treten sich also im Traum zwei Figuren gegenüber, einmal das den Traum erlebende Ich, das ich den *Traumerleber* nennen möchte, und die die Scheinaußenwelt regierende Instanz, die ich den *Traumspie-*

ler nennen will. Der Traum ist ein Stück, das zwischen diesen beiden Figuren und von ihnen gespielt wird. Dabei pflegt der Traumspieler zu beginnen und die Szenerie wie meist auch die Handlung zu bestimmen, während der Erleber dann regelmäßig reagiert, worauf der Traumspieler von neuem eingreift und so fort, so daß ein zwischen Hin und Wider sich entwickelndes, lebendiges Wechselspiel entsteht. Das Ganze gleicht also einem Film oder Theaterstück, bei dem der Traumerleber sowohl als Publikum wie als Hauptdarsteller fungiert, während der Traumspieler Regie führt und alles das leitet, was um den Erleber herum geschieht. Dabei ist das Charakteristikum dieses Theaterstücks, daß es kein Textbuch kennt, sondern zwischen den beiden Hauptbeteiligten in gegenseitiger Improvisation entsteht.

Wenn ich richtig sehe, ist dieses Gegen- und Zusammenspiel zweier den Traum tragender und bestimmender Figuren bisher nicht erkannt worden. Stets hat man den Traum als ein in sich geschlossenes und einheitliches Phänomen, als ein Ganzstück angesehen, bei dem Traum-Ich und Traumscheinwelt nicht als getrennt, sondern als zusammengehörig betrachtet wurden. Es gibt zwar Andeutungen in der Richtung der hier gefundenen Erkenntnis. Wie schon erwähnt, hat C. G. Jung den Traum mit einem Drama verglichen, das in bestimmten Phasen verläuft; an anderer Stelle heißt es bei ihm: „der Traum ist jenes Theater, wo der Träumer Szene, Spieler, Souffleur, Regisseur, Autor, Publikum und Kritiker ist."[6] Und v. Siebenthal schreibt: „Jeder Traum handelt immer vom Träumer, sein Ich ist der Hauptdramaturg und die Spieler des nächtlichen Dramas gleichsam Teil-Iche..., Projektionen der eigenen Seele."[7] Bei Nietzsche schließlich heißt es vom Traum: „Nichts ist mehr Euer Werk! Stoff, Form, Dauer, Schauspieler, Zuschauer in diesen Komödien seid ihr alles ihr selber!"[8] Liest man diese Äußerungen, die in einer gewissen Parallele zu dem hier verfolgten Gedankengang zu stehen scheinen, allerdings genauer, so kommen sie über den oben gekennzeichneten Standpunkt der bisherigen

Traumforschung doch nicht hinaus, wonach der Traum als Gesamtphänomen und nicht als ein Spiel zweier Figuren gesehen wird. Diese Äußerungen widersprechen sogar der hier gewonnenen Erkenntnis. Denn das Traum-Ich ist gerade nicht der Dramaturg des Traumschauspiels, sondern nur dessen Erleber und mithandelnder Hauptdarsteller, während Autor, Dramaturg und Leiter der übrigen Mithandelnden der Traumspieler ist. Aber wer ist das?

Könnte es eine außerhalb des Schläfers agierende Macht sein, etwa im Sinne der antiken und auch alten christlichen Vorstellung, daß die Träume von Gott gesandt seien, und heute vielleicht in der modernen Version des Übersinnlichen, daß es sich um ein parapsychologisches Phänomen handle? Ich will an dieser Stelle noch nicht darauf eingehen, ob es Wahrträume oder auch Träume anderer Art gibt, die nicht aus dem Träumer selbst stammen. Selbst wenn man diese heikle Frage bejahen wollte, kann wohl angesichts der großen Masse der Trauminhalte und der Erkenntnisse Freuds kein Zweifel sein, daß die Träume, jedenfalls in aller Regel, aus der Psyche des Träumers selbst kommen. Dann aber muß man, wenn man das Gegeneinander von Traumspieler und Traumerleber bejaht – und ich selbst halte das für schlechterdings zwingend –, eine Spaltung des Ichs im Traum annehmen. Der eine Teil ist das dem Wachleben entsprechende beobachtende und handelnde Ich, der andere Teil ist ein davon abgespaltenes Ich, das aus dem Vorrat des Unbewußten ein Spiel für den ersten, erlebenden Teil des Ich in Szene setzt.

Eine solche Annahme wäre durchaus nicht revolutionär. Daß das Ich nicht als ein unteilbares Gebilde angesehen werden muß, sondern im Gegenteil ein höchst komplexes darstellt, das aus Teilen zusammengesetzt ist, die unter Umständen selbständig in Erscheinung treten können, ist nichts Neues. Schon bei Indianern und bei den Eingeborenen Australiens war die Vorstellung mehrerer Seelen im Menschen lebendig.[9] Daß es in der Form der Krankheit nicht nur theoretisch eine Spaltung des Ich gibt, beweist das Phänomen der Schizophrenie. Psychologisch hat Freud dem Ich bekanntlich das Über-Ich und das Es gegenübergestellt, die sämtlich in der Psyche des Menschen am Werke sind. C. G. Jung schreibt: „Die Psyche ist ein teilbares und mehr oder weniger geteiltes Ganzes.“[10] Er berichtet: „Janet sowie Morton Prince ist es gelungen, vier- bis fünffache Persönlichkeitsspaltungen zu erzeugen, wobei es sich herausstellte, daß jeder Persönlichkeitsteil ein ihm eigentümliches Stück Charakter und sein besonderes Gedächtnis hat. Diese Teile existieren relativ unabhängig nebeneinander und können jederzeit einander ablösen, d. h. jeder Teil besitzt einen hohen Grad von Autonomie.“[11] Die Komplexe, wie C. G. Jung sie begrifflich und terminologisch entwickelt hat, sind nach ihm „abgesprengte Teilpsychen“, „Teilpersönlichkeiten“, welche „die handelnden Personen unserer Träume“ sind. Dabei ist der „Ich-Komplex das für unsere Psyche charakteristische Zentrum“.[12] Diese Auffassungen nähern sich deutlich der hier vertretenen Meinung, auch wenn die Gegenüberstellung von Traumspieler und Traumerleber nicht erkannt ist. Interessant ist in diesem Zusammenhang auch folgende Bemerkung, die dem Scharfsinn Georg Lichtenbergs zu verdanken ist: „Wenn ich im Traum mit jemandem disputiere und er mich widerlegt und belehrt, so bin ich es, der sich selbst belehrt.“[13] Ich erinnere auch noch einmal an das oben zitierte Wort v. Siebenthals, wonach das Ich im Traum der Hauptdramaturg und die Spieler des nächtlichen Dramas gleichsam Teil-Iche sind. Von hier bis zu der von mir entwickelten Auffassung ist es nicht allzuweit. Was fehlt, ist nur die Erkenntnis, daß im Traum deutlich geschieden Traumspieler und Traumerleber als selbständige Teile des Ich einander gegenüberstehen.

Dieses Gegenüber illustriert im Anschluß an die Bemerkung Lichtenbergs, wenn auch in umgekehrtem Sinne, ein Traum, den ich in der Nacht zum 24. 2. 1975 hatte. Ich träumte, ich sei in der Schule. Der Lehrer gab eine schriftliche Arbeit zurück und fragte mich im Laufe der Besprechung, von wem der griechische Satz panta rhei stamme. Als ich antwortete „von Heraklit“, erwiderte der Lehrer „falsch“. Als ich darauf meinte „dann vielleicht von Demokrit“, lachte er und sagte: „von dem erst recht nicht.“ Das Amüsante und Bemerkenswerte an dem Traum ist, daß der Satz, wie ich mich am nächsten Morgen versicherte, tatsächlich von Heraklit stammt. Ich war aber im Traum meiner Sache nicht sicher und der Traumspieler, der doch die Frage provoziert hatte, wußte es schlechter als ich. Sehr deutlich wird gerade an einem solchen Traumablauf, wie getrennt und selbständig die beiden Figuren sind, die wir als die eigentlichen Akteure des Traumes erkannt haben: der Traumspieler und der Traumerleber.

Um die überkommene, gleichsam monistische Traumauffassung zu retten, wäre vielleicht noch eine Möglichkeit theoretisch denkbar, nämlich die, daß es über dem Traumspieler und dem Traumerleber noch eine einzige höhere Instanz gebe, die das gesamte Traumspiel leite, etwa nach der Art eines Puppenspielers, der die beiden Figuren des Traumes an seinen Schnüren hält und in allen Einzelheiten nach seinem Willen bewegt. Eine solche Auffassung, die gewiß schon ins Reich der Hypothese gehörte, während meine Theorie die Fakten des Traumes zur Grundlage hat, wäre jedoch nicht haltbar. Sie würde nämlich auf eine völlige Entmachtung des Traum-Ichs hinauslaufen. Wie wir sahen, faßt das träumende Ich fortgesetzt Willensentschlüsse und handelt entsprechend und mit diesen Handlungen nötigt es den Traumspieler zu entsprechenden Reaktionen, so daß sich erst auf diese Weise das Spiel des Traumes so oder so entwickelt. Die Vorstellung von einer übergeordneten, die Drähte ziehenden Instanz liefe darauf hinaus, daß der Traumerleber nur scheinbar Willensentscheidungen träfe und damit die Traumentwicklung mit bestimme, in Wirklichkeit aber in jedem Detail durch die höhere Instanz festgelegt wäre, wie dann der Traumspieler entsprechend auch. Eine solche Vorstellung ist mit dem faktischen Ablauf der Träume nicht vereinbar, in dem die Selbständigkeit des Traumerlebers, jedenfalls im selben Umfang wie im Wachleben, deutlich hervortritt. Wie sollte mit der Vorstellung von einer Zentralinstanz z. B. ein Traum wie der eben geschilderte vereinbar sein, in dem der Lehrer eine Frage stellt, das Traum-Ich sie richtig beantwortet, der Lehrer die Antwort aber für falsch erklärt? Eine solche Aufspaltung des Wissens wäre mit der Vorstellung einer alles regierenden höheren Instanz unvereinbar und zeigt deutlich genug die Aufspaltung des Traumgeschehens unter zwei selbständige Gegenspieler.

Allerdings verlangt auch meine Grundauffassung gewisse Modifikationen. Auch wenn Traumspieler und Traumerleber regelmäßig im Wechselspiel das Traumgeschehen gestalten, so kann es ausnahmsweise geschehen, daß der Erleber nur Zuschauer bleibt und nicht selbst eingreift. Ich habe schon im 3. Kapitel Träume mitgeteilt, in denen jemand nur eine chemische Formel, ich selbst nur eine Hand mit einem Teller sah. Besonders interessant sind in diesem Zusammenhang seltene, aber doch verschiedentlich überlieferte Träume, in denen der Erleber so sehr auf eine bloß betrachtende Rolle beschränkt wird, daß er sein handelndes Ich, von ihm losgelöst, betrachtet oder auf der Szene des Traumspielers agieren sieht. Einen interessanten Traum dieser Art teilt v. Siebenthal mit.[14] Bei ihm ist auch zu lesen, daß Baudelaire sich im Haschischtraum als Raucher und zugleich als Rauch erlebte und daß Hebbel träumte, er solle begraben werden, war aber zugleich in und außerhalb des Sarges und wurde vom Geistlichen gefragt, ob er der zu bestattende Friedrich Hebbel sei.[15] Auch Franz Kafka sah am 24. 11. 1903 im Traum sich selbst so an einem Tisch sitzen, daß er seinen eigenen Rücken sah.[16] In einem meiner Träume, den ich zeitlich nicht mehr fixieren kann, sah ich meinen eigenen Kopf mit schwarzem Bart. Einer meiner Freunde, der schwer erkrankt war, träumte Ende 1976/Anfang 1977 zweimal, er sehe seine eigene Stirn und eine unheimliche Hand erhebe sich und male ein schwarzes Kreuz darauf. In der Nacht zum 3. 8. 1976 sah ich mich selbst an einer bestimmten Stelle des Rheinufers in kurzen Hosen und Sporthemd spazieren gehen; dabei dachte ich, diese

Bekleidung werde wohl dafür ausreichen.

In allen diesen Fällen wird die Spaltung des Ich so weit getrieben, daß der Traumerleber auf eine reine Beobachterfunktion beschränkt wird, während der Traumspieler auch die Vorführung des erscheinenden und handelnden Ich übernimmt. Das mag insofern nicht so sehr überraschen, als der Mensch auch im Wachzustand sich selbst beobachten kann, und zwar nicht nur rein visuell im Spiegel oder an den dem Auge zugänglichen Teilen des Körpers. Auch im Wachzustand hat man zuweilen das Gefühl, als ein beobachtendes Ich das handelnde kritisch zu begleiten. Das kann sich bis zur Vision steigern. So berichtet Gregor-Dellin in seiner Biographie Richard Wagners, daß dieser, als er am 15. 12. 1844 bei der Beisetzungsfeier für Carl Maria von Weber in Dresden eine Gedenkrede hielt, „von seinen eigenen Worten und der Wirkung seiner Stimme in solche Selbstergriffenheit davongetragen wurde, daß er sich nicht nur zu hören, sondern auch, aus sich herausversetzt, der atemlos lauschenden Menge gegenüber zu sehen meinte".[17]

Ich ziehe das Fazit dieses Kapitels: Es hat sich gezeigt, daß der Traum von zwei getrennten Figuren beherrscht wird, dem Traum-Ich, das den Traum erlebt, und einer Instanz, die im Traum die Außenwelt mit ihren Vorgängen ersetzt. Die beiden Figuren sollen Traumerleber und Traumspieler genannt werden. Sie bedeuten eine Spaltung des Ich im Traum. Ihre Rolle soll in ihrer Eigenart in den folgenden Kapiteln näher untersucht werden.

5. Kapitel

Der Traumerleber

Ist der Traumerleber identisch mit dem den Wachzustand erlebenden Ich? Das ist die Frage, der zunächst nachgegangen werden soll. Es hat sich einerseits gezeigt, daß im Traum eine Spaltung des Ich stattfindet, die sich aus der Existenz einer zweiten Figur, nämlich des Traumspielers, zwangsläufig ergibt. Anderseits ist schon im 1. Kapitel erwähnt worden, daß sich das träumende Ich mit dem Wach-Ich identisch fühlt.

Im Schrifttum finden sich dazu Äußerungen verschiedener Art. So erklärt v. Siebenthal, es sei das identische Ich, das wacht und träumt. Er wendet sich auch gegen den Begriff des Traum-Ich und polemisiert gegen C. G. Jungs Terminus „Ich-Komplex“ als dem Zentrum unserer Psyche, der zu der Annahme verleite, daß „im Traum ein völlig anderes und neues, mit dem wachen Ich nicht identisches Ich auftauchen könne.“[1] Ähnlich erklärt Medard Boss, die Identität des Menschen durchziehe Wachen und Träumen.[2] Ebenso meint Pfahler: „Tag-Ich und Traum-Ich gehören zueinander und unterscheiden sich wie Wirklichkeit und Spiegel.“[3] Hierher kann man wohl auch den schon zitierten Ausspruch Nietzsches rechnen: „Nichts ist mehr Euer Eigen als Eure Träume!“[4] Demgegenüber behauptet C. G. Jung: Im Traum „besteht noch ein relatives Bewußtsein seines Ich, allerdings eines sehr beschränkten und eigentümlich veränderten Ich, das man als Traum-Ich bezeichnet. Es ist nur ein Fragment oder eine Andeutung des wahren Ich . . .“[5] In dieser Äußerung werden freilich zwei verschiedene Fragen gleichzeitig behandelt, nämlich die nach der Ich-Identität und die nach dem Ich-Bewußtsein im Traum. Zu dieser zweiten Frage weist v. Siebenthal mit Recht darauf hin, daß das Ich nicht das Bewußtsein sei,[6] und meint, daß es im Tiefschlaf nur ein Ichgefühl und kein Ichbewußtsein gebe.[7]

Prüft man zunächst, wie der Traumerleber subjektiv empfindet, so dürfte kein Zweifel sein, daß er sich mit dem Wach-Ich identisch fühlt. Zum mindesten ist das in aller Regel so. Der Erleber reflektiert darüber freilich im Traum nicht, aber er erlebt sich als „das Ich". Auch nach dem Erwachen ist sich der Mensch bewußt, daß dieses „sein Ich" es war, das die Traumerlebnisse hatte. Sehr prägnant kommt dieses Identitätsgefühl zum Ausdruck, wenn der Schläfer träumt, er sei bereits aufgewacht und agiere nun im Wachzustand. Hier ist, jedenfalls für die Vorstellung des Menschen, eine Brücke der Identität zwischen dem Erleben im Traum, dem scheinbaren und schließlich dem echten Wachzustand geschlagen. Signifikant ist auch die nicht seltene Erscheinung, daß man nicht genau weiß, ob man etwas im Wachzustand erlebt oder nur geträumt hat. Es kommt sogar vor, daß man überzeugt ist, etwas im Wachzustand erlebt zu haben und dann doch konstatieren muß, daß es sich nur um einen Traum handelte. Aber auch das Umgekehrte kann geschehen. Die Trennung zwischen Ichbewußtsein und Ichgefühl, die v. Siebenthal machen möchte, ist für das Identitätsproblem nicht relevant. Er versteht unter Ichbewußtsein „das klare Wissen, daß man ein Ich hat, es ist eine Selbstreflexion", während er dem Träumer nur ein „diffuses Ichgefühl" mit einem „niedrigeren Bewußtseinsgrad" zubilligt.[8] Mir scheint dieser Begriff des Ichgefühls selbst etwas diffus und zum anderen pflegt auch der Mensch im Wachzustand sich nur äußerst selten seines Ichs in einer Selbstreflexion wissend bewußt zu werden. Sein Erleben im Wachzustand ist ein Icherleben und Sichselbsterleben und das ist im Traum nicht anders. Im Ergebnis scheint mir jedenfalls festzustehen, daß der Erleber sich, jedenfalls in aller Regel und mindestens solange der Traum andauert, als denselben erlebt, der er im Wachzustand ist.

Wie sieht es damit aber objektiv aus? Um das Ergebnis vorwegzunehmen, so meine ich, daß C. G. Jung zwar zu weit geht, wenn er das Traum-Ich nur noch als Fragment des wachen Ich ansehen will, daß er aber recht hat, wenn er von einem „eigentümlich veränderten Ich" spricht. Schon die Tatsache der Abspaltung eines Teil-Ichs, das in der Figur des Traumspielers auftritt, sollte eine Veränderung des Wach-Ich bedeuten, auch wenn sie vielleicht nicht nachzuweisen ist. Denn dieses im Traum abgespaltene Teil-Ich muß ja, wenn auch nur im Unbewußten, am Ganzen des Wach-Ich irgendwie teilhaben, das ja auch im Wachen bis ins Unbewußte reicht. In gewissem Umfang ist die Frage der Übereinstimmung des Traunerlebers mit dem Wach-Ich sowie die Abweichungen zwischen ihnen inzidenter schon im 1. und 3. Kapitel behandelt worden, wenn auch nicht direkt auf die damals noch nicht herausgearbeitete Figur des Traumerlebers bezogen. Dem 1. Kapitel ist aber zu entnehmen, daß es der Traumerleber ist, der farbig sieht, der redet, hört, fühlt, riecht und schmeckt, der mit großer Intensität erlebt, und zwar auch die spezifische Stimmung des Traums, der denkt, sinnvolle Einfälle haben, Witze erzählen kann, der über Gedächtnis und Zeitgefühl verfügt und Willensentschlüsse zu fassen vermag. Die Abweichungen der Wachwelt von der Traumwelt, die im 3. Kapitel beschrieben sind, betreffen hingegen größtenteils den Traumspieler und nur zu einem kleinen Teil den Traumerleber, so daß die Gesamtproblematik dieser Figur hier noch einmal grundsätzlich behandelt werden soll, auch wenn sich dabei gewisse Wiederholungen nicht vermeiden lassen.

Von wesentlicher Bedeutung ist zunächst, daß der Traumerleber, auch wenn er sich mit dem Wach-Ich identisch fühlt, die diesem eigene Situationsorientierung in wesentlichen Teilen oder sogar ganz zu verlieren pflegt. Dem Wach-Ich ist seine gesamte Situation, in die es persönlich und sozial eingebettet ist, stets bewußt. Der wache Mensch weiß, wie alt er ist, welche Frau, welche Kinder, Verwandte und Freunde er hat, in welchem Land, in welchem Ort und wie er dort wohnt, an welchem Tag welchen Monats und Jahres er gerade lebt, welchen Beruf er hat, wer seine Vorgesetzten und Untergebenen sind, wie seine Geldverhältnisse aussehen und so fort. Sein Fühlen, Denken und Handeln wird weitestgehend durch diese Gesamtsituation geprägt. Im Traum ist das ganz anders. Der Traumerleber kann sich in seine Kindheit oder eine andere, schon vergangene Periode seines Lebens zurückversetzt fühlen, er kann vergessen haben, daß er verheiratet ist und Kinder hat, er weiß nicht mehr, wo er wohnt und wie seine Wohnung aussieht, er kann in fernen Ländern leben, keinem oder einem ganz anderen Beruf nachgehen als im Wachleben, er kann sich reich oder bettelarm erleben, obwohl das seinem Wachstatus gar nicht entspricht, kurzum seine Gesamtsituation kann eine völlig andere sein als im Wachzustand. Aber es ist auch möglich, daß zwar im Traum die Gesamtsituation des Wachlebens völlig vergessen, aber keine andere an ihre Stelle getreten ist, so daß es im Traum am Bewußtsein einer Gesamtsituation überhaupt fehlt oder nur Bruchstücke einer neuen erlebt werden. Daß das alles, diese Herauslösung des Ich aus der Gesamtsituation des Wachlebens zugleich auch eine Veränderung des Traum-Ich, also des Traumerlebers gegenüber dem Wach-Ich bedeutet, kann nicht zweifelhaft sein.

In den Vordergrund möchte ich weiter ein bisher noch nicht erwähntes Faktum stellen, daß der Traumerleber von der Selbstkontrolle weitestgehend frei ist, die das wache Ich über sich selbst ausübt. Schon Novalis hat erkannt: „Im Schlafe sind die Bande des Systems locker."[9] – Der von der modernen Traumtheorie grundsätzlich nicht zu Unrecht angegriffene Hoche trifft sicher insofern das Richtige, als er die „Aufsicht der Ichzentrale" im Traum ausgeschaltet sieht.[10] Auch C. G. Jung schreibt von der „Hemmung, die das Bewußte auf das Unbewußte ausübt" und sieht daher beim Wegfall dieser Hemmung im Traum „Grundschlamm" heraufkommen.[11] Ebenso hat Schultz-Henke herausgearbeitet, daß der Träumer das tut, was er im Wachen gerade nicht tun kann, weil er gehemmt ist.[12] Ich wage daher schon an dieser Stelle die für die Freudschule gewiß ketzerische Behauptung, daß die von Freud als Über-Ich bezeichnete Aufsichtsinstanz, die im Traum in Form der sogenannten Zensur wirksam werden soll,[13] gerade ausgeschaltet ist.

Der Traumerleber fühlt sich nämlich frei von den zahlreichen Einengungen des Wachlebens, die ihm dort Gesetz, Sitte und Gewohnheit im Verein mit der diese Größen respektierenden Selbstkontrolle als eine Art Zwangsjacke auferlegen. Statt des Über-Ich tritt im Traum viel stärker die Es-Schicht der Animalität und infantiler Reaktionen auf. Mit der Abdunklung des Bewußtseins kommen die niedrigeren Funktionszentren stärker zur Geltung.[14]

Daß diese Auffassung dem Phänomen Traum durchaus entspricht, ergibt sich daraus, daß der Mensch als Traumerleber oft genug Handlungen begeht, die er unter seiner im Wachzustand wirksamen Selbstkontrolle weit von sich weisen würde. Die Skala reicht von Homosexualität und sexuellen Perversionen anderer Art, über Blutschande bis zu Gewalttätigkeiten und schweren Verbrechen. In der Literatur wird das auch allgemein gesehen. Ein Inzesttraum wird z. B. von Caesar berichtet und Träume solcher Art werden schon im Talmud gedeutet.[15] Dort werden auch Träume von Homosexualität und Sodomie erwähnt.[16] Päderastische, sodomitische, nekro- und gerontophile Handlungen, auch mit fetischistischen Einschlägen, sollen auch bei sonst praktisch rein Heterosexuellen in deren Träumen vorkommen.[17] Freud zitiert selbst Jessen, nach dem man im Traum „die schwersten Verbrechen, Diebstahl, Mord und Totschlag mit völliger Gleichgültigkeit und ohne nachfolgende Reue verüben kann."[18] Augustinus litt schwer unter sexuellen Träumen. Ähnliches wird von späteren Mönchen berichtet und Tolstoi, der zeitlebens ein Mensch von starker Sexualität war, entsetzte sich, als er 72 Jahre alt und von Religiosität durchdrungen war, nach einem sexuellen Traum über die geringe sittliche Vollkommenheit, die er erreicht habe.[19]

Der nicht wegzuleugnende Sachverhalt hat, wie zu erwarten, zu konträren Schlußfolgerungen geführt. Die einen meinen, im Traum enthülle sich der wahre Mensch, die anderen glauben, das, was nur im Traum geschehe, dürfe dem wachen Menschen nicht zugerechnet werden. Zur ersten Gruppe gehört der Talmud, wo es heißt: „Man zeigt im Traum dem Menschen nichts anderes als die Gedanken des eigenen Herzens.“[20] Hierher muß man auch das oben zitierte Wort Nietzsches rechnen, wonach nichts so sehr unser Eigen sei wie unsere Träume. Auch Schopenhauer meinte, ein jeder handle im Traum in Gemäßheit seines Charakters,[21] und im Tractatus de Officio sanctissimae Inquisitionis des Thomas Carena von 1659 heißt es: „Spricht jemand im Traum Ketzereien aus, so sollen die Inquisitoren daraus Anlaß nehmen, seine Lebensführung zu untersuchen, denn im Schlaf pflegt das wiederzukommen, was unter Tags jemand beschäftigt hat.“[22] Freud zitiert A. Maury, den schon erwähnten französischen Traumforscher aus der 2. Hälfte des 19. Jahrhunderts, der schreibt: „En rêve l'homme se révèle donc tout entier à soi même, dans sa nudité et sa misère natives.“[23] Auf der anderen Seite trösteten sich die oben zitierten Mönche damit, daß es sich bei den obszönen Dingen nur um Träume handle und sie das Geträumte nicht wirklich ausführten.[24] Der Psychologe Jessen meint in seinem 1856 erschienenen Werk, ein unmoralischer Traum beweise weiter nichts für das Seelenleben des Träumers, als daß er von dem betreffenden Vorstellungsinhalt irgendwo einmal Kenntnis genommen habe, gewiß nicht eine eigene Seelenregung.[25]

Nach meiner Auffassung haben beide Meinungsgruppen trotz des scheinbaren Gegensatzes bis zu einem gewissen Grade recht. Gegenüber der Auffassung von Jessen ist allerdings darauf hinzuweisen, daß es bei der hier behandelten Frage darum geht, daß der Traumerleber selbst etwas Verwerfliches tut, nicht etwa darum, ob er derartiges als Werk des Traumspielers bei anderen Traumbeteiligten beobachtet. Nur für diesen zweiten Fall könnte Jessens Erklärung ausreichen. Den Schlüssel zur Auflösung gibt ein Stoßseufzer von Augustinus, der damit ein sehr hohes Maß an psychologischem Scharfsinn verrät. Er bekennt, daß ihn im Schlaf unwirkliche Gesichte der Fleischeslust überreden, „wozu den Wachen auch die gesehene Wirklichkeit nicht vermag“. Und dann heißt es: „Bin ich dann nicht ich,

Herr, mein Gott? Wahrhaftig solch ein Unterschied ist zwischen mir und mir schon innerhalb des Augenblicks, wo ich von hinnen in den Schlaf hinübergehe . . ." und es „ist jener Unterschied so groß, daß . . . wir beim Erwachen dank gerade jener Ungleichheit . . . erkennen, daß nicht wir es getan, was da immerhin als irgendwie an uns Geschehenes uns traurig macht."[26] In diesen Worten wird deutlich, daß das Traum-Ich, also der Traumerleber, gegenüber dem Wach-Ich so verändert ist, daß es zu Handlungen fähig wird, die es im Wachzustand niemals begehen würde. Das Wach-Ich braucht sich also solche Traumverfehlungen insofern nicht zurechnen zu lassen, weil die im Traum ausgeschaltene Selbstkontrolle derartiges verhindern würde. Auf der anderen Seite zeigt der Sachverhalt aber, daß der von der Wachkontrolle befreite Traumerleber, das Traum-Ich, sehr wohl zu solchen Handlungen fähig ist. Das ist es, was Augustinus traurig machte. So schreibt auch v. Siebenthal: „Der kriminell Träumende ist keineswegs ein Verbrecher, aber er wäre zum Verbrechen seiner tiefsten Wünsche nach fähig."[27] Der Traumerleber decouvriert also die potentiellen Möglichkeiten eines von der Selbstkontrolle befreiten Ich. Es mag wohl Menschen geben, die auch solche potentiellen Möglichkeiten nicht besitzen und deren Träume daher auch davon frei sind. Siebenthal berichtet von einem interessanten Experiment, bei dem de Sanctis Versuchspersonen durch Verbalsuggestion im Schlaf zu kriminellen Handlungen provozierte. Aber sobald die Träumer die ihnen angesonnene Tat begehen sollten, erwachten sie.[28] Je reiner der Mensch auch in seinen Triebschichten ist, umso reiner werden auch seine Träume sein.[29] Aber es ist bemerkenswert, daß Goethe einmal erklärt haben soll, er fühle in seinem Inneren die Fähigkeit zu Verbrechen jeder Art. Allerdings hat sich, soviel mir bekannt ist, zu diesem unter Strafrechtlern oft zitierten Wort ein Quellennachweis bisher nicht finden lassen. Aber auch Gerhart Hauptmann schreibt von sich selbst: „Mit sechzehn Jahren wußte ich, daß ich eine Menge Anlagen, auch zum Schlimmen, in mir hatte, ja daß es nicht viele Verbrechen gibt, die außerhalb des Bereiches liegen, denen der beste aller Menschen in einem unbewachten, hemmungslosen Augenblick nicht verfallen könnte."[30] Als Ergebnis ist jedenfalls festzuhalten, daß der Traumerleber im ethischen Bereich eine wesentliche Veränderung gegenüber dem Wach-Ich aufweist oder doch zum mindesten aufweisen kann.

Daß Ähnliches auch für den intellektuellen Bereich gilt, ist schon im 3. Kapitel dargelegt worden, soll hier aber noch weiter vertieft werden. Zunächst fällt auf, daß der Traumerleber in der Regel abstrakte Geistestätigkeit nur wenig oder gar nicht leistet. Das hängt aber einmal damit zusammen, daß ihm der Traumspieler, wie ebenfalls im 3. Kapitel gezeigt wurde, eine ganz überwiegend optische Szenerie vorführt. Zum anderen sind generelle Aussagen an dieser Stelle kaum zu machen. Ich habe schon darauf hingewiesen, daß ein Mensch, der nie ein Buch zur Hand nimmt, anders träumt als ein Intellektueller, der den ganzen Tag über geistige Arbeit leistet. Sicher ist jedenfalls, daß solche Arbeit auch im Traum geleistet werden kann. Wenn v. Siebenthal pauschal behauptet, daß dem Traum „alles Gedankliche ohnehin fremd sei",[31] so irrt er. Ich habe schon mehrere Träume mitgeteilt, in denen das Gedankliche eine beträchtliche Rolle spielt, u. a. den Traum von Descartes. Ein Traum von mir selbst soll das weiter illustrieren. In der Nacht zum 17. 7. 1978 träumte ich, ich sei als Jurist unter einem Landgerichtsdirektor tätig, mit dem ich diskutierte. Dabei gab er mir folgenden Fall zur Lösung auf: Hasen stehlen irgendwo und kommen mit ihrer Beute zum Bau zurück. Andere Hasen kommen da heraus und helfen, das Gestohlene hineinzubringen. Frage: Sind diese zweiten Hasen als Diebstahlsgehilfen strafbar? Ich redete darauf etwas über objektive und subjektive Teilnahmelehre und erörterte dann, ob Begünstigung oder Hehlerei in Frage käme, und hielt meine Darlegungen für richtig. Der Landgerichtsdirektor erklärte sie für falsch. Die juristische Lösung dieses Scherzfalles kann hier dahingestellt bleiben. Jedenfalls zeigt der Traum mit aller Deutlichkeit nicht nur wieder, daß Traumerleber und

Traumspieler verschiedene Figuren sind, sondern auch, daß der Traumerleber durchaus in der Lage ist, gedankliche Arbeit zu leisten und im Traum geradezu Denkaufgaben gestellt und gelöst werden können. Freilich bin ich, der Träumer, Strafrechtler von Beruf und derartige Diskussionen sind auch in meinen Träumen zwar nicht gerade häufig, aber doch nicht allzu selten. Es wird sich zeigen, daß das Gedankliche auch in den Träumen des Mediziners Freud eine nicht unbeträchtliche Rolle spielt. Im Ganzen freilich tritt das Gedankliche im Traum stark zurück. Dieser Einschränkung entspricht es, daß der Traumerleber auch selten länger redet. Freud hat behauptet: „Alles ... was im Traum als Rede auffällig hervortritt, unterwirft sich der Zurückführung auf reale, selbst gehaltenen oder gehörte Rede."[32] Eine solche apodiktische Behauptung, wie sie für Freud typisch ist, wird der Vielfalt des Traumlebens nicht gerecht. Anstelle anderer Träume brauche ich nur auf meine juristische Diskussion mit dem Landgerichtsdirektor zu verweisen, die mit Sicherheit nicht auf eine im Wachzustand geführte Unterhaltung zurückgeht. Ich erinnere auch an den Traum, in dem ich im Bundestag eine in Wirklichkeit natürlich nie gehaltene Rede hielt.

Eine noch wesentlichere Einschränkung im intellektuellen Bereich liegt darin, daß das Urteilsvermögen und die Fähigkeit zum logischen Denken beim Traumerleber deutlich eingeschränkt sind. P. Haffner hat zwar in einem Aufsatz 1884 behauptet, die Urteilskraft des Menschen sei im Traum nicht alteriert; der Mensch könne auch im Traum nicht gegen die Denkgesetze verstoßen.[33] Das ist ein Irrtum. C. G. Jung hebt mit Recht hervor, daß im Traum ein „auffallender Kontrast zum bewußten Denken" bestehe.[34] Mein im 3. Kapitel geschilderter Traum aus der Nacht zum 23. 7. 1978, bei dem ich in einer juristischen Diskussion einen groben Schnitzer beging, zeigt das in aller Deutlichkeit. Daß die intellektuellen Fähigkeiten des Traumerlebers gegenüber dem Wach-Ich herabgesetzt sind, zeigt auch mein im 3. Kapitel wiedergegebener Traum vom

22. 3. 1970, in dem ich ein Gedicht machte, aber nicht bemerkte, daß in der letzten Zeile mehrere Füße fehlten. Im übrigen wird jeder, der seine Träume nur ein wenig beobachtet, festgestellt haben, daß er im Traum nicht über dieselben geistigen Fähigkeiten verfügt wie im Wachzustand. Es fehlt auch weitgehend an Selbstkritik. So merkt der Traumerleber möglicherweise nicht, daß er sich verspricht.[35]

Nicht sicher bin ich mir, ob man es auch als Defekt des Urteilsvermögens auslegen darf, wenn der Traumerleber Dinge, die im Wachleben widersinnig oder unmöglich wären und die ihm der Traumspieler vorführt, als gegeben hinnimmt, so, wenn er den Toten im Traum als Lebenden akzeptiert oder es nicht verwunderlich findet, wenn Tiere zu sprechen anfangen. Hierher gehört auch das schon erwähnte Phänomen, daß der Traumerleber z. B. überzeugt ist, seinem guten Bekannten X gegenüberzustehen oder sich in der ihm bekannten Stadt Y zu befinden, obwohl Mensch und Stadt im Traum ein ganz anderes Aussehen haben als in Wirklichkeit. In diesem Bereich kommen auch seltsame Differenzierungen vor. So wunderte ich mich in einem schon erwähnten Traum, daß mein Bart so rasch gewachsen sei, wunderte mich aber weder darüber, daß ich mich im Traum ohne Spiegel selbst sehen konnte, noch darüber, daß ich einen Bart hatte, daß Bart und Kopfhaar ganz schwarz waren und das Kopfhaar üppig, obwohl ich nie einen Bart getragen habe, mein Haar nie schwarz war und mein Kopfhaar alles andere als üppig ist. Ich neige zu der Meinung, daß es sich bei allen diesen Erscheinungen nicht um intellektuelle Ausfälle im Traum, sondern darum handelt, daß der Traumerleber weitgehend bereit ist, das Zauberspiel, das der Traumspieler mit ihm treibt, mitzuspielen. Aber auch wenn das richtig wäre, so würde sich darin doch eine Veränderung des Traumerlebers gegenüber dem Wach-Ich abzeichnen.

Kein Zweifel scheint mir auch daran zu bestehen, daß der Wissensschatz des Wach-Ich dem Traumerleber zwar nicht völlig verloren geht, aber doch deutlich reduziert sein kann. Ich erinnere einerseits an den im 2. Kapitel angeführten Traum, in dem ich ein Gedicht von Mörike rezitierte. Im September 1979 träumte ich auch, daß ich einem schon verstorbenen Bekannten einen längeren, von mir sehr geschätzten Witz erzählte, bin allerdings nicht sicher, ob ich ihn wirklich vollständig brachte. Ich erinnere auch daran, daß ich im Traum richtig wußte, von wem das griechische Wort panta rhei stammt. Anderseits träumte ich Anfang Januar 1973, ich sei in München und es war von jemand die Rede, der in einem Ort zwischen München und dem Rhein lebt. Als man mich nach einem solchen Ort fragte, war ich nicht in der Lage, auch nur einen einzigen anzugeben. Nicht einmal so bekannte Städte wie Ulm, Stuttgart oder Heidelberg, durch die ich so oft mit der Bahn gefahren war, fielen mir ein. Dieser Traum, von dem in anderem Zusammenhang noch die Rede sein wird, genügt als Beispiel dafür, daß dem Traumerleber auch der selbstverständliche Wissensschatz seines Wach-Ichs keineswegs stets zur Verfügung steht.

Die geschilderten Einschränkungen im intellektuellen Bereich hängen möglicherweise mit dem im Traum stattfindenden Überwuchern durch Schauen und Empfinden zusammen, die mit der Prädominanz optischer Eindrücke für den Traumerleber im Vordergrund stehen. Zwischen Denken und Fühlen vermag ich allerdings keine so harten Grenzen zu sehen, wie sie z. B. C. G. Jung zieht, wenn er schreibt, es seien „Denken und Fühlen zwei ganz verschiedene Funktionen. Ich muß sogar, um den logischen Gesetzen des Denkens genügen zu können, das Gefühl sorgfältig ausschließen.“[36] Ich halte diesen Satz für falsch. Ich stelle sehr oft bei mir fest, daß ich „fühle“, ob eine Behauptung falsch ist, noch ehe eine rationale Begründung dafür in meinem Kopf zustandekommt. Einer meiner bedeutenden Lehrer auf der Universität pflegte zu sagen, wenn jemand etwas Falsches vorbringe, „klingle“ es bei ihm. Das bestätigt meine eigene Erfahrung und läßt es möglich erscheinen, daß auch im Traum das Denken eine Form des Fühlens wird oder daß Denken und Fühlen doch ineinander übergehen. Von dorther mögen auch Denkausfälle im Traum in einem etwas anderen Licht erscheinen.

Ähnlich wie im intellektuellen Bereich steht es im voluntativen. Wir haben schon gesehen, daß der Traumerleber sehr wohl Willensentscheidungen trifft, vielleicht sogar zahlreiche im Verlauf eines ausgedehnten Traumgeschehens, daß er aber anderseits eine lediglich beobachtende Rolle spielen kann. Vielfach reduziert sich sein Agieren auf ein Reagieren oder auf bloßes Geschehenlassen. An der Beobachtung kann es jedoch niemals fehlen, auch wenn sie sich statt des Sehens, das noch einen Willensentschluß voraussetzt, auf ein bloßes Fühlen beschränkt, so wenn der Traumerleber spürt, daß er berührt wird. Denn es gibt kein Träumen ohne Traumerleber, so wie es auch kein Wacherleben ohne das erlebende Wach-Ich gibt. Eines erscheint noch von Bedeutung. Der Traumerleber kann Handlungen vornehmen, die ihm selbst schon im Traum unverständlich erscheinen oder zwar noch im Traum verständlich, aber nicht mehr, wenn er aus dem Schlaf erwacht ist. Es tritt also mit dem Traum auch eine gewisse Verzauberung des Traumerlebers selbst ein, wobei sich Mängel im voluntativen Bereich mit solchen im intellektuellen verbinden.

In die Richtung einer gewissen Verzauberung geht es auch bei den Veränderungen, die während des Traumes im motorischen Bereich mit dem Traumerleber vor sich gehen. Wie schon erwähnt, kann er häufig fliegen, wobei ihm manchmal eine Art Fluggerät oder Schwingen zur Verfügung stehen, sehr oft aber ohne das alles. Der Traumerleber kann sehr hoch oder sehr weit springen, viel höher oder weiter als alle Weltrekordler. Ich kann z. B. im Traum auch manchmal sehr viel besser schwimmen oder Ski fahren als im Wachzustand. Wenn der Traumerleber auf der einen Seite ungeheuer schnell zu laufen vermag, weiß auf der anderen Seite jeder, der sich an seine Träume erinnert, daß auch beim gesündesten und behendesten Menschen im Traum die lästigsten motorischen Hemmungen auftreten können. Die Beine werden ihm schwer wie Blei, er kann sich kaum mehr vom Fleck rühren, kommt die Stufen der Treppe nicht mehr hinauf und muß schließlich wie gelähmt stehen bleiben. Solche Erscheinungen gibt es in Verbindung mit Verfolgungs- oder anderen Angstträumen sehr häufig. Ich halte sie, ohne mich hier mit einer eigentlichen Deutung befassen zu wollen, für eine Art Autosuggestion des Traumerlebers. Er sieht sich im Traum in einer schwierigen Situation, der er entkommen möchte, fürchtet aber, das nicht zu können, und lähmt mit dieser Furcht sich selbst.

Wie auch dieses Beispiel wieder zeigt, spielt der Traumerleber das Spiel des Traumspielers mit und nimmt es als Wirklichkeit. Die Furcht, die ihm die Beine lähmt, ist real. Es ist schon darauf hingewiesen worden, daß diese Realitätsvorstellung besonders intensiv ist, wenn man träumt, erwacht zu sein, in Wirklichkeit aber weiterträumt.[37] Das ist gar nicht so selten. Man kann aber als Traumerleber gleichzeitig auch wissen, daß es Träume gibt. So träumte ich im März 1979, ich träfe einen alten Kollegen und erzählte ihm, daß ich oft von ihm träume. Diese Erzählung entsprach den Tatsachen, der Traum selbst bestätigte es; aber während ich im Traum von Träumen sprach, glaubte ich, den Kollegen in der Realität vor mir zu sehen. Besonders interessant und bezeichnend dafür, wie sich die Vorstellungen im Traum verschachteln können, ist, daß man träumen kann, einen Traum zu haben. Ein klassisches Beispiel dafür ist der folgende, auch sonst bemerkenswerte und sehr schöne Traum Grillparzers, des Dichters der Medea, den er in seinem Tagebuch festhielt:

„Ich hatte heute nacht einen sonderbaren Traum. Ich träumte ein Vorspiel zu Medea, von dem ich mich jetzt nur noch erinnere, daß es ganz allegorisch war, daß darin Medea auf einem bettartigen Wagen liegend erschien und von einer weiblichen Figur an einem Seile gehalten und geleitet wurde. Auch daß im Laufe des Stückes mich einmal als höchst passend überraschte, daß bei einer Stelle Medea mit den Händen eine Bewegung machte, als ob sie flöge oder schwämme. Das Ganze hat mich entzückt, und nun träumte ich fort, ich sei erwacht und bei dem Theatersekretär Schreyvogel, dem ich den Traum erzählte und meine Absicht, nach diesem mein Stück zu ändern. Ich konnte mich nicht mehr auf die einzelnen Umstände meines Traumgesichts erinnern, dachte nach, suchte mir's zu vergegenwärtigen, fand endlich wieder das Ganze zusammen, und hatte eine große Freude darüber, als höchst poetisch und sinnreich. Räsonnierte auch mit einem scheinbar viel klareren Bewußtsein über meinen Traum und Träume überhaupt, und das alles im Traum. Als ich aus diesem höchst lebhaften Traum erwachte, bemeisterten sich meiner zwei Empfindungen. Erstens kam mir mein wachender Zustand gegen den vorigen vor wie eine Zeichnung gegen ein Gemälde, ein nebliger Tag gegen einen sonnenhellen; dann hatte ich ein eigenes, unangenehmes Gefühl der Zeitbegrenzung, da mir früher so vieles, so im Flug und in so kurzer Zeit, begegnet war."[38] Dieser Traum zeigt neben der Erlebnisintensität und -färbung sowie dem als unangenehm empfundenen Gefühl der Zeitfesselung im Wachzustand sehr anschaulich das Phänomen des Traumes im Traum, bei dem der Traumerleber den ersten Teil als Traum, den ebenfalls geträumten zweiten Teil aber als Wirklichkeit empfindet. In einem Text der klassischen Zeit Chinas, dem „Wahren Buch von der südlichen Blüte" des Chuangtse heißt es: „Der eine träumt und weiß nicht, daß er nur träumt, und ein anderer träumt sogar mitten im Traum, daß er seinen Traum deute – und erst wenn sie erwachen, merken sie, daß alles nur ein Traum war."[39]

Zeigt sich hier schon, daß man im Traum Geträumtes als nicht real empfinden kann, so gibt es die Erscheinung, daß man während des gesamten Traums erkennt, daß man ja „nur" träume, ziemlich häufig.[40] Schon im 1. Kapitel ist davon die Rede gewesen. Freud meint, das geschähe zur Einschläferung der Zensur.[41] Dem ist aber entgegenzuhalten, daß dieses „Es ist ja nur ein Traum" sowohl Erleichterung des Traumerlebers darüber ausdrücken kann, daß das eben Erlebte nicht Wirklichkeit ist, als auch Bedauern, daß es sich leider nicht als Wirklichkeit erweisen werde. So habe ich manchmal im Traum gedacht, daß die schöne Versteinerung, die ich gerade fand, die Münze oder das Buch, die ich so günstig erstand, am nächsten Morgen nicht mehr da sein würden, und habe im Traum darüber nachgedacht, ob es nicht doch ein Mittel gebe, sie mir zu erhalten. Das alles bedeutet Distanzierung von der Realität des Traumes. Besonders weit geht diese Distanzierung natürlich, wenn der Traumerleber schon während des Träumens daran geht, seinen Traum zu deuten, wie der oben zitierte chinesische Schriftsteller berichtet und wie es auch für unsere Zeit behauptet wird.[42] Freud hat die erstaunliche Behauptung aufgestellt, „daß wir den ganzen Schlafzustand über ebenso sicher wissen, daß wir träumen, wie wir es wissen, daß wir schlafen."[43] Dem muß entschieden widersprochen werden. Im Tiefschlaf wissen wir überhaupt nichts. Im Traum aber glauben wir in aller Regel an die Wirklichkeit des Geträumten. Sonst wäre die Angst des Träumers vor dem geträumten Einbrecher nicht so groß wie die vor dem wirklichen und niemand käme auf den Gedanken, bei einer nur geträumten Feuersbrunst aus dem Fenster zu springen, wie das tatsächlich geschehen ist.[44] Einzuräumen ist freilich, daß jemand, der sich intensiv und fortgesetzt mit seinen Träumen beschäftigt wie Freud, leichter und häufiger erkennen wird, daß er träumt. Auch bei mir stelle ich fest, daß ich mir manchmal im Verlauf eines interessanten Traumes vornehme, ihn mir zu merken. Doch geschieht das keineswegs häufig. Das Erkennen des Vorgangs als eines Traumes führt übrigens in der Regel nicht dazu, daß man den Traum abbricht und erwacht, auch wenn dies möglich ist.

Damit können wir das Ergebnis dieses Kapitels folgendermaßen zusammenfassen: Der Traumerleber ist das den Traum auf sich beziehende Teil-Ich, das dem Träumer selbst und regelmäßig auch noch dem aus dem Traum Erwachten mit dem Wach-Ich identisch erscheint. Objektiv allerdings ist dieses Teil-Ich gegenüber dem Wach-Ich in vielerlei Hinsicht verändert. Der Traumerleber geht in der Regel auf das Spiel ein, das die zweite

Figur der Traumgestaltung, der Traumspieler, vor und mit ihm spielt. Das heißt auch, daß er das gesamte Spiel in den meisten Fällen als Realität ansieht und erlebt. Nicht ganz selten erkennt der Traumerleber aber, daß es sich nur um einen Traum handelt; trotzdem läßt er den Traum meistens weiterlaufen.

6. Kapitel

Der Traumspieler

Eine noch interessantere Figur als der Traumerleber ist der Traumspieler. Denn daß das Ich eines Menschen auch im Traum weiter in ihm existiert und arbeitet, wenn auch in veränderter Gestalt, ist nicht so verwunderlich wie die Existenz einer weiteren Instanz, die dem Traumerleber die im Traum fehlende Außenwelt ersetzt und in all ihren Erscheinungen vorzuführen vermag. Der Spieler ist im Traum der Schöpfer und Herr dieser Außenwelt, er ist der Dichter, Dramaturg und Regisseur des Traumspiels. Er legt Descartes ein Lexikon auf den Tisch, läßt vor Grillparzers Traum-Ich Medea auf einen Wagen gebettet vorbeiziehen, er läßt mitten in einem Skigelände eine Herde Giraffen auftauchen, erfindet einen Landgerichtsdirektor, der skurrile strafrechtliche Aufgaben stellt, und läßt auf der Zunge eines Träumers eine Reiterschar aus seinem Munde sprengen. Der Traumspieler ist das bedeutende Gegenüber des Traumerlebers und erweist sich dabei als Erfinder von unerschöpflicher Phantasie. Er ersetzt dem Traumerleber auch das Du, an das jener in der Welt gewöhnt ist und das sonst im Traume fehlen würde. Siebenthal bestreitet das und erklärt, das Du fehle, denn der Träumer erlebe im Traum eben seine eigene Welt.[1] Daran ist nur soviel richtig, daß der Traumspieler das Du, also andere, vertraute oder fremde Menschen, mit denen der Erleber sprechen oder umgehen kann, nicht als die Nicht-Iche, die sie im

Wacherleben sind, sondern immer nur als Figuren des Spiels so einführen kann, wie er selbst als Teil-Ich sie sieht. Sie sind aber nicht mit dem Traumerleber identisch, sondern treten als von ihm getrennte Persönlichkeiten mit einem ihnen eigenen Charakter auf und haben damit doch die Qualität des Du. Jedenfalls werden sie vom Traumerleber so empfunden.

Mit dieser Detailerörterung sind wir schon mitten in der diffizilen Problematik um den Traumspieler, die jetzt analysiert und so weit wie möglich aufgehellt werden soll. Dabei hat eine zur Vorsicht mahnende Feststellung an der Spitze zu stehen. Das Wort Traumspieler und seine Bezeichnung als Figur erwekken den Anschein einer Personifizierung, gleichsam die Vorstellung, als säße im Gehirn des Menschen ein kleiner Zauberer, der nachts die Drähte des Traumpuppentheaters ziehe. Davon kann freilich keine Rede sein. In Wirklichkeit stehen wir, auch wenn die psychophysische Korrespondenz, von der im 2. Kapitel die Rede war, hier ebenfalls anzunehmen ist, vor einer psychologischen Rätselerscheinung, die wir zwar in ihrem Wirken erleben, in ihrem Ursprung aber nicht präzisieren und in ihrer Seinsqualität nicht konkretisieren können. In einer solchen Lage, in der es dem Menschen versagt ist, eine Erscheinung mit seinen Sinnen exakt zu erfassen, greift er, um sich das Phänomen wenigstens anschaulich zu machen, zu einem Namen, ein Vorgang, der z. B. auch in der Mikrophysik nicht selten ist. Und so hat denn auch Freud in ähnlicher Situation von „Instanzen“ und „Systemen“, C. G. Jung von „Komplexen“ gesprochen, die quasi personifiziert auftreten.[2] Ebenso ist das Wort „Traumspieler“ nur ein Name, der ein nicht näher faßliches psychisches Phänomen nach der Art seiner Wirkung anschaulich machen soll, nämlich danach, daß im Traum ein Prozeß mit verteilten Rollen abläuft und es außer dem Traum-Ich eine zweite traumgestaltende Kraft gibt. Das muß im folgenden immer bedacht werden.

Freilich muß anderseits auch erkannt werden, daß hinter dem Namen doch irgendeine psychische Instanz stehen muß, die nicht nur Absurdes erfindet wie den Spruch an der Hotelklingel: „Der Tag riecht gut", sondern überhaupt Gestaltetes und dabei auch überraschend Sinnvolles hervorbringen kann. So wurde mir in der Nacht zum 26. 2. 1974 folgendes Wort in einer mir nicht mehr erinnerlichen Form im Traum vorgeführt: „Wir leben, um Gott zu erkennen. Wir leben, weil Gott uns erkennt." Dazu muß ich bemerken, daß mir die Bildung einer solchen Sentenz im Wachzustand kaum möglich wäre und daß ich auch nicht in der Lage war, eine mit dem Spruch zusammenhängende Erinnerung zu assoziieren. Man muß also annehmen, daß so, wie C. G. Jung von seinen Komplexen behauptet hat, daß sie „Teilpersönlichkeiten" mit einem ihnen „eigentümlichen Charakter" und „besonderen Gedächtnis" seien,[3] der Traumspieler ebenfalls mit eigenen psychischen Kräften ausgestattet ist oder daß er sich die psychischen Fähigkeiten des Menschen, in dem er wirkt, dienstbar machen kann. Das soll im einzelnen geprüft werden, wobei es als Ziel um die Beantwortung dreier prinzipieller Fragen geht. Die erste lautet: Wie gestaltet der Traumspieler sein Spiel? Die zweite Frage geht dahin: Woher kommt das Material, aus dem der Traumspieler die Themen für seine Spiele nimmt? Und drittens: Wieso nimmt der Traumspieler aus dem ihm zur Verfügung stehenden Material gerade das bestimmte Thema des konkreten Traumes?

Zur ersten Frage möchte ich zunächst an die Ausführungen des 3. Kapitels erinnern, wo die Abweichungen der Traumwelt von der Wachwelt aufgezeigt wurden. Die große Mehrzahl der dort geschilderten Absonderlichkeiten sind dem Traumspieler zuzurechnen und sagen Näheres darüber aus, wie er sein Spiel gestaltet. Darüber hinaus ist eine Reihe weiterer bedeutsamer Fakten festzustellen. Der Traumspieler verfügt häufig in oft verblüffender Weise über ein besseres Gedächtnis als das Wach-Ich. Das ist ein bekanntes Phänomen. Man hat es mit dem Stichwort „Geheimkammern des Gedächtnisses" bezeichnet.[4] Freud bringt dafür eine Reihe interessanter Beispiele.[5] So können Bilder aus der Vergangenheit, an die man sich im Wachzustand bei aller Anstrengung nicht mehr erinnern konnte, im Traum wieder lebendig werden (sogen. Hypermnesie); oder ein Erlebnis kommt als Ganzes erstmalig im Traumbewußtsein voll zur Geltung (sogen. Kryptomnesie).[6] Der Traumspieler kann den Namen eines Bekannten nennen, den man vergessen und tagelang vergeblich gesucht hatte. Von einem solchen Traum berichtet z. B. Hoche.[7] Der Traumspieler kann dem Erleber das Gesicht eines Menschen, das dem Wach-Ich nicht mehr erinnerlich war, so plastisch vorführen, daß sich der Träumer den Menschen am nächsten Tage wieder vergegenwärtigen kann. So träumte ich in der Nacht zum 15. 9. 1979 sehr intensiv von einem früheren Kollegen, an den ich lange nicht mehr gedacht hatte, und sah ihn mit seinem Gesicht und seiner spezifischen Art, zu sprechen, zu gestikulieren und zu lachen, in aller Deutlichkeit vor mir. Der Traumspieler kann Erlebnisse, die im Gedächtnis völlig verschüttet waren, und zwar auch Bagatellen,[8] wieder hervorholen, unter Umständen in einer Weise, daß dem Träumer auch nach dem Erwachen die Erinnerung, mindestens zunächst, nicht wiederkommt. So träumte der Philosoph Delboeuf einmal von kleinen Eidechsen, die er im Traum mit einem Farnkraut fütterte, das den lateinischen Namen Asplenium ruta muralis führte. Im weiteren Verlauf des Traumes traten immer mehr Eidechsen auf, so daß es schließlich zu einer ganzen Prozession dieser kleinen Tiere kam. Erwacht stellte Delboeuf zu seinem Erstaunen fest, daß es tatsächlich ein Farnkraut mit dem lateinischen Namen Asplenium ruta muraria gibt, was ihm völlig neu war. Lange Zeit danach stellte sich aber heraus, daß er zwei Jahre vor seinem Traum im Herbarium der Schwester eines Freundes nach dem Diktat eines Bekannten getrocknete Pflänzchen mit lateinischen Namen beschriftet hatte; darunter war auch der im Traum geringfügig veränderte Name des Farnkrauts. Außerdem stellte sich viel später heraus, daß in einer illustrierten Zeitschrift, die Delboeuf abonniert hatte, ein Jahr vor dem Traum ein Zug von Eidechsen abgebildet war, wie er dann im Traum aufgetreten war.[5] Im Gehirn des

Träumers war also der Name des Farnkrauts wie das Bild des Eidechsenzuges irgendwie gespeichert, dem Wach-Ich aber entschwunden, während der Traumspieler in der Lage war, beides zu reproduzieren. Auch längst vergessene Eindrücke aus der Kinderzeit können wieder lebendig werden.[9] So berichtet Freud von einem Arzt im Alter von etwa dreißig Jahren, in dessen Träumen häufig ein gelber Löwe auftauchte. Dieser Löwe fand sich eines Tages als ein lange verschollener Gegenstand aus Porzellan wieder vor.[10] Ich habe im 5. Kapitel einen Traum von mir mitgeteilt, in dem ich mich in München befand und auf Befragen nicht in der Lage war, Orte zu nennen, die zwischen München und dem Rhein liegen. Im weiteren Verlauf dieses Traumes fuhr ich von München mit der Bahn westwärts und, als der Zug an einer Station hielt, sah ich gespannt, was das nun für ein Ort sein werde, nach dem Ortsschild über dem Bahnsteig und da stand: Buchloe. Der Traumspieler wußte also besser Bescheid als mein Traum-Ich. Später fiel mir ein, daß ich einmal von München über Buchloe nach dem Schwarzwald gefahren war. Besonders erstaunlich ist, daß der Traumspieler Eindrücke reproduzieren kann, die das Wachbewußtsein gar nicht durchlaufen haben wie die bekannten Kinoreklamen, die zwischen anderen Bildern mit solcher Geschwindigkeit eingeblendet werden, daß sie zwar die Augen der Beschauer optisch treffen, diesen aber nicht bewußt werden. Der Physiologe Pötzl zeigte 1917 Versuchspersonen auf einem Bildschirm farben- und figurenreiche Bilder mit einer Zeitdauer von 1/100 Sekunde. In den Träumen der folgenden Nacht erschienen den Versuchspersonen gerade jene Details aus den Bildern, die nicht bewußt wahrgenommen werden konnten.[11]

Noch erstaunlicher ist die schon weithin bekannte Erscheinung, daß der Traumspieler in der Lage sein kann, Probleme, die den Träumer im Wachzustand intensiv beschäftigen, die er aber dort nicht bewältigen kann, zu lösen.[12] Am berühmtesten ist die Entdeckung des Benzolringes durch Kékulé in einem Traum, der ihn während eines Halbschlafs überkam und in dem er schlangenartig sich windende Atomgebilde sah, von denen er dann schrieb: „Und siehe, was war das? Eine der Schlangen faßte den eigenen Schwanz und höhnisch wirbelte das Gebilde vor meinen Augen. Wie durch einen Blitzstrahl erwachte ich."[13] Siebenthal schildert noch eine Reihe weiterer Beispiele. So sah der Ägyptologe Brugsch-Pascha bei seinen Entzifferungsarbeiten die ersehnte Lösung oft im Traum. Der Assyriologe Hilprecht, der mit einer seiner Entzifferungen von Inschriften auf Achatbruchstücken in einer seiner Schriften nicht recht zufrieden war, träumte 1891, ein Priester führe ihn in die Schatzkammer eines Tempels, in der solche Bruchstücke lagen, und sprach zu ihm: „Die beiden Bruchstücke, von denen du Seite 22 und 26 sprichst, gehören zusammen, sind aber nicht Fingerringe. Ihre Geschichte ist so: König Kurigalzu schickte einmal dem Tempel Bels einen Votivzylinder aus Achat mit Inschrift. Dann erhielten wir Priester Befehl, für die Statue des Gottes Ninib Ohrringe aus Achat anzufertigen. Da Rohmaterial fehlte, mußte der Zylinder in drei Teile geschnitten werden. Das ergab drei Ringe mit Teilen der Inschrift. Die beiden ersten dienten der Statue als Ohrringe. Die Bruchstücke, die dir soviel Mühe machen, sind Fragmente davon. Wenn du sie zusammenhältst, mußt du das bestätigt finden." Hilprecht erzählte den Traum am Morgen seiner Frau, legte dann die Bruchstücke nach der Weisung des Priesters zusammen und fand dessen Angaben bestätigt. Der Zoologe Agassiz fand die exakte Rekonstruktion eines fossilen Fisches an Hand eines Schieferabdrucks erst nach drei Träumen davon.[14] Es gibt also genug Beispiele der eben geschilderten Art.

Bei dem Zustandekommen der beiden eben beschriebenen Phänomene, nämlich der erstaunlichen Gedächtnisleistungen des Traumspielers und seiner Fähigkeit zur Lösung von Problemen, die dem Träumer im Wachzustand nicht gelingt, spielt sicher eine beträchtliche Rolle, daß das im Schlaf weiterarbeitende Gehirn des Menschen von seiner Tagesbeanspruchung, in der es fast ständig auf bestimmte Aufgaben angesetzt wird, befreit und sich allein überlassen ist. In Schlaf und Traum arbeitet es selbständig weiter und der Traumspieler ist nichts als der Repräsentant dieses selbständigen Gehirns, dem gegenüber der Traumerleber eher der geführte Partner ist. Der Traumspieler produziert die Einfälle, die aus lang passiv gewesenen Zellen oder Bereichen des Gehirns heraustreten können. Es mögen dabei auch geringfügig scheinende Assoziationen eine Rolle spielen, die für den Träumer auch noch nach dem Erwachen unbemerkt bleiben. Stefan Zweig hat dazu in seiner Novelle „Buchmendel" eine meisterhafte Beschreibung geliefert:[15] „mein Gedächtnis ist sonderbar geartet, gut und schlecht zugleich, einerseits trotzig und eigenwillig, aber dann wieder unbeschreiblich getreu. Es schluckt das Wichtigste, sowohl an Geschehnissen als auch an Gesichtern, an Gelesenem wie an Erlebtem oft völlig hinab in seine Dunkelheiten und gibt nichts aus dieser Unterwelt ohne Zwang, bloß auf den Anruf des Willens heraus. Aber nur den flüchtigsten Halt muß ich fassen, eine Ansichtskarte, ein paar Schriftzüge auf einem Briefkuvert, ein verräuchertes Zeitungsblatt, und sofort zuckt das Vergessene, wie an der Angel der Fisch, aus der dunkel strömenden Fläche völlig leibhaft und sinnlich wieder hervor." Wenn diese Beschreibung auch nicht unmittelbar auf den Traum gemünzt ist, so trägt sie doch viel zur Erklärung dafür bei, wie auch im Traum durch eine winzige Assoziation eine ganze Erinnerungskette lebendig in Bewegung gesetzt werden kann.

Die Lösung von Problemen im Traum, die im Wachzustand nicht gelingen will, wird verständlicher, wenn man sich klar macht, daß unser Gehirn auch im Wachzustand an Problemen, um die man sich müht, noch unterhalb der Bewußtseinsschwelle weiter arbeitet, so daß die Lösung auch dem wachen Menschen in Form eines unerwarteten Einfalls aufgehen kann. Freud hat darauf hingewiesen: „Aus den Mitteilungen einiger höchst produktiver Menschen, wie Goethe und Helmholtz, erfahren wir doch . . ., daß das Wesentliche und Neue ihrer Schöpfungen ihnen einfallsartig gegeben wurde und fast fertig zu ihrer

Wahrnehmung kam."[16] Goethe hat sogar erzählt, daß ihm die meisten Gedanken zu seinem „Prometheus" im Traum gekommen seien.[17] Von mir selbst kann ich berichten, daß ich mich während der Arbeit an meiner Dissertation in eine Sackgasse geraten wähnte, aus der ich lange kein Herauskommen fand, bis mir plötzlich während eines Spazierganges, bei dem ich an ganz andere Dinge dachte, die Lösung als fertiger Einfall kam, eine Lösung, die sich dann als eine der besten Ideen der ganzen Arbeit erwies. Von Schelling stammt das Wort: „Wer wachend könnte, was er schlafend muß, der wäre erst der vollkommene Philosoph."[18] So führt im Traum „das Unbewußte das *bildhaft* fort, was das Wachbewußtsein in abstracto zu erkennen trachtet."[19] All diese Erklärungsversuche vermögen freilich nicht mehr, als die geschilderten Phänomene verständlicher zu machen, ohne sie wirklich aufklären zu können. Sie bleiben erstaunlich und rätselhaft.

Beispiele wie der Traum des Assyriologen Hilprecht führen zu einer weiteren wesentlichen Feststellung. Der Traumspieler verfügt über eine schöpferische Phantasie, die in aller Regel deutlich über die Wachphantasie des Träumers hinausgeht. Charakteristisch ist dafür schon der eben erwähnte Traum, in dem sich der Spieler nicht etwa darauf beschränkt, dem Erleber zu zeigen, wie er die Achatstücke richtig zusammenzusetzen hat, sondern eine höchst anschauliche Szene spielt, den Erleber in die Schatzkammer eines assyrischen Tempels führt, einen Priester auftreten läßt, der unter Einbeziehung von König und Götterstatue die ganze Entstehungsgeschichte des Achatschmuckes erzählt, anderseits aber über die Schriften des Träumers so gut unterrichtet ist, daß er sogar die Seitenzahlen kennt. Oder man erinnere sich an Grillparzers Traum, in dem ihm nicht Verse vorgesagt werden, sondern Medea auf das lebendigste vor Augen geführt wird und es gerade deren ausdrucksvolle Geste ist, die ihn so beeindruckt, daß er nach dem Erwachen den Traum wie eine helle Sonne und die Wirklichkeit dagegen als nebligen Tag empfindet. Oder man lese im 4. Kapitel des

Buches Daniel den auch von C. G. Jung hervorgehobenen Traum des Königs Nebukadnezar mit seiner großartigen, dramatischen Ausdruckskraft. Schon Albertus Magnus sprach von der traumbildenden Kraft als der „virtus imaginativa".[20] Jean Paul nannte den Traum das „Mutterland der Phantasie" und sprach vom „Seelensang" und der „unwillkürlichen Dichtung", die der Traum bringt. Dieselbe Bezeichnung gebrauchte auch ein so nüchterner Kopf wie Kant[21] und Äußerungen weiterer großer Geister gehen ebenfalls in dieselbe Richtung.[22] Schopenhauer erklärte, „daß jeder, der träumt, ein Shakespeare" sei, Hebbel meinte, daß Traum und Poesie sich ergänzten, ja identisch seien,[23] während Nietzsche den Traum ganz generell als „Quelle der Kunst" bezeichnete.[24] Meiner Vorstellung vom Traumspieler kommt der 1780 geborene Professor der Naturgeschichte G. H. v. Schubert sehr nahe, wenn er vom „versteckten Poeten in uns" sprach.[25] Auch die Traumforscher selbst haben diese Bedeutung des Traums erkannt. Hildebrandt schreibt 1875 von der „bis zur Virtuosität sich erhebenden Potenzierung" im Traum[26] und Freuds bekannter Schüler Stekel erklärte, Dichten sei Fortsetzung des Träumens.[27] Auch v. Siebenthal schreibt von der Verwandtschaft des Traums mit dem Kunstwerk und der darin waltenden „numinosen Kraft."[28]

Mag manches an solchen Äußerungen Überschwang der Künstler selbst sein, so ist doch gar nicht zu zweifeln, daß die Phantasie des Traumspielers Erstaunliches leistet und schafft. Ich bedauere, nicht im einzelnen darstellen zu können, in welch herrliche Gebirgslandschaften mit imposanten Gipfeln er mich schon geführt, wieviel großartige Architekturen er mir gezeigt hat, Architekturen aller, aber auch seltsam neu scheinender Stile, hochgewölbte Kirchenschiffe, durch die man in Paläste hinübergeleitet wurde, von denen breite Freitreppen auf steinerne, weit geschwungene Prachtplätze hinunterführten. Der Traumspieler kann ästhetisch so Schönes erfinden, wie es seinem Erleber im Wachzustand nicht gelingen kann. So sah ich in der Nacht zum 6. 2. 1977 Zeichnungen von Frauenköpfen vor mir, die mit Bleistift in sehr einfachen, zarten Strichen überaus ausdrucksvoll gemacht waren. Noch nach dem Erwachen hatte ich eine deutliche Vorstellung von diesen aparten, mit keinem mir bekannten Künstler vergleichbaren Gestalten. Mir selbst würden Zeichnungen dieser Art, obwohl ich mich ein bißchen im Landschaftszeichnen versuche, im Wachzustand niemals gelingen. Auch bizarre Einfälle kann der phantasievolle Traumspieler haben. So träumte ich Anfang Januar 1977, wie ein mir bekanntes Ehepaar die Wände im Neubau seines Hauses selbst bemalte, und zwar sehr farbig mit Blumenmotiven und ähnlichen Dekorationen. Amüsant aber war, daß auf den Wänden Rechtecke gesondert bemalt wurden, und zwar so, daß sie wie dort hängende Bilder wirkten. In der Nacht zum 16. 11. 1979 träumte ich, jemand sage mir, er sei aus dem Ort Giulia della Robbia. Ich habe von einem solchen Ort noch nie gehört; soweit ich feststellen konnte, gibt es ihn auch nicht. Mit der florentinischen Künstlerfamilie della Robbia, deren Namen offenbar in den Traum spielt, war ich seit langer Zeit nicht mehr befaßt gewesen.

Bemerkenswert ist auch ein Traum Freuds, der eine Dramatik im Stil von Verdi aufweist, aber mit einem grotesken Schluß endet. Den Traum, der in Freuds Buch eine nicht unwichtige Rolle spielt, schildert er wie folgt:

„Ein Schloß am Meer, später liegt es nicht direkt am Meer, sondern an einem schmalen Kanal, der ins Meer führt. Ein Herr P. ist der Gouverneur. Ich stehe mit ihm in einem großen dreifenstrigen Salon, von dem sich Mauervorsprünge wie Festungszinnen erheben. Ich bin etwa als freiwilliger Marineoffizier der Besatzung zugeteilt. Wir befürchten das Eintreffen von feindlichen Kriegsschiffen, da wir uns im Kriegszustande befinden. Herr P. hat die Absicht, wegzugehen; er erteilt mir Instruktionen, was in dem befürchteten Falle zu geschehen hat. Seine kranke Frau befindet sich mit den Kindern im gefährdeten Schlosse. Wenn das Bombardement beginnt, soll der große Saal geräumt werden. Er atmet schwer und will sich entfernen; ich halte ihn zurück und frage, auf welche Weise ich ihm nötigenfalls Nachricht zukommen lassen soll. Darauf sagt er noch etwas, sinkt aber gleich darauf tot um. Ich habe ihn wohl mit den Fragen überflüssigerweise angestrengt. Nach seinem Tode, der mir weiter keinen Eindruck macht, Gedanken, ob die Witwe im Schlosse bleiben wird, ob ich dem Oberkommando den Tod anzeigen und als der nächste im Befehl die Leitung des Schlosses übernehmen soll. Ich stehe nun am Fenster und mustere die vorbeifahrenden Schiffe; es sind Kauffahrer, die auf dem dunklen Wasser rapid vorbeisausen, einige mit mehreren Kaminen, andere mit bauschiger Decke. Dann steht mein Bruder neben mir, und wir schauen beide aus dem Fenster auf den Kanal. Bei einem Schiff erschrecken wir und rufen: Da kommt das Kriegsschiff. Es zeigt sich aber, daß nur dieselben Schiffe zurückkehren, die ich schon kenne. Nun kommt ein kleines Schiff, komisch abgeschnitten, so daß es mitten in seiner Breite endigt; auf Deck sieht man eigentümliche becher- oder dosenartige Dinge. Wir rufen wie aus einem Munde: Das ist das Frühstücksschiff."[29]

Welch ein spannender, atemberaubender Traum, den der Traumspieler, für den Erleber ganz gegen dessen Erwartung, mit einem Operetteneffekt beendet. Auf diesen Traum, den Freud sorgfältig analysiert hat, werde ich noch einmal zurückkommen.

Von großartiger Dramatik und erstaunlich schöpferischer Phantasie ist auch der Traum, den Gottfried Keller seinen „Grünen Heinrich" vor dessen Heimkehr in die Vaterstadt gegen Ende des Romans träumen läßt. Doch bleibt dabei offen, wieviel davon auf echtes Traummaterial zurückgeht. Ich ziehe es daher vor, noch zwei andere Träume wiederzugeben, die, so verschieden sie auch nach Art des Träumers, seiner Zeit und ihres Stils sind, die poetische Gestaltungskraft des Traumspielers eindringlich demonstrieren. Der erste Traum stammt von Johannes Daniel Falk, der, 1768 in Danzig geboren, Theologie studiert hatte, seit 1796 als Schriftsteller in Weimar lebte und

Erinnerungen an Goethe verfaßt hat. Er ist auch der Dichter des Weihnachtsliedes „O du fröhliche . . .“ Falk soll Eidetiker gewesen sein, Visionen und Träume spielten für ihn eine große Rolle. Er war gläubiger Christ. Erst 1900 erschien sein „Geheimes Tagebuch oder mein Leben vor Gott“, in dem er zahlreiche seiner Träume aufgezeichnet hat. Dazu gehört der folgende:

Falk träumte, er sei gestorben und seine Seele in den Himmel eingegangen. Ihm begegneten viele Tote, die ihm bekannt vorkamen, deren Namen er aber nicht mehr wußte. Ein Engel geleitete ihn in ein schönes Gebäude, das der Büchersaal des Himmels zu sein schien, denn an beiden Seiten standen viele Bücher, die fast alle „Tagebücher“ hießen. Der Engel forderte ihn auf, in einem auf dem Tisch aufgeschlagenen Buch zu lesen. Es enthielt die Geschichte eines armen Landmädchens, das durch Verführung in ein lasterhaftes Leben gestoßen worden war. Falk mußte darüber bitterlich weinen. Der Engel sagte zu ihm: „Du hast nur über dich selbst geweint. Das bist du!“ und ließ ihn in einem anderen Buch weiterlesen. Darin stand die Geschichte eines armen Künstlers, der, so ernsthaft er auch strebte, von seinen Mitmenschen verkannt wurde und mit seiner Familie dem Hunger ausgesetzt war. Erst nach seinem Tode erkannte man seine Größe und ließ ihm nachträglich alle Ehren zuteil werden. In dem Leben des Künstlers erkannte Falk viele Einzelheiten seines eigenen und auch Verse, von denen er glaubte, daß sie von ihm stammen könnten . . . Wieder war Falk heftig gerührt und mußte weinen. Wieder erschien der Engel und sagte: „Du bist zertrümmert“, und auf das Buch weisend, „dies sind die Trümmer des Schiffes“. Falk erkannte wohl, daß er in seinem eigenen Lebensbuche gelesen hatte. Der Engel fragte tröstend, wieso er denn über etwas so heftig weinen könnte, das er doch glücklich bestanden hätte. Danach las Falk in einem dritten Buche, in dem das Leben eines tatkräftigen und mildtätigen Königs geschildert wurde. Trotz seiner Größe wurde er verkannt, verleumdet und angefeindet. Schließlich starb er an Gift, das ihm seine Feinde eingeflößt hatten. Über dieses

Schicksal brach Falk wiederum in Tränen aus. Lächelnd trat der Engel herein und sagte ihm, daß dieser Märtyrerkönig auch er gewesen sei, so wie die Gestalten der vorigen Bücher. Ebenso enthielten alle die anderen Bücher im Saale nur die eigene Lebensgeschichte „von den abgelaufenen Jahrtausenden", seine Rollen und vergessenen Tagebücher. Alles sei hier aufbewahrt. Der Engel forderte ihn auf, nun auch in den Büchern an den schwarzverhangenen Seitenwänden zu lesen. Dazu sagte er: „O Pflicht der Menschenliebe, o Pflicht der Nachsicht, o Pflicht der grundlosen Barmherzigkeit mit unseren Mitgeschöpfen! Nur diese ausgeübt haben, bahnt den Seelen den Eingang zum hohen Himmelssaal, zum Anschauen Gottes im reinsten Urlicht, wovon dieses nur die 155. Unterabteilung ist. Lies nur, schaudere und demütige dich der gewaltigen Hand Gottes."

Damit erwachte Falk.[30] Man kann sich zwar des Eindrucks nicht erwehren, daß diese so geschlossene und sinnvolle Traumerzählung nachträglich vielleicht ein wenig verschönt worden ist. Doch zeigen sich darin echte Traumelemente wie die Bemerkung über die Trümmer des Schiffes und die 155. Unterabteilung. Und warum soll einem Schwarmgeist der Goethezeit nicht ein solches Traumspiel voller Glaubensreichtum vorgeführt werden?

Der zweite, mit Sicherheit nicht frisierte Traum stammt von einer meiner beiden Schwestern. Sie träumte ihn 1979. Seine poetische Schönheit allein macht ihn schon interessant. Er lautet:

Ich träumte, ich sei in Mombassa und saß in einem Park. Da wurden vor mir zwei Särge aufgestellt. Dann kamen zwei Nonnen und brachten einen langen, aus Binsen geflochtenen Korb, stellten ihn links in der Reihe ab und schlugen ein Drittel des Deckels zurück. In diesem Korbsarg lag eine junge blonde Frau. Vor den anderen Särgen, die in der Dunkelheit lagen, waren nur ein oder zwei Menschen, aber vor dem dritten sammelten sich immer mehr und alle blickten voll Hingabe und Entzücken auf das Gesicht der jungen Frau. Plötzlich sah ich, daß es sich bewegte. Ich sprang auf und lief an den Särgen vorbei einen Sandweg entlang zu einer Baracke. Ich rief einem Wärter zu: „Der eine Leichnam wacht wieder auf!“ Darauf kam von hinten ein alter Arzt herbeigeeilt und lief, seine Instrumententasche ordnend, mit mir den Sandweg zurück. „Wer ist es denn?“ „Die junge Frau.“ „Das habe ich mir gedacht.“ „Aber wie konnte man denn annehmen, daß sie tot ist?“ „Es wird immer gleich geglaubt, daß jemand tot ist.“ Da wurde ich von einem schrecklichen lauten Schluchzen geschüttelt und rief aus: „Und ich kann nie glauben, daß jemand tot ist, und dann ist er wirklich tot!“ Wir kamen zu dem Korbsarg und der Arzt schlug den ganzen Deckel zurück. Die Menge der Menschen war noch größer geworden und zeigte sich noch entzückter, aber ich hatte nicht das Gefühl, daß sie an eine Auferstehung dachten. Es war mehr, als ströme einfach nur Liebe von ihnen aus, und es lag wie eine große Freude auf ihnen. In dem Sarg ruhte eine wunderschöne, nackte junge Frau. Sie schlug die Augen auf und lächelte den Arzt an; es war ein strahlendes Aufblühen. Er reichte ihr die Hand und sie stieg aus dem Sarg. Er legte ihr ein Kleid an, das sie um sich raffte. Der Arzt lächelte sie nun auch beglückt an und sagte: „Nun machen Sie das nächste Mal die Ohren besser auf, junge Frau!“

Damit erwachte die Träumerin. Auch auf diesen erstaunlich eindringlichen Traum werde ich noch einmal zurückkommen.

Zum Abschluß dieses Gedankengangs kann nicht verschwiegen werden, daß unter den Psychiatern, die intensiv Traumforschung betrieben haben, einer war, der entgegen der eben geschilderten und von so vielen gewichtigen Stimmen getragenen Auffassung erklärte, aus einem Philister werde im Traum kein Künstler.[31] Gemeint ist Hoche, dessen Stimme gewiß erhebliches Gewicht zukommt, weil er ein außergewöhnlich reiches Material an Träumen durchmustert hat. Hoche erklärte auch: „Gegenüber dem wachen Zustande ist der Reichtum der uns zur Verfügung stehenden Bilder und Gedanken bedeutend eingeschränkt.“[32] Hinsichtlich des Gedankenreichtums wird man ihm kaum widersprechen können, obwohl einzelne erstaunliche Gedankenleistungen des Traumspielers vorkommen, wie ich an Beispielen schon gezeigt habe und noch weiter zeigen werde. Was hingegen den Bilderreichtum angeht, so muß Hoche entschieden widersprochen werden. Alles, was die Literatur von der Antike angefangen über die primitivsten Traumbücher bis zu den modernen wissenschaftlichen Arbeiten an Traummaterial gesammelt hat, zeigt gerade den gegenüber dem Wachleben ungewöhnlichen Bilderreichtum des Traums. Ernster zu nehmen ist gewiß Hoches Äußerung, daß aus einem Philister im Traum kein Künstler werde. Es ist einzuräumen, daß die oben zuerst zitierten Aussprüche von großen Künstlern oder sonst bedeutenden Männern stammen, deren Träume ein anderes Niveau gehabt haben dürften als die einfacher Menschen. Aber auch die angeführten erfahrenen Traumforscher Hildebrandt, Stekel und v. Siebenthal stehen mit ihrer Auffassung gegen Hoche. Ich selbst glaube auch, daß im einfachen Menschen mehr an Phantasie stecken kann, als im Wachleben deutlich wird. Ich war einmal Zeuge des Nervenzusammenbruchs eines mir gut bekannten Menschen, der weder Künstler war, noch künstlerisch begabt oder auch nur phantasievoll erschien. In dem damaligen Zustand aber fing er wie in Trance zu phantasieren an, und zwar auf eine so ungemein poetische Weise, daß ich tief beeindruckt war und noch heute bedauere, damals nichts von diesen Phantasien aufgezeichnet zu haben. Dieses Erlebnis hat mir aber gezeigt, daß in wohl jedem Menschen Kräfte der Phantasie schlummern. Das zeigen auch die erstaunlichen künstlerischen Arbeiten Geisteskranker, wie sie Prinzhorn gesammelt hat, aber auch schon Malereien kleiner Kinder, bei denen sich die schöpferische Phantasie erst mit dem Übergang in die Schule oder in der Pubertät zurückzieht. Auch die Einnahme von Drogen kann zu einem ungeheuren Bilderreichtum auch im einfachen Menschen führen. Warum sollte nicht auch der Traum Phantasien wecken können, die im Wachzustand schlummern?

Aber selbst wenn man einräumen wollte, daß der Traum den Durchschnittsmenschen nicht zum Poeten macht, so wird nicht bezweifelt werden können, daß Träume in großer Zahl phantastisch ausfallen. Das bestätigt aber zugleich, daß der Traumspieler über ein beträchtliches Maß an Phantasie verfügt. Diese Phantasie reicht so weit, daß der Spieler dem Erleber Bilder, Ereignisse und Gestalten vorführen kann, die im Wachzustand nicht möglich wären. Er kann dem Traumerleber unbekannte Ungeheuer zeigen, fliegende Menschen und Gegenstände vorführen, Tiere mit mehreren Köpfen oder Palmen, die aus dem Kühlschrank wachsen. Kürzlich träumte eine meiner Bekannten, daß eine auf einer antiken Münze dargestellte Rose auszuschlagen beginne. Der Traumspieler kann dem Erleber auch Bekanntes verfremden und maskieren, kann z. B. den Freund des Träumers oder sein Haus völlig verwandeln, dem Erleber aber gleichzeitig suggerieren, daß dieser da sein Freund und dieses sein Haus seien. Er kann, wie schon im 3. Kapitel gezeigt wurde, äußere oder innere Sinneseindrücke wie Kirchenglocken oder Magenschmerzen in völlig andere Erscheinungen verwandeln. Er kann dem Traumerleber Ereignisse als angeblich früher erlebte so vortäuschen, daß der Träumer auch nach dem Erwachen erst nach längerer Kontrolle feststellen kann, daß diese Ereignisse nie stattgefunden haben.[33] Er kann mit der Sprache spielen und dabei Sinnwidriges, aber auch Sinnvolles produzieren. Die eingehenden Untersuchungen von Hoche und Kraepelin[34] über die Sprache im Traum haben das sehr deutlich gemacht. Da gibt es phantastische Wortbildungen wie Spielwarenkloster, Tanzgehirn, Sexualpapa, Konfirmationsschere, Budenkristallsalz.[35] Sie können durchaus witzig sein wie z. B. „ein Topf voll Privatdozentengeruch",[35] aber auch sprachliche Erkenntnisse zutage fördern. So träumte ich in der Nacht zum 26. 1. 1976 von einem Russen, der sich darüber amüsierte, daß im Deutschen das Wort „Nebelfeld" und die Worte „Nebel fällt" den gleichen Klang hätten. Wo man also hinsieht: die Phantasie des Traumspielers ist schier unerschöpflich.

Das Ergebnis dieses Kapitels läßt sich nach alledem folgendermaßen zusammenfassen: Der Traumspieler kann bei seinen Vorführungen über ein besseres Gedächtnis verfügen als das Wach-Ich oder, exakter gesagt, er kann das im Gehirn gespeicherte Gedächtnismaterial oft besser aktivieren als das Wach-Ich. Der Traumspieler kann Probleme lösen, mit denen sich das Wach-Ich vergeblich quälte, oder, exakter gesagt, es kann die zur Problemlösung strebende Gehirntätigkeit weiterlaufen und der Traumspieler kann dem Erleber die Lösung im Traum vorführen. Und zum dritten verfügt der Traumspieler über eine erstaunlich reiche Phantasie, welche die des Wach-Ich in der Regel deutlich übertrifft.

7. Kapitel

Das Material des Traumspielers und seine Traumthemen

Die Untersuchung kommt nun zur zweiten der im vorigen Kapitel als untersuchungsbedürftig bezeichneten Fragen, nämlich dieser: Woher stammt das Material des Traumspielers? Darauf antworten die einen mit der These, daß alles Geträumte – und damit also auch das, was ich das Material des Traumspielers nenne – aus dem Wacherleben des Träumers, also aus seinem Gedächtnis stammt. In diesem Sinne hat schon Hippokrates erklärt, daß nur solche Bildelemente in den Traum kommen, die der Träumer auch bei Tage schon gesehen habe.[1] Freud behauptet: „Daß alles Material, das den Trauminhalt zusammensetzt, auf irgendeine Weise vom Erleben abstammt, also im Traum reproduziert, *erinnert* wird, das wenigstens darf uns als unbestrittene Erkenntnis gelten."[2] Auch v. Siebenthal erklärt apodiktisch, daß die Inhalte des Unbewußten, die den Traum bestimmen, einmal das Bewußtsein in irgendeiner Form durchschritten haben müssen,[3] wobei er das Unbewußte definiert als die „Gesamtheit jenes Erlebnismaterials, das der Bewußtseinsstrom getragen und das den Bereich des Bewußtseins wieder verläßt."[4] Auf dasselbe läuft es hinaus, wenn Leonhard den Traum als das „Echo der wachen Erlebnisse aus Umwelt und Innenleben" bezeichnet.[5] Signifikant für derartige Thesen ist der im letzten Kapitel mitgeteilte Traum Delboeufs. Der lateinische Pflanzenname war tatsächlich einmal durch sein Bewußtsein gelaufen, die Prozession der kleinen Eidechsen hatte er tatsächlich einmal in einer Zeitschrift abgebildet gesehen. Aber beides stellte sich erst lange Zeit nach dem Traum heraus, ein Indiz dafür, daß Geträumtes, auch wenn es uns noch so unbekannt erscheint, doch aus unserem Gedächtnis stammen kann.

Anderseits bedarf die These mindestens gewisser Modifikationen. Fliegende Katzen und Drachen hat noch kein Mensch im Wachzustand erlebt, ebensowenig Geschöpfe, die halb Tier, halb Baum sind. Auch Palmen hat noch keiner aus dem Kühlschrank wachsen sehen. Aber der wache Mensch hat Katzen und fliegende Vögel, er hat Tiere, Bäume und Kühlschränke, vielleicht auch Palmen gesehen. Zum mindesten kennt er sie ebenso wie Drachen aus Abbildungen in Büchern oder an anderen Stellen. Mit anderen Worten: Die Grundthese muß dahin modifiziert werden, daß mindestens die Elemente, die Bausteine, aus denen der Traumspieler seine Vorführungen zusammensetzt, aus dem Wacherleben stammen müssen. In ihrer Zusammensetzung können sie für den Traumerleber neu sein. Noch einer zweiten Modifikation bedarf die Grundthese. Wie im letzten Kapitel gezeigt wurde, kann der wache Mensch visuelle Eindrücke aufnehmen, ohne daß sie ihm infolge der enormen Schnelligkeit der Bildfolge bewußt werden, wie z. B. im Fall der erwähnten Kinoreklame, und im Traum vermag er diese Eindrücke zu reproduzieren. Siebenthals Behauptung, daß alles Unbewußte erst das Bewußtsein durchlaufen haben müsse, ist daher in dieser ausnahmslosen Form nicht exakt, sondern muß mindestens dahin modifiziert werden, daß nur Eindrücke aus dem Wachzustand in den Traum übergehen und Material für den Traumspieler werden können.

Bei Beachtung dieser Modifikationen erscheint die Grundthese, zum mindesten als Arbeitshypothese, plausibel, wenn man sich der Masse seiner Träume erinnert und das Gros der in der Literatur mitgeteilten durchmustert. Aus dem Leben, das man führt und geführt hat, scheint der Traumspieler seine Szenen zu formen. Ein so bedeutender Geist wie Schleiermacher war da allerdings anderer Meinung. Er behauptete, im Traum habe das allgemeine Leben ein Übergewicht über das persönliche.[6] Auch Victor v. Weizsäcker nannte 1937 den Charakter der Träume unpersönlich.[7] Eine gewisse Tendenz zu dieser Meinungsrichtung zeigt sich auch bei Freud.[8] Doch seine eigenen Träume, wie er sie in seinem Buch mitteilt und wie sie auch von seinem medizinischen Biographen Max Schur[9] berichtet werden, kreisen weitgehend um seine naturwissenschaftliche Ausbildung, seinen Arztberuf und sein Verlangen nach einer Professur an der Wiener Universität. Als Beispiel soll hier nur Freuds berühmter „Irma-Traum" geschildert werden, der für ihn eine große Rolle gespielt hat und als einer der Musterträume der Psychoanalyse gelten kann:

„Eine große Halle – viele Gäste, die wir empfangen –. Unter ihnen Irma, die ich sofort beiseite nehme, um gleichsam ihren Brief zu beantworten, ihr Vorwürfe zu machen, daß sie die „Lösung" noch nicht akzeptiert. Ich sage ihr: Wenn du noch Schmerzen hast, so ist es wirklich nur deine Schuld. – Sie antwortet: Wenn du wüßtest, was ich für Schmerzen jetzt habe, im Hals, Magen und Leib, es schnürt mich zusammen. – Ich erschrecke und sehe sie an. Sie sieht bleich und gedunsen aus; ich denke, am Ende übersehe ich da doch etwas Organisches. Ich nehme sie zum Fenster und schaue ihr in den Hals. Dabei zeigt sie etwas Sträuben wie Frauen, die ein künstliches Gebiß tragen. Ich denke mir, sie hat es doch nicht nötig. – Der Mund geht dann auch gut auf, und ich finde rechts einen großen weißen Fleck, und anderwärts sehe ich an merkwürdigen krausen

Gebilden, die offenbar den Nasenmuscheln nachgebildet sind, ausgedehnte weißgraue Schorfe. – Ich rufe schnell Dr. M. hinzu, der die Untersuchung wiederholt und bestätigt . . . Dr. M. sieht ganz anders aus als sonst; er ist sehr bleich, hinkt, ist am Kinn bartlos . . . Mein Freund Otto steht jetzt auch neben ihr, und Freund Leopold perkutiert sie über dem Leibchen und sagt: Sie hat eine Dämpfung links unten, weist auch auf infiltrierte Hautpartie an der linken Schulter hin (was ich trotz des Kleides wie er spüre) . . . M. sagt: Kein Zweifel, es ist eine Infektion, aber es macht nichts; es wird eine Dysenterie hinzukommen und das Gift sich ausscheiden . . . Wir wissen auch unmittelbar, woher die Infektion rührt. Freund Otto hat ihr unlängst, als sie sich unwohl fühlte, eine Injektion gegeben mit einem Propylpräparat, Propylen . . . Propionsäure . . . Trimethylamin (dessen Formel ich fettgedruckt vor mir sehe) . . . Man macht solche Injektionen nicht so leichtfertig . . . Wahrscheinlich war auch die Spritze nicht rein.“[10]

Dieses ist ein typischer Medizinertraum, wie auch Freuds nachfolgende sorgfältige Analyse nur bestätigt. Angehörige anderer Berufe könnten einen solchen Traum niemals haben. Wie Dichter träumen, zeigt der schon mitgeteilte Traum Grillparzers von seiner Medea. Der Dichter Georg Heym träumte in der Nacht zum 8. 8. 1910 „eine ganze Novelle“.[11] Wie Juristen träumen, zeigen meine eigenen häufigen Träume von juristischen Tagungen, Diskussionen und Problemen, von denen ich schon einige mitgeteilt habe. Descartes Traum, den ich am Ende des 1. Kapitels wiedergab, ist typisch für einen wissenschaftlichen Geist seiner Zeit. Ein weiterer typischer Philosophentraum ist der folgende von Wilhelm Dilthey. Er sah, wie die Gestalten von Raffaels Gemälde „Schule von Athen“ lebendig wurden. Zu ihnen gesellten sich die großen Philosophen späterer Zeiten. Sie bildeten drei Gruppen. Eine umschloß die Positivisten. Die zweite setzte sich aus den Anhängern des Idealismus der Freiheit zusammen. Und in der dritten fanden sich Vertreter des objektiven Idealismus. Vergeblich bemühten sich einige Männer, zwischen den Gruppen zu vermitteln. Die Trennung vertiefte sich noch mehr, als selbst der Boden zwischen ihnen verschwand. Dilthey fühlte eine große Angst, denn die Philosophie schien dreimal da zu sein. Er meinte, sein eigenes Wesen zerrissen zu fühlen.[12] Wie ein religiöser Schwarmgeist träumt, zeigt sehr anschaulich der im vorigen Kapitel mitgeteilte Traum von J. D. Falk. C. G. Jung teilt Träume von Theologen mit, die ebenfalls sehr deutlich einen entsprechenden Stempel tragen.[13] Den einen werde ich noch im Laufe dieses Kapitels im einzelnen schildern. Franz Kafka erzählt in seinen Tagebüchern einen Traum, den er am 24. 11. 1913 hatte;[14] er könnte aus einer seiner Dichtungen stammen, so sehr ist er von nervöser Sensibilität überschattet und von dunklem Verhängnis bedroht.

Daß außer dem aus dem Beruf oder der sonstigen zentralen Tätigkeit stammenden Material auch solches vom Traumspieler verwendet wird, das aus häufiger Freizeitbeschäftigung, Gesellschaften, Konzert, Theater, aus Reisen oder sonst beeindrukkenden Erlebnissen des Träumers stammt, liegt auf der Hand. Der eine träumt von Literatur oder Musik, der andere vom Karten- oder Tennisspielen, der dritte von Skifahren, Bergsteigen oder Schiffahrten und so fort. Es steht danach außer Zweifel, daß der Traumspieler in seinen Aufführungen aus der Welt des Träumers schöpft und Tageserlebnisse wie Tagesgedanken des Wach-Ich widerspiegelt. Ganz sicher ist das bei den Traumerscheinungen, die in der Theorie technisch als „Tagesreste" bezeichnet werden, d. h. bei der Wiederkehr von Ereignissen, Eindrücken oder Problemen, die dem Träumer an dem der Traumnacht vorausgegangenen Tage vorgekommen waren.[15] Freud selbst hat sogar die These aufgestellt, daß in jedem Traum wenigstens ein Element aus dem Vortage stamme,[16] und zwar handle es sich dabei meist um irgend etwas Belangloses. An dieser Stelle zeigt sich schon ein für Freuds Theorie charakteristischer Zug. Er neigt dazu, eine an sich richtige Erkenntnis zu generalisieren und in den Rang eines ausnahmefreien Gesetzes zu erheben. Gewiß spielen Tagesreste in Träumen eine beträchtliche Rolle. Aber ob jeder Traum ein solches Restelement enthält, ist mir nach den Beobachtungen meiner Träume höchst zweifelhaft. Siebenthal, der Freud zustimmt, räumt denn auch ein, daß „der Nachweis des rezenten Eindrucks nicht immer gelingt".[17] Zum anderen halte ich die Behauptung für unzutreffend, daß der Tagesrest stets aus dem dem Traum vorausgegangenen Tage stamme, eine These, die mit Freuds Vorstellung von der Entstehung des Traumes durch eine komplizierte Traumarbeit zusammenhängt. Ich habe in meinen Träumen vielfach Elemente beobachtet, die aus Erlebnissen stammten, welche zwei, drei Tage oder noch etwas länger zurücklagen. Ich kann nicht finden, daß solchen Erlebnisresten eine andere Bedeutung für die Traumtheorie zukommen sollte als Eindrücken, die allein aus dem Vortag des Traumes stammen. Die Kette der im Traum auftretenden Erinnerungen läuft kontinuierlich vom Tage vor dem Traum bis zurück in die Kindheit, ja vielleicht bis zu embryonalen Eindrücken. Dabei spielen freilich die Erinnerungen aus jüngster Zeit eine besondere Rolle. So stammten z. B. die Giraffen, die in meinem im 4. Kapitel geschilderten Traum überraschend auftraten, aus einem englischen Film, in dem bei einer Safari in fast baumloser afrikanischer Steppe eine Herde Giraffen auftrat und eines der Tiere erlegt wurde. Auch in meinem Traum war das winterliche Skigelände fast baumlos. Der Film lag eine Reihe von Tagen vor meinem Traum und der Zusammenhang zwischen Film und Traum ist mir erst geraume Zeit nach ihm eingefallen. Sollte eine solche Traumerinnerung anders zu beurteilen sein, wenn sie sich nicht schon in der Nacht nach dem Tageseindruck, sondern erst später einstellt? Das vermag ich nicht einzusehen.

Freilich enthalten unsere Träume sehr viele Tagesreste im engeren Sinne. Die augenfälligsten und einfachsten sind die, welche eine am Tage lange und kontinuierlich durchgeführte Tätigkeit von einer gewissen Monotonie noch in den Traum hinein fortführen wie z. B. Arbeit am Fließband, Tennisspielen, Klettern, Beeren- oder Pilzesuchen, Rasenmähen und ähnliches. Ich habe derartige Träume, die leicht etwas quälend Zwanghaftes mit sich bringen, oft gehabt. Es ist hier, als ob das Gehirn, stundenlang auf eine bestimmte Tätigkeit fixiert, noch immer auf dieser Schiene fortlaufen müsse. Im übrigen sind das Träume, bei denen die Aktivität des Traumspielers auf ein Minimum reduziert erscheint. Zwar ist er es, der das Motiv in den Traum hineinnimmt und er hat das Fließband mit den Werkstücken, den Tennisplatz nebst Partner, Wald, Rasen usw. zu liefern. Die eigentlich aktive Rolle aber kommt dem Traumerleber zu. Im übrigen widerlegen schon diese Träume, die von einer Tätigkeit ausgefüllt sind, die bereits den Tag mindestens im wesentlichen bestimmte, die generelle These der Traumtheoretiker, daß im Traum diejenigen Funktionen und Bilder in den Vordergrund treten sollen, die bei Tage als belanglos zurückstehen. Auch sehr starke Tageseindrücke, aufregende oder auffällige Ereignisse, die keinerlei Bagatellcharakter tragen, treten nicht nur selten, sondern häufig als Tagesreste im Traum auf.

In jedem Fall sind die Erinnerungen des Träumers ein sehr wesentliches Reservoir für die Vorführungen des Traumspielers. Ein weiteres Reservoir, das mit dem ersten zusammenhängt, liefert die Lebenssituation des Wach-Ich, kommt aus seinen Interessen, seinen Problemen, Wünschen, Hoffnungen und Befürchtungen. Bekanntlich hat Freud jeden Traum als Wunscherfüllung angesehen. Eine solche Theorie, mit der ich mich später noch eingehend auseinandersetzen werde, hält einer schlichten phänomenologischen Betrachtung der Traumerscheinungen nicht stand, sondern erscheint als unzutreffende Einengung. Freilich gewährt der Traumspieler dem Traumerleber die Erfüllung zahlreicher Wünsche. Das Kind träumt von der begehrten Schokolade, dem Erwachsenen wird das ersehnte Liebesglück, die sexuelle Befriedigung zuteil. Mich läßt der Traumspieler z. B. antike Plastiken oder Münzen finden, die mir als Sammler solcher Dinge erstrebenswert sind, oder er läßt mich in Antiquariaten seltene Bücher entdecken. Vielfach bleibt es aber im Traum nur bei unerfüllten Wünschen. Der Traumspieler narrt den Traumerleber. Aus dem Bassin, in dem dieser gerade schwimmen will, läßt er das Wasser entweichen, von den Hängen, auf denen der Traumerleber gerade Ski fahren will, den Schnee verschwinden. Aber es geht keineswegs nur um Wünsche oder auch nur Hoffnungen. Zu einem großen Teil werden die Inszenierungen des Traumspielers von den Sorgen und Nöten, Enttäuschungen und Ängsten des Wach-Ich hergeleitet, von der Sorge vor Krankheit und Tod, beruflichen Mißerfolgen, Liebesenttäuschungen, Angst vor Einbrechern oder dem Verlust teurer Menschen. Die Mehrzahl der Träume hat von dorther einen negativen Akzent; nur 28 % sollen im Schnitt lustbetont sein.[18] Eine Untersuchung von Träumen der Kinder hat ergeben, daß auch sie schon zu 62 % unlustbetont sind.[19] Wie dem auch sei. An dieser Stelle braucht nur festgehalten zu werden, daß das Material, aus welchem der Traumspieler Vorführungen der geschilderten Art formt, ebenfalls nicht externer Natur ist, sondern aus dem Gesamt-Ich kommt.

Dasselbe gilt, um es hier nur kurz zu erwähnen, für die Fälle, in denen der Traumspieler auf schon verwendetes Spielmaterial zurückgreift, so für die häufige Wiederholung von Motiven, die sich bis zu ganzen Traumserien steigern kann. Über diese Wiederholungs- und Fortsetzungsträume ist verschiedentlich geschrieben worden.[20] Hier ist lediglich interessant, daß eine solche Wiederholung nur bestätigt, daß das Gedächtnis auch Träume aufbewahrt und daß der Traumspieler in Wiederholungsträumen sein Material nicht von außen, sondern aus dem Ich des Schläfers bezieht. Freilich wäre denkbar, daß das Ursprungsthema von außen gekommen wäre oder zum mindesten das Wachbewußtsein nicht durchlaufen hätte. Letztlich trägt daher das Phänomen der Wiederholungsträume nichts zu unserem Problem bei.

Seiner Lösung könnte man näher kommen, wenn man untersucht, ob der Traumspieler über ein Wissen verfügt, das dem Wach-Ich nie zu Gebote stand. Daß der Traumspieler häufig ein weit besseres Gedächtnis hat als das Wach-Ich oder der Traumerleber, ist schon dargelegt worden. Doch dabei handelt es sich ja gerade grundsätzlich um Eindrücke, die durch das Bewußtsein des Wach-Ichs gelaufen sind und daher nicht externer Natur sein können. Wie aber steht es mit dem Wissen als solchem? Freud teilt mit, der Traumforscher Vaschide behaupte in seinem 1899 erschienenen Werk, es sei oft bemerkt worden, daß man im Traum fremde Sprachen geläufiger und reiner spreche als im Wachen,[21] und Freud selbst scheint dem zuzustimmen. Er berichtet, daß Korrekturen im Gebrauch fremder Sprachen in Träumen nicht selten seien, aber häufiger fremden Personen – nach unserer Terminologie dem Traumspieler – zugeschoben würden, und fährt dann fort: „Maury träumte einmal zur Zeit, da er Englisch lernte, daß er einer anderen Person die Mitteilung, er habe sie gestern besucht, mit den Worten machte: I called for you yesterday. Der andere erwiderte richtig: Es heißt: I called on you yesterday."[22] Wenn dieser Traum dahin verstanden werden könnte, daß Maury im Englischen schon so weit war, daß er im Wachzustand den Fehler nicht gemacht hätte, wäre der Traum nicht weiter bemerkenswert. Sollte aber nur der Traumspieler das richtige Englisch gewußt haben, so wäre der Traum von ganz weittragender Bedeutung. Man kann sich nur wundern, daß Freud die hier auftauchende Möglichkeit einer erstaunlichen Entdeckung nicht gesehen, sondern ihr in keiner Weise nachgegangen ist, zumal sie zu seiner eigenen Behauptung, alles Material im Traum werde erinnert, im Widerspruch stand. Denn wenn der Traumspieler besser englisch spricht als sein Wach-Ich, woher sollten ihm diese Kenntnisse kommen als irgendwie von außen her, also durch ein Medium außerhalb des Wach-Ichs? Ich selbst habe jedoch erhebliche Zweifel, ob der Traumspieler über mehr oder anderes Wissen verfügt, als das Wach-Ich jemals hatte. Den häufig besseren Gedächtnisleistungen des Traumspielers, von denen ich berichtete, steht gegenüber, daß er häufig schlechter beschlagen ist als das Wach-Ich oder selbst der Traumerleber. Ich erinnere an meinen Traum, in dem ich dem Lehrer auf die Frage nach dem Autor des griechischen Satzes panta rhei die richtige Antwort gab, er sie aber für falsch erklärte. In der Nacht zum 20. 7. 1978 träumte ich, einer unserer prominenten Politiker halte eine Rede über Wirken und Verdienste der Deutschen in Afrika. Aus dem Zuhörerkreis wurde ihm zugerufen, er solle auch die Deutschen erwähnen, die in Afrika Olympiasiege errungen hätten. Der Redner wies diese Frage nicht zurück, sondern zuckte nur die Achseln und gab zu erkennen, daß er auf diesem Gebiet nicht Bescheid wisse. In Wirklichkeit hat bisher in Afrika noch nie eine Olympiade stattgefunden. Der Traumspieler scheint das nicht gewußt zu haben. Solche Fehler schließen freilich noch nicht aus, daß der Traumspieler auf anderen Gebieten besser Bescheid wüßte als sein Wach-Ich. Ich zweifle jedoch sehr daran. Auch in meinen Träumen sprechen andere häufig Englisch oder Französisch, aber nach meinen Feststellungen genauso schlecht wie ich im Wachzustand. Meine Versuche, Sätze oder Wörter aus Fremdsprachen im Traum festzuhalten, mißlingen oder ergeben keine signifikanten Resultate. Im August 1979 träumte ich von einer philosophischen Diskussion mit einem früheren Kollegen, der dabei zweimal griechische Ausdrücke verwendete, die ich akustisch zu hören glaubte, die mir aber unbekannt waren. Ich konnte sie nicht festhalten und mich nach dem Erwachen nicht daran erinnern. Ich vermute, daß man Fremdsprachliches, das man im Traum zu hören meint und nicht kennt, tatsächlich nur zu hören glaubt und akustisch gar nicht erfassen kann. Was bei mir an Fremdsprachlichem herauskommen kann, wenn ich mich einmal erinnere, zeigt folgender Traum vom Juli 1978. Ich fuhr mit anderen zusammen in einem Fahrstuhl nach oben, der in seinem Aufwärtssausen nicht zu stoppen war. Man wies mich auf einen französischen Bedienungstext hin, der mit den zwei Worten begann: „des volces". Das sollte wohl „Wolken" heißen, hat aber, wie nicht betont zu werden braucht, mit Französisch nichts zu tun.

Sehr charakteristisch für die Grenzen, die dem Wissen des

Traumspielers gesetzt sind, erscheint mir folgender Traum, den ich im Herbst 1975 hatte: Ich hörte in einem kleinen Kreis einen Vortrag an, in dessen Verlauf der Vortragende den Papst Hadrian VI. erwähnte und der Meinung zu sein schien, es handle sich um einen Papst der Neuzeit. Ich widersprach dem und vertrat die Auffassung, daß es sich um einen Papst der Renaissance handle. Ein Mithörer stimmte mir zu. Die Frage sollte geklärt werden. Es erschienen plötzlich Bücherregale aus meiner Bibliothek und ich fand auch Rankes Geschichte der Päpste. Ich nahm das Buch zur Hand und sagte, es müsse sich doch hinten ein Verzeichnis der aufeinander gefolgten Päpste mit den Jahreszahlen finden. Ich entdeckte auch das Verzeichnis (das sich übrigens in meiner Ranke-Ausgabe nicht findet), hier aber brach der Traum bezeichnenderweise ab. Man kann sich des Verdachts nicht erwehren, daß sich der Traumspieler in diesen Abbruch des Traums flüchtete, weil er nicht in der Lage war, mit richtigen Jahreszahlen aufzuwarten. Am nächsten Morgen stellte ich fest, daß Hadrian VI. der Erzieher Karls V. und der später von ihm lanzierte, bis zu Johannes Paul II. der letzte nichtitalienische Papst war, und zwar von 1522 bis 1523. Ich hätte das aus früherer Lektüre bis auf die Jahreszahlen wissen müssen. Hätte der Traumspieler diese Zahlen gebracht, so wäre das eine erstaunliche Leistung gewesen. Aber der Vortragende, den der Traumspieler auftreten ließ, wußte nicht Bescheid. Der Traumerleber wußte wenigstens, daß es sich um einen Renaissancepapst handelte, und interessant ist, daß der Traumspieler einen der Anwesenden meiner Meinung zustimmen ließ. Im Ergebnis zeigt sich aber, daß nicht nur das Gedächtnis des Traumspielers auch schlecht sein kann und mindestens die Vermutung nahe liegt, daß sein Wissen jedenfalls nicht über das seines Wach-Ichs hinausgeht. Dies wiederum scheint die These zu stützen, daß als Material für den Traumspieler nur in Betracht kommt, was einmal durch das Erleben des Wach-Ich gelaufen ist, wobei allerdings die schon dargelegten Modifikationen zu gelten haben.

Dennoch wird diese These mindestens von zwei Seiten her in Frage gestellt und eine Gegenthese vertreten, wonach im Traum auch Material auftritt, das nicht aus dem Gedächtnisschatz des Wach-Ich stammt. Schon Novalis nannte den Traum „prophetisch“ und sprach bei bedeutenden Träumen von einem Einbruch des Überindividuellen in das Individuelle.[23] Später war es Klages, der den Traum als „unabhängigen Kosmos“ bezeichnete.[24] Vor allem aber ist hier C. G. Jung zu nennen, der die Ausgangsthese durch seine Lehre vom kollektiven Unbewußten und den Archetypen in Frage stellte. Diese Lehre stellt in dem reichen Lebenswerk des schöpferischen, tief- und weitgreifenden schweizerdeutschen Denkers den zentralen Punkt dar. C. G. Jung lehrt auf Grund umfassender Studien in Übereinstimmung mit seinen psychiatrischen Erfahrungen, daß das Unbewußte im Menschen, d. h. „die Totalität aller derjenigen psychischen Phänomene . . ., denen die Qualität der Bewußtheit fehlt“,[25] einerseits als ein individuelles, d. h. nur der einmaligen konkreten Person zugehöriges existiere. Seine Inhalte „sind in der Hauptsache die sogenannten gefühlsbetonten Komplexe, welche die persönliche Intimität des seelischen Lebens ausmachen.“[26] Dabei versteht Jung unter Komplexen „Gruppierungen von psychischen Elementen um gefühlsbetonte Inhalte“.[27] Zu dem individuellen tritt aber nun als ein gemeinsames Erbe aus der menschlichen Frühzeit das kollektive Unbewußte. Dabei bildet „das persönlich Unbewußte nur eine Oberschicht . . ., die auf dem ganz anders gearteten Fundament des kollektiven Unbewußten ruht.“[28] „Die Inhalte des kollektiven Unbewußten . . . sind die sogenannten Archetypen.“[29] Sie sind unpersönlich und überpersönlich. Früher hatte Jung diese Erscheinungen Urbilder genannt und als Urbild die „Anschauung des Instinktes von sich selbst oder als Selbstabbildung des Instinktes“ bezeichnet.[30] Seit 1919 gebrauchte er hingegen den Terminus „Archetypen“ und verstand darunter „seit alters vorhandene Bilder“,[31] „a priori vorhandene, d. h. mitgeborene Formen der Anschauung, der Intuition, nämlich die Archetypen von Wahrnehmung und Erfassung."[32] „Die Instinkte und die Archetypen der Anschauung bilden das kollektive Unbewußte."[33] Die Archetypen stellen sich in „spezifischen Formen und bildmäßigen Zusammenhängen"[34] dar. Beispiele dafür sind „Drachen, hilfreiche Tiere und Dämonen. Wir begegnen dem alten Weisen, dem Tiermenschen, dem verborgenen Schatz, dem Wunschbaum, dem Brunnen, der Höhle, dem ummauerten Garten."[35] Als einzelne hervorgehobene nennt Jung die Archetypen der Anima, die nicht als „dogmatische Seele", sondern als der „Archetypus des Lebens schlechthin" zu verstehen sei,[36] ferner die Archetypen der Wandlung, des Gottesbildes und des Selbst.[37] Die Archetypen findet Jung in Mythen der verschiedensten Völker, in ihren Märchen und noch lebendig in den numinosen Vorstellungen der sogenannten Primitiven, nicht zuletzt aber in den Träumen. Dabei ist die Ähnlichkeit der Mythen vieler Völker untereinander[38] sowie anderseits mit den Traumbildern in der Tat auffallend.[39] Es geht um Träume, die zwar nicht in der Bildkomposition, dem „Wie", wohl aber in ihrem inhaltlichen „So" kollektiv sind und bei allen Menschen angetroffen werden.[40] Schon bei Kindern sollen solche Träume vorkommen,[41] ja selbst bei Tieren hat man die Wirksamkeit von Archetypen angenommen.[42] Bereits Swedenborg unterschied zwischen „phantastischen", aus der „imaginativen Kraft der Seele" hervorgegangenen und „signifikativen", aus der Eingebung einer höheren Welt stammenden Träumen,[43] eine Unterscheidung, die zwar von einer anderen Ausgangssicht herkommt, aber doch Ähnlichkeiten mit Jungs Vorstellungen aufweist. Denn auch Jung unterscheidet zwischen unbedeutenden, kleinen Träumen und bedeutenden, die er als „große" bezeichnet und die sich durch eine „plastische Gestaltung, die nicht selten dichterische Kraft und Schönheit zeigt", auszeichnen und in denen Archetypen als „spezifische Formen und bildmäßige Zusammenhänge" auftreten.[44] Siebenthal spricht von „kosmischen Träumen", die mit großer Angst des Träumers einhergehen und folgendermaßen aussehen können: „Sterne und Sonnen drehen sich flammenspeiend in einem unabsehbaren Raum, Meteore und Wolken fliegen durcheinander, riesige Weltenkörper rollen heran und bersten auseinander, Vulkane speien Feuer, Rauch und Himmelskörper von sich ...“[45]

Als Paradebeispiel für einen großen, Archetypen zeigenden Traum schildert Jung den folgenden eines jungen Theologiestudenten, der Schwierigkeiten mit seiner religiösen Überzeugung hatte:

Er stand vor einem schönen alten Manne, der ganz *schwarz* gekleidet war. Er wußte, es war der *weiße* Magier. Dieser hatte eben eine lange Ansprache an ihn gehalten, an die sich der Träumer nicht mehr erinnern konnte. Er hatte nur die Schlußworte behalten: „Und dazu brauchen wir die Hilfe des schwarzen Magiers.“ In diesem Augenblick ging die Türe auf und herein trat ein ganz ähnlicher alter Mann, nur war er *weiß* gekleidet. Er sprach zum weißen Magier: „Ich bedarf deines Rates“, warf aber einen fragenden Seitenblick auf den Träumer, worauf der weiße Magier sagte: „Du kannst ruhig reden, er ist ein Unschuldiger.“ Darauf begann der schwarze Magier seine Geschichte zu erzählen: Er komme aus einem fernen Lande, wo sich etwas Merkwürdiges ereignet habe. Das Land werde nämlich regiert von einem alten König, der seinen Tod nahen fühle. Er – der König – habe sich nun ein Grabmal ausgesucht. Es gebe nämlich in jenem Lande eine große Anzahl von Grabmälern aus alter Zeit, und das schönste habe der König für sich selber ausgewählt. Der Sage nach war eine Jungfrau darin bestattet. Der König ließ das Grabmal öffnen, um es für seine Zwecke herzurichten. Wie nun die Gebeine, die sich darin befanden, an die Luft gebracht wurden, gewannen sie plötzlich Leben und verwandelten sich in ein schwarzes Pferd, welches allsogleich zur Wüste entfloh und dort verschwand. Er – der schwarze Magier – hätte von dieser Geschichte gehört und sich sofort aufgemacht, diesem Pferd zu folgen. Er sei in vielen Tagereisen, immer auf der Fährte des Pferdes, zur Wüste gekommen und hätte diese durchquert bis zur anderen Seite, wo das

Grasland wieder begann. Dort habe er das Pferd weidend angetroffen, und dort habe er auch den Fund getan, um dessentwillen er den Rat des weißen Magiers bedürfe; er habe nämlich dort die *Schlüssel des Paradieses* gefunden und wisse nun nicht, was weiter damit zu geschehen habe. In diesem Moment erwachte der Träumer.[46]

Nach Jung ist „der Sinn des Traumes wohl unschwer zu erraten" und für das Verständnis der Lehre Jungs ist es wichtig, auch seine Deutung dieses Traumes wenigstens in ihren wesentlichen Teilen kennenzulernen: „Der alte König ist das herrschende Symbol, das sich zur Ruhe begeben will, und zwar an dem Orte, wo ähnliche „Dominanten" schon begraben liegen. Seine Wahl fällt ausgerechnet auf das Grab der Anima, welche den Todesschlaf als ein Dornröschen schläft, solange ein gültiges Prinzip (Prinz oder princeps) das Leben reguliert und ausdrückt. Kommt der König aber zu seinem Ende, so gewinnt sie das Leben wieder und verwandelt sich in das schwarze Pferd, welches schon im platonischen Gleichnis die Ungebärdigkeit der Leidenschaftsnatur ausdrückt. Wer ihm folgt, kommt in die Wüste, d. h. in ein wildes, menschenfernes Land, ein Bild der geistigen und moralischen Vereinsamung. Dort aber liegen die Schlüssel zum Paradies. Was ist nun das Paradies? Offenbar der Garten Edens mit seinem doppelgesichtigen Baum des Lebens und der Erkenntnis und seinen vier Strömen. In christlicher Fassung ist es auch die himmlische Stadt der Apokalypse, welche ebensosehr als Mandala[47] gedacht ist, wie der Garten Eden. Das Mandala ist aber ein Symbol der Individuation. Der schwarze Magier also ist es, der die Schlüssel zur Lösung der den Träumer belastenden Glaubensschwierigkeiten findet, die Schlüssel, die den Weg der Individuation eröffnen. Der Gegensatz Wüste–Paradies bedeutet also den anderen Gegensatz Vereinsamung–Individuation oder Selbstwerdung . . . das schwarze Pferd und der schwarze Magier sind – und das ist modernes Geistesgut – quasi böse Elemente, deren Relativität zum Guten aber in der Auswechslung des Gewandes angedeutet ist. Die beiden Männer sind die zwei Aspekte des *alten Mannes,* des überlegenen Meisters und Lehrers, des Archetypus des Geistes, welcher den präexistenten, im chaotischen Leben verborgenen Sinn darstellt. Er ist der Vater der Seele, die doch wunderbarerweise seine Jungfrau-Mutter ist, weshalb er von den Alchemisten als der „uralte Sohn der Mutter" bezeichnet wurde. Der schwarze Magier und das schwarze Pferd entsprechen dem Abstieg ins Dunkle in . . . früher erwähnten Träumen."[48] Mir scheint, diese Deutung des Traumes wirft mindestens ebensoviele Fragen auf, wie sie beantworten zu können meint. So ist man z. B. überrascht, daß Anima, die doch der „Archetyp des Lebens schlechthin" sein soll, tot in einem Grabmal liegt und es möglich ist, daß ein anderes Prinzip das Leben reguliert. Noch überraschender ist es, wenn Anima beim Abtreten dieses Prinzips nicht die Regulierung übernimmt, sondern sich in ein schwarzes Pferd verwandelt und in die geistige Vereinsamung jenseits der Wüste flieht und mit einem Male als schwarzes Pferd ein böses Element mit einem Abstieg ins Dunkle repräsentieren soll. Das sind nur wenige der sich aufdrängenden Zweifel. Ich möchte sie dahingestellt sein lassen, werde aber im Zusammenhang mit der allgemeinen Problematik der Traumdeutung noch einmal auf dieses märchenhafte Beispiel zurückkommen.

Daß es „große Träume" im Sinne von Jung gibt, scheint mir allerdings außer Zweifel. Auch der im vorigen Kapitel geschilderte Traum meiner Schwester von der in einem Korbsarg liegenden schönen jungen Frau, die wieder zum Leben erwacht, gehört in diese Kategorie. Ich glaube, daß dieser Traum den uralten, vor allem bei den getreidebauenden Völkern lebendigen Mythos von Tod und Auferstehung, vom Erwachen des Frühlings und dem Sterben im Winter widerspiegelt, wie er z. B. in der vor allem in Sizilien angesiedelten Sage von Persephone erscheint, der, als sie von Hades geraubt und in die Unterwelt entführt worden war, auf Bitten ihrer Mutter Demeter (welche die Erde repräsentiert) von Zeus gestattet wurde, jeweils zwei

Drittel des Jahres in der Oberwelt zu verweilen und ihr Frühling und Sommer zu schenken. Diesen großen Träumen ist es eigen, daß sie den Traumerleber so stark beeindrucken, daß er sie kaum je vergißt. So berichtet Gerhart Hauptmann in seinen schon erwähnten autobiographischen Schriften von einem Traum, den er in seiner Jugend hatte, folgendermaßen: „So wachte ich eines Morgens mit der Erinnerung eines beglückenden Traumes auf. Ich sah eine wunderbar schöne Frau. Ihr Haar, ihre Augen und ihr Gewand waren braun. Ein Knabe stand vor ihr, ein holdes Geschöpf, dessen Schulter sie gütig berührte. Es lag so ungefähr etwas in alledem, als ob eine himmlische Mutter einen Neuling willkommen heiße, ihm ihren Schutz und alles Köstliche verspreche, das Gärten, Tempel und Paläste des Himmelreiches dem Unschuldsalter zu bieten vermöchten."[49] Ich selbst habe einige Träume gehabt, die wohl auch hierher gehören. In dem einen, den ich zeitlich nicht mehr fixieren kann, traf ich an einem Wegrand eine dort sitzende alte Frau, die in eine Art Mantel gehüllt war, deren Kapuze ihr über den Kopf hing. Sie sprach zu mir: „Viele fahren gen Himmel, viele fahren zur Hölle, die meisten aber fahren nur ins Grab." Im Wachzustand wäre mir ein solcher merkwürdiger und kühner Gedankengang, von dem ich auch nie etwas gelesen oder gehört habe, niemals gekommen. Ich meine, daß es der Archetyp der „großen Mutter" war, dem ich begegnet bin, ein Archetyp, der ja auch im 1. Akt von Faust II erscheint, wo Mephisto von den „Müttern" spricht und von ihnen sagt, daß „um sie kein Ort, noch weniger eine Zeit" sei und zu ihnen „Kein Weg! Ins Unbetretene, nicht zu Betretende; ein Weg ans Unerbetene, nicht zu Erbittende" sei und Faust dann mit dem magischen Schlüssel in einem „Schreckensgang" durch „Graus und Wog und Welle" zu ihnen niedersteigt. Ich selbst hatte vor Jahren einen seltsamen Traum, den ich zeitlich nicht näher fixieren kann. Ich träumte, ich läge im Bett in der Schlafstube meiner längst vergangenen Kinderzeit und entdeckte plötzlich in einer Ecke des mit schrägen Wänden versehenen Raumes ein Eichhörnchen, das sich dort zu schaffen machte. Im Gegensatz zu meiner Wacheinstellung gegenüber Eichhörnchen, die ich als reizende und zutrauliche Tiere ausgesprochen gern habe, befiel mich angesichts des Traumeichhörnchens ein intensives Gefühl der Angst vor etwas Unheimlichem. Es geschah aber nichts mehr, ich erwachte. Später stellte ich fest, daß das Eichhörnchen, was mir bis dahin völlig unbekannt war, in der germanischen Zeit das Tier Lokis, des Gottes der Vernichtung, war und im christlichen Mittelalter stets ein Sinnbild des Teufels.[50] Darin könnte der Schlüssel zu meinem Traum liegen und das gespenstische Eichhörnchen sich als Verkörperung eines Archetyps erweisen, der meinem Wach-Ich unbekannt war, während der Traumspieler wußte, um was es ging und der Traumerleber das Unheimliche ahnte. Im April 1977 träumte ich, daß eine bedeutende Stimme mir Lehren erteilte. Die letzte lautete: „Du hast zu enge Hände!“ Die Stimme erschien mir von numinoser Kraft und machte mir großen Eindruck. Es kann wohl auch kein Zweifel sein, daß es sich bei dem im vorigen Kapitel mitgeteilten Traum von J. D. Falk um einen „großen“ Traum gehandelt hat, wobei allerdings zweifelhaft erscheint, ob sich der darin auftretende christliche Engel, auch wenn er antike Vorbilder hat, als Archetyp auffassen läßt. Jedenfalls erscheint mir sicher, daß es große Träume auch ohne Verbindung mit Archetypen gibt.

Träfe Jungs Lehre zu, so wäre die vor allem von v. Siebenthal mit großer Entschiedenheit vertretene These, daß die Inhalte des Unbewußten einmal das Bewußtsein in irgendeiner Form durchschritten haben müßten, nicht nur hinsichtlich der unbewußt aufgenommenen Eindrücke wie der erwähnten Kinoreklame, sondern auch noch in einem weiteren, viel wichtigeren Bereich unhaltbar geworden. Es ist mir nicht klar geworden, wie v. Siebenthal, der Jungs Lehre zustimmend referiert,[51] diese Problematik auflösen will. Nun ist Jungs Lehre allerdings mehr durch seherische Schau als durch präzise Begriffsbildung ausgezeichnet. Unverständlicherweise erklärt er z. B., „Kant habe die

Archetypen auf die beschränkte Zahl der Kategorien reduziert",[52] obwohl doch kaum zweifelhaft sein kann, daß Kants Kategorienlehre mit den Archetypen Jungs nichts zu tun hat. Dessen Lehre ist denn auch im fachlichen Schrifttum vielfach abgelehnt worden, so von Boss, Binswanger und Leonhard. Boss meint, ein Vererbungsvorgang, wie er Jungs Vorstellung von den Archetypen zugrundeliege, folge „den längst veralteten Theorien Lamarcks."[53] Binswanger zweifelt an Jungs kollektivem Unbewußten, weil in ihm der Gegensatz zwischen Geist auf der einen und Bild und Gefühl auf der anderen Seite „ungelöst sein Wesen treibt."[54] Leonhard lehnt Jungs Archetypen ab, weil sie „ja etwas wie eine zweite Seele verkörpern" würden.[55] Selbst ein Schüler von Jung wie Bossard, der weitgehend den Lehren seines Meisters folgt, meint, daß die Deutung archetypischer Träume gewissen Unsicherheiten und Widersprüchen niemals entgehen werde, stellt allerdings die Existenz archetypischer Großträume nicht in Abrede.[56] Jungs Auslegung des Magiertraums scheint mir Bossards Kritik durchaus zu bestätigen. Auch die heutige Psychologie steht der Lehre Jungs nicht ohne Kritik gegenüber. So fragt H. Schepank 1979, „ob es wirklich sinnvoll ist, diesen Tatbestand anthropologischer gemeinsamer Reaktionsmöglichkeiten und Dispositionen mit einem besonderen Begriff, und zwar gerade dem des „kollektiven Unbewußten" zu benennen, anstatt die ursprünglich gemeinten Phänomene nüchtern zu beschreiben."[57]

Mir scheint ein bisher in diesem Zusammenhang offenbar noch nicht gesehenes Faktum die Theorie Jungs ernstlich in Frage zu stellen. Es sind das die Träume der Blindgeborenen. Träfe Jungs Lehre zu, so müßten auch die von Geburt an Blinden das von Alters her vererbte kollektive Unbewußte in sich tragen und in ihren Träumen müßten ebenso wie in denen von Sehenden die Bilder der Archetypen auftreten. Denn es sollen ja nach Jung „mitgeborene Formen der Anschauung" und „seit alters vor-handene Bilder" sein. So beruht etwa der Geist „auf der Existenz eines autonomen Urbildes, das vorbewußt in der

Anlage der menschlichen Psyche universell vorhanden ist."[58] Nach Spezialuntersuchungen sehen blind geborene Kinder in ihren Träumen nichts. „Auch die Formen verschwimmen so sehr, daß sie in den Träumen niemals eine Gestalt, wie sie im Wachbewußtsein existiert, hervorbringen. Statt dessen erscheinen in ihren Träumen die Begleiterscheinungen des Visuellen, zum Beispiel das Knistern eines Feuers, der Geruch einer Speise."[59] Auch v. Siebenthal schreibt: „Eigentlich visuelle Traumbilder hat aber der Blindgeborene nicht." Gleichzeitig verweist er darauf, was schon der arabische Traumforscher Safadi im 14. Jahrhundert richtig erkannte: „Ist der Blinde aber blind geboren und hat er nie das Dasein und die im Dasein befindlichen sichtbaren Dinge gesehen, so kann er nur träumen, was er berührt oder fühlt, z. B. daß er ißt oder trinkt oder auf einem Pferd oder Esel sitzt oder einem anderen feindlich gesinnt ist und dergleichen Erlebniszustände."[60] Wenn man demgegenüber liest, was C. G. Jung vom symbolischen Prozeß des Archetypuserlebnisses gesperrt gedruckt schreibt, nämlich, daß er „ein Erleben im Bild und des Bildes" sei,[61] so erscheint seine ganze Lehre angesichts der Tatsache, daß Blindgeborene keinerlei Bilderlebnisse haben, in Frage gestellt. Nun behauptet zwar Jung an einer Stelle, wo er davon spricht, daß alle Urbilder und damit der ganze Reichtum an mythologischen Motiven im Gehirn präformiert sei, daß darunter keinesfalls die jeweilige Gestalt des Motivs, sondern dessen vorbewußtes (und daher unanschauliches) Schema zu verstehen sei.[62] Und an anderer Stelle heißt es: „Nur als ein Strukturelement . . . vererbt sich der Archetypus, während das von ihm „angeordnete" und vom Bewußtsein wahrgenommene Bild als subjektive Variante in jedem Leben immer wieder neu entsteht."[63] Doch auch diese Erläuterungen ändern nichts daran, daß der Archetypus eben doch als ein „vom Bewußtsein wahrgenommenes Bild", d. h. also als konkrete, sichtbare Gestalt auftreten müßte. Daran aber fehlt es gerade in den Träumen der Blindgeborenen und so ist hinter Jungs Lehre doch ein erhebliches Fragezeichen zu setzen.

Noch von einer zweiten Seite her könnte die These, daß alles im Traum einmal durch das Erleben des Wach-Ich gelaufen sein müsse und damit im Grunde nichts als Erinnerung oder ein aus Bausteinen der Erinnerung Zusammengesetztes sei, ins Wanken gebracht werden. Ich meine die Möglichkeit von Wahrträumen, ein äußerst delikates und mit Vorsicht zu behandelndes Thema, das aber nach der Natur der Sache die Gemüter der Menschen wohl schon so lange erregt hat, wie sie sich mit ihren Träumen beschäftigt haben. Ja, gerade die erhofften und vermeintlichen Wahrträume waren einer der wesentlichsten Gründe, sich mit den Träumen zu befassen. Bei Babyloniern und Assyrern, bei den alten Ägyptern, Griechen und Römern spielten Wahrträume als phrophetische, die Zukunft enthüllende Träume eine hochbedeutende Rolle. Wenn jemand in Babylon einen wichtigen Plan hatte, so ließ er erst einmal seine Träume deuten, ob sie seinem Vorhaben günstig waren.[64] Auch der Perserkönig Xerxes soll durch einen Traum zu seinem mißlungenn Griechenlandzug bestimmt worden sein.[65] Von Wahrträumen in der Bibel ist schon berichtet worden, vor allem von den Träumen des Pharao, die Josef auslegte. Der aber deutete auch die Träume seiner Mitgefangenen, des obersten Bäckers und des obersten Schenken als Wahrträume, die dann auch in Erfüllung gingen.[66] Im peloponnesischen Epidauros, dem Heiligtum des Asklepios, war als therapeutisches Mittel, von dem sehr viel Gebrauch gemacht wurde, der Heilschlaf eingerichtet, in dem der Hilfesuchende in einem abgeschlossenen Gebäude, dem Abaton (= dem Unzugänglichen) auf die Weisungen des Gottes im Traum wartete; am nächsten Tage mußte er die ihm gewordenen Träume aufzeichnen.[67] Auch Platon war von der seherischen Kraft der Seele während des Schlafes überzeugt.[68] Im ägyptischen Memphis unterhielt man im Serapistempel eine Sammlung angeblich in Erfüllung gegangener Träume.[69] Im antiken Rom sollen die Bürger verpflichtet gewesen sein, dem Senat alle Träume mitzuteilen, die für das Staatswesen von Bedeutung sein konnten.[70] Denn das war allgemeine Meinung, daß die

Träume oder jedenfalls doch gewisse Träume von den Göttern kämen.[71]

Allerdings gab es in der Antike auch schon Skeptiker. In Ägypten verfluchte ein gewisser Appollonius in einem Brief die ganze Träumerei, weil er trotz günstiger Auslegungen ins Unglück geraten und von den Göttern im Glauben an die Träume in die Irre geführt worden sei.[72] Die Heilschlafmehtode in Epidauros soll von Aristophanes verspottet worden sein. Skeptisch äußerten sich auch Aristoteles und Cicero.[73] Homer unterschied bereits zwischen Träumen, die den Geist „durch wahrheitlose Verkündung" täuschen, und solchen, welche „die Wirklichkeit andeuten."[74]

Wahrträume haben auch weiterhin eine Rolle gespielt. So soll nach der Sage Karl dem Großen ein Engel im Traum erschienen sein, der ihn auf höchst komplizierte Weise vor einem bevorstehenden Anschlag auf sein Leben warnte und rettete. Von Albertus Magnus wird berichtet, er habe im Traum von einer Brücke aus gesehen, wie ein Junge ins Wasser fiel und in ein Mühlrad geriet. Nach dem Erwachen erzählte er den Traum, als auch schon weinend die Mutter des auf die geträumte Weise ums Leben gekommenen Kindes gelaufen kam. Mutter und Kind hatte Albertus vorher nicht gekannt.[75] Es handelte sich hier um einen telepathischen Traum, in dem der Traumspieler dem Traumerleber ein Ereignis zeigt, das schon stattgefunden hat oder sich gerade abspielt, dem Schläfer aber noch unbekannt ist. In diese Kategorie gehört wohl auch der berühmte, von Boccaccio überlieferte Traum, in dem Dantes Sohn Jacopo von seinem ihm erscheinenden toten Vater erfährt, daß sich der bis dahin verschwundene dreizehnte Gesang des „Paradiso" in einer bestimmten Maueröffnung seiner letzten Wohnung befände. Dort soll ihn der Sohn dann auch gefunden haben.[76] Einen ähnlichen Traum aus dem Anfang des 20. Jahrhunderts berichtet Bender.[77] Doch sind vielfach auch prophetische Träume überliefert, d. h. solche, in denen der Traumspieler dem Erleber ein erst später tatsächlich eingetretenes Ereignis vorführt. So berichtet

Goethe im 1. Buch des 1. Teiles von „Dichtung und Wahrheit“, sein Großvater habe geträumt, „er habe sich in voller gewöhnlicher Ratsversammlung gesehen, . . . auf einmal habe sich“ ein kurz vor dem Traum verstorbener Schöffe „von seinem Sitze erhoben, sei herabgestiegen und habe ihm auf eine verbindliche Weise das Kompliment gemacht, er möge den verlassenen Platz einnehmen, und sei darauf zur Tür hinausgegangen.“ Goethes Großvater verordnete daraufhin am Tage der Schöffenwahl, „daß zu Hause im Stillen alles zum Empfange der Gäste und Gratulanten solle eingerichtet werden, und die entscheidende goldene Kugel ward wirklich für ihn gezogen.“ Ganz allgemein berichtet Goethe an derselben Stelle vom Wissen in der Familie, daß der Großvater „durch bedeutende Träume von dem, was sich ereignen sollte, unterrichtet werde“, und nennt dafür noch weitere Beispiele. In dem von Goethes Freund C. Philipp Moritz, dem Verfasser des bekannten autobiographischen Erziehungsromans „Anton Reiser“ herausgegebenen „Magazin zur Erfahrungsseelenkunde“ wird berichtet,[78] ein Professor Meier in Halle sei einmal ans Krankenbett eines seiner Studenten gerufen worden, der ihm die Schlüssel zu seinem Schreibpult übergab. Dort war in einem versiegelten Päckchen folgender Traum des Studenten notiert: Er ging auf dem schönen Kirchhof in Halle spazieren und die vielen Leichensteine und Epitaphien gefielen ihm außerordentlich. Als er sich schon entfernen wollte, stieß er auf einen Leichenstein, auf dem er mit größtem Erstaunen seinen eigenen Vor- und Zunamen las; noch bestürzter wurde er, als er sogar den Tag seines Todes darauf angezeigt fand. Von unbeschreiblicher Angst überfallen versuchte er die vierte, mit Moos bedeckte Ziffer der Jahreszahl zu lesen und wollte das Moos wegkratzen; da aber erwachte er. Er starb tatsächlich an dem Tag des Monats, den er im Traum gelesen hatte, im Jahr seiner Erkrankung. Im Briefwechsel zwischen Wilhelm und Karoline von Humboldt wird im Jahre 1820 berichtet, daß der damalige Direktor des Berliner Friedrich-Wilhelm-Gymnasium Bernardi, als er um Ostern erkrankt sei, geträumt habe, er gehe unter den Linden spazieren und es werde ihm vom Winde ein Berliner Zeitungsblatt vor die Füße geweht, in welchem er las, daß er am 4. Juni begraben worden sei. Der Traum, den er gleich erzählte und der in der Stadt bekannt wurde, traf ebenso ein wie ein zweiter Traum Bernardis, daß er am 2. Juni sterben werde.[79] Friedrich Nietzsche hatte im Alter von sechs Jahren folgenden, in seiner Schrift „Aus meinem Leben" mitgeteilten Traum:

„Ich hörte in der Kirche Orgelton wie bei einem Begräbnis. Da ich sah, was die Ursache wäre, erhob sich plötzlich ein Grab und mein Vater im Sterbekleid entsteigt demselben. Er eilt in die Kirche und kommt in kurzem mit einem kleinen Kind im Arm wieder. Der Grabhügel öffnet sich, er steigt hinein und die Decke sinkt wieder auf die Öffnung. Sogleich schweigt der rauschende Orgelschall und ich erwache. Den Tag nach dieser Nacht wird plötzlich Josephchen unwohl, bekommt die Krämpfe und stirbt in wenigen Stunden . . . die kleine Leiche wurde auch noch in die Arme des Vaters gelegt."[80] Der war kurz zuvor gestorben. Bemerkenswert ist auch der Traum des Bischofs Lanyi von Großwardein in der Nacht vor der Ermordung des österreichischen Thronfolgerpaares am 28. 6. 1914 in Sarajewo, den der Bischof morgens ½4 Uhr wie folgt niederschrieb:

„Mir träumte, daß ich in den Morgenstunden an meinen Schreibtisch ging, um die eingegangene Post durchzusehen. Ganz oben lag ein Brief mit schwarzen Rändern, schwarzem Siegel und Wappen des Erzherzogs. Sofort erkannte ich dessen Schrift. Ich öffnete und sah am Kopf des Briefpapiers in himmelblauem Ton ein Bild wie auf Ansichtskarten, welches eine Straße und eine enge Gasse darstellte. Die Hoheiten saßen in einem Automobil; ihnen gegenüber ein General, neben dem Chauffeur ein Offizier. Auf beiden Seiten der Straße eine Menschenmenge, zwei junge Burschen springen hervor und schießen auf die Hoheiten. Der Text des Briefes ist wörtlich derselbe, wie ich ihn im Traum gesehen: „Euer bischöfliche Gnaden! Lieber Doktor Lanyi! Teile Ihnen hiermit mit, daß ich heute mit meiner Frau in Sarajewo als Opfer eines Meuchelmordes falle. Wir empfehlen uns Ihren frommen Gebeten. Herzlichst grüßt Sie Ihr Erzherzog Franz. Sarajewo, 28. Juni 1914, ½4 Uhr morgens."[81] Nachdem der Bischof den Traum noch in Anwesenheit eines Gastes und eines Dieners seiner Mutter erzählt hatte, erhielt er am Nachmittag ein Telegramm mit der Nachricht von dem Attentat. Aus der Zeit nach dem 2. Weltkrieg berichtet Bender, wie verschiedene Mitglieder einer Familie den bevorstehenden Tod eines aus der Kriegsgefangenschaft entlassenen Familienmitgliedes träumten.[82] Weitere Beispiele von Wahrträumen ähnlicher Art finden sich in dem schon im 4. Kapitel erwähnten Buch von Max Dessoir „Das Ich, der Traum, der Tod", die allerdings von dem Verfasser selbst nicht ohne Skepsis beurteilt werden.[83] Als Beispiel aus jüngster Zeit wurde am 26. 9. 1977 in der Sendung „Gesundheitsmagazin Praxis" im 2. Deutschen Fernsehen berichtet, eine Frau habe geträumt, daß sich ein gesuchter Sexualmörder unter die Untergrundbahn werfe; das sei dann auch tatsächlich geschehen.

Außer solchen real-prophetischen Träumen, wie v. Siebenthal sie nennt, berichtet er auch von einer Reihe symbol-prophetischer Träume, in denen ein künftiges Ereignis in Bildersprache oder symbolischer Form vorgeführt wird. So heißt es in einem Bericht von Hebbel am 24. 3. 1860, daß eine Frau v. Engehofen erzählt habe, ihr verstorbener Mann habe vor seiner Erkrankung in acht Nächten immer denselben Traum gehabt, in der neunten mit einer Variation, und zwar, er sei in einer fremden, ihm ganz unbekannten Landschaft, ein breiter, heller Strom in der Mitte, jenseits Nebel. Ein Schiffer steht am Strom, wenn er sich aber nähert und ihm Geld fürs Überfahren bietet, weist der Mann ihn finster zurück. In der neunten Nacht wird er aber freundlich, läßt ihn in seinen Nachen steigen und führt ihn pfeilschnell hinüber ans andere Ufer. Hier wird alles hell und ein stattlicher Palast erhebt sich, aus dem sein verstorbener Vater hervortritt und ihn freundlich bewillkommt. Er deutete diesen Traum auf eine Reise, zu der der Kaiser ihn kommandieren werde; an eben diesem Tage aber erkrankte er und starb im Verlauf einer kurzen Woche.[84] Meine eigene Frau träumte in den Tagen nach Weihnachten 1975, sie sehe einen unserer guten Bekannten an der Hand einer dunkel gekleideten Frau, deren Kopf mit einem Tuch oder etwas ähnlichem verhüllt war, eine Treppe hinuntersteigen. Der sonst schlanke und elegant wirkende Mann schrumpfte dabei zu lächerlicher Kleinheit wie ein Zwerg zusammen und war auch in die Breite verzerrt. Als auch meine Frau ihm beim Hinabsteigen helfen wollte, wehrte er mit seiner freien Hand ab. Wir hatten von diesem Bekannten lange nicht gesprochen, aber wenige Tage nach dem Traum rief er aus seinem Wohnort bei München an und meldete sich zu einem Besuch bei uns für den 5. 1. 1976 an. Doch am 1. 1. 1976 starb er nach kurzer Krankheit an einem Herzversagen.

Es fällt schwer, zur Problematik der Wahrträume Stellung zu nehmen. Die Traumforschung neigt, soweit ich sehe, zur Skepsis. Das gilt vor allem für v. Siebenthal, der zum mindesten sämtliche Träume als nicht beweiskräftig ausscheiden will, die den Träumer selbst oder ihm nahestehende Menschen betreffen.[85] Freud akzeptiert in einem Aufsatz von 1925 über „Die okkulte Bedeutung des Traumes“ telepathische Phänomene, lehnt aber die Möglichkeit prophetischer Träume ab.[86] In „Die Traumdeutung“ schrieb Freud noch am Ende seines Buches folgende sehr dezidierte Sätze: „Und der Wert des Traumes für die Kenntnis der Zukunft? Daran ist natürlich nicht zu denken. Man möchte dafür einsetzen: für die Kenntnis der Vergangenheit. Denn aus der Vergangenheit stammt der Traum in jedem Sinne.“[87] Gegenüber parapsychologischen Phänomenen aufgeschlossen ist hingegen C. G. Jung. Er nahm 1909 telepathische Experimente vor, von denen selbst Freud stark beeindruckt war. Jung berichtete anderseits von einem Besuch in der damaligen Zeit bei Freud, in dessen Verlauf Jung die grundsätzliche Einstellung Freuds zu „Präkognition und Parapsychologie“ erfahren wollte. Dieser bezeichnete derartige Dinge als „Unsinn“.

Ein in dieses Gespräch einbrechendes lautes Krachen in einem Bücherregal wollte Jung als „katalytisches *Exeriorisations*phänomen" angesehen wissen, wogegen Freud protestierte.[88] Immerhin hatte er in einem Brief vom 9. 10. 1896 an seinen Freund W. Fließ geschrieben, man könne „sich der Anerkennung himmlischer Einflüsse nicht mehr entziehen" (was sich aber wohl auf Astrologie bezog).[89] C. G. Jung selbst schrieb in einem seiner späten Aufsätze: „Als eine weitere Traumdominante muß ich das telepathische Phänomen anerkennen. Die allgemeine Tatsächlichkeit dieses Phänomens ist heutzutage nicht mehr zu bezweifeln."[90] Daß Bender als Parapsychologe nicht nur an Telepathie, sondern auch an prophetische Träume glaubt, deutet schon der Titel seiner Schrift „Unser sechster Sinn" an.[91]

Ich möchte meinen, daß es telepathische Träume gibt. Eine Bekannte berichtete mir, wie sie im Sommer 1979 von der feierlichen, sie sehr beeindruckenden Bestattung eines ihr nahestehenden Onkels träumte, den sie vollkommen gesund glaubte, der aber unmittelbar vorher ganz überraschend gestorben war. Meine Mutter träumte nicht selten, ein Bekannter, an den sie lange nicht mehr gedacht hatte, werde ihr schreiben, und, nachdem sie das erzählt hatte, kam noch am selben Tag oder kurz danach ein Brief von ihm. Sehr viel schwerer fällt es, an symbolische oder reale Wahrträume prophetischer Art zu glauben. Sicher ist, daß Träume von erwarteten oder befürchteten Ereignissen kaum Überzeugungskraft haben. Wenn mein kranker Freund zweimal im Traum sah, wie ihm eine Hand ein schwarzes Kreuz auf die Stirn malte, so ist das unschwer mit seiner Furcht vor dem Tode zu erklären. Er ist übrigens erst längere Zeit nach diesen Träumen an einer anderen Todesursache gestorben. Viele der oben mitgeteilten Träume sind solche Erwartungsträume, in denen sich Angst um das eigene Leben oder das geliebter Menschen ausdrückte. Hier können nur manche Details erstaunen. Anders steht es mit Träumen, bei denen eine Erwartung kaum in Betracht kommt, wie bei dem Traum der Frau, daß sich der gesuchte Sexualmörder unter die Untergrundbahn werfen werde, oder bei dem Traum meiner Frau von dem Bekannten, der an der Hand einer dunkel gekleideten Frau zum Zwerg schrumpfend eine Treppe hinunter geführt wurde, was doch kaum anders als ein Bild vom bevorstehenden Sterben dieses Mannes gedeutet werden kann.

Trotz allem besteht eine gewisse Skepsis weiter, zumal es mir an einer zusammenfassenden exakten Forschung trotz Benders dankenswerten Bemühungen zu fehlen scheint. Insbesondere fehlt es an Untersuchungen mit umfangreichem Material über Träume, deren Überlieferung vor dem geträumten Ereignis exakt gesichert ist, vor allem aber auch an Material über Träume, die ihrer Art nach als telepathische oder prophetische Träume erschienen, sich aber nicht bewahrheitet haben. Bender hat in seinem Institut 2000 Träume einer Frau. Ch. Mylius gesammelt, deren Träume nicht selten in Erfüllung gingen, teilt aber nur mit, daß „eine größere Zahl auf paranormale Informationen kontrolliert werden konnte.“[92] Daß auf solche Weise keine wirklich fundierte Grundlage gewonnen werden kann, scheint mir nicht zweifelhaft. Vor allem gilt für den Zweck meiner Untersuchung, daß die parapsychologischen Probleme keine spezifischen des Traumes sind. Auch wenn Bender feststellt, daß 50% der parapsychologischen Berichte aus Träumen stammten,[93] so würde auch diese Zahl zeigen, daß parapsychologische Informationen von außen nicht speziell dem Traumspieler, sondern dem Menschen schlechthin zukommen, etwa solchen, die mit dem „zweiten Gesicht“ begabt sind, wobei freilich denkbar wäre, daß ein sensibler Teil im Menschen bevorzugt würde, der im Schlaf als Traumspieler auftritt. In jedem Fall aber dürften Wahrträume, selbst wenn es sie gibt, seltene Erscheinungen sein, die auf Einzelfälle beschränkt sind und bei der großen Masse der Träume keine Rolle spielen. Das Material des Traumspielers wird durch sie in aller Regel nicht erweitert.

Das Ergebnis dieses Kapitels läßt sich danach wie folgt zusammenfassen: Das Material, aus dem der Traumspieler seine Vorführungen inszeniert, stammt mindestens in der bei weitem größten Zahl der Fälle aus dem Erleben des Wach-Ich in Gegenwart und Vergangenheit. Ob es ein kollektives Unbewußtes und Archetypen im Sinne von C. G. Jung mit von dorther gespeisten Träumen gibt, ist nicht unzweifelhaft. Hingegen dürfte es telepathische Träume geben, während das Vorkommen prophetischer Wahrträume nicht auszuschließen ist, aber nicht gesichert erscheint.

8. Kapitel

Die Entstehung des einzelnen Traumes

Im letzten Kapitel ist zu zeigen versucht worden, welches Material dem Traumspieler bei der Gestaltung seiner Szenen zur Verfügung steht. Damit ist aber die Frage noch nicht beantwortet, wieso und wie er gerade für den einzelnen Traum ein bestimmtes konkretes Motiv wählt. Diese Frage scheint, wenn ich richtig sehe, noch nicht zum Gegenstand spezieller Untersuchungen gemacht worden zu sein. Formulierungen wie etwa die von Freud, der Traum setze „die Anregungen und Interessen des Wachlebens fort",[1] oder er setze eine Stimmungslage in konkrete Vorgänge um, beziehen sich auf das allgemeine Traummaterial und können nicht viel weiter helfen. Eine erschöpfende Antwort auf die gestellte Frage wird auch kaum zu finden sein. Man wird sich mit einigen Gedankengängen begnügen müssen, die eine gewisse Annäherung an eine Antwort bringen.

Man könnte zwar meinen, daß Freuds schon erwähnte These, nach der jeder Traum *Wunscherfüllung* bedeute, bereits eine gewisse Antwort enthält, zumal wenn man bei Freud liest, daß es mehrere Quellen des Traumwunsches gebe:[2] einen bei Tag erregten, aber nicht befriedigten Wunsch; einen bei Tag aufgetretenen, aber verworfenen und unterdrückten; einen dann nachts aus dem Unterdrückten rege gewordenen Wunsch und schließlich eine aktuelle, bei Nacht sich erhebende Regung wie etwa

Durst oder ein sexuelles Bedürfnis. Danach könnte man davon ausgehen, daß der Traum auf Befriedigung eines bestimmten konkreten Wunsches zielt, wie Freuds letztes Beispiel deutlich macht, und daß der Traumspieler dann eine entsprechende Szene gestaltet. So kann er dem Traumerleber ein perlendes Glas Sekt reichen oder ein ganzes Trinkgelage vorspielen, er kann ihm eine reizende Frau oder der Träumerin einen schönen jungen Mann zuführen oder er kann den Harndrang verspürenden Träumer an ein stilles Örtchen führen, wo sich dieser Drang befriedigen läßt. Hier liegt gewiß eine Quelle des konkreten Traumes. Doch ist zweierlei zu bedenken. Die im 2. Kapitel geschilderten Argumente gegen die Theorie der somatischen Traumentstehung, deren sich ja auch Freud selbst bedient hat und die ich mir zu eigen gemacht habe, wenden sich an dieser Stelle gegen die Wunscherfüllungsthese als einen Versuch zur Erklärung des konkreten Traumes. Denn dem Traumspieler stehen ungezählte Varianten zur Verfügung, um etwa den Durst des Träumers oder dessen sexuelles Begehren zu stillen. Hinzu kommt ein weiteres Argument, das sich allerdings nur gegen Freud selbst wendet: Er behauptet nämlich nicht nur, daß jeder Traum Wunscherfüllung darstelle, sondern erklärt mit ebensolcher Entschiedenheit, daß es jedes Mal um die Erfüllung eines aus dem Infantilen stammenden Wunsches gehe.[3] Davon wird später noch im einzelnen die Rede sein. Diese so verengte These läßt es jedenfalls nicht zu, die Entstehung des einzelnen Traums als die Erfüllung eines konkreten, aus Tages- oder Nachtverlauf herkommenden Wunsches anzusehen. Wieso ein während des Schlafes aufkommendes, unmittelbares Durstgefühl ein aus dem Infantilen stammender Wunsch sein soll, ist freilich unerfindlich. Denn Durst kann ja wohl nicht schlechthin als infantiler Wunsch deklariert werden. Und niemals ließe sich die bunte und unerschöpfliche Fülle der Traumbilder, von denen kaum je eines dem anderen völlig gleicht, auf die ihrer Art nach doch wenig variablen Wünsche Infantiler zurückführen. Allerdings hat Freud hier seine weitere Kernthese parat, daß der manifeste

Inhalt des Traumes, d. h. sein Erscheinungsbild, die dahinter stehenden Traumgedanken, womit Freud den eigentlichen Traumgehalt meint, nur verdeckt. Auch darauf wird später ausführlich eingegangen werden. Aber schon an dieser Stelle muß gefragt werden, wieso man die durch das Traumbild versteckte Erfüllung eines infantilen Wunsches darin sehen kann, daß der Spieler den im Schlaf durstig gewordenen Träumer z. B. an eine sprudelnde Quelle führt und dort trinken läßt. Die Widersprüchlichkeit Freud'scher Thesen wird hier schon sichtbar. Für eine Phänomenologie des Traums, die in erster Linie dessen Erscheinungsbild beachtet und daran anknüpft, ist mit solchen Theorien nichts zu gewinnen. Das hindert anderseits nicht, einzuräumen, daß ein konkretes Bedürfnis des Schläfers dem Traumspieler das Motiv für seine Szene geben kann.

Das leitet zu einer zweiten Erklärungsmöglichkeit über, deren Stichwort „*Tagesrest*" heißt. Über diesen Begriff ist schon im vorausgegangenen Kapitel gesprochen und dargelegt worden, daß es sich dabei um wichtiges Material für den Traumspieler handelt. Tagesreste können aber nicht nur Material sein, sondern sie können auch den konkreten Trauminhalt eindeutig bestimmen. Das gilt z. B. für die ebenfalls schon erwähnten Fälle, daß sich eine am Tage lange Zeit ausgeübte, mehr oder weniger mechanische und gleichförmige Tätigkeit wie Beerenpflücken, Tennisspielen und ähnliches in den Traum hinein fortsetzt. Es gibt aber auch andere Beispiele. Um die Jahreswende 1979/80 unterhielt ich mich mit einem befreundeten Ehepaar beim Abendessen über ein anderes Ehepaar, das wir drei bei einem unserer häufigen Aufenthalte in Oberbayern zu treffen pflegten, und konnten nicht mehr auf den Namen dieses Paares kommen. In der folgenden Nacht träumte die Dame aus unserer Runde, sie treffe an jenem oberbayerischen Urlaubsort mit der Dame des zweiten Paares und noch einer dritten zusammen, die den Namen der zweiten kennt. Sie bemüht sich, diese nach dem Namen zu fragen, das wird aber dadurch unmöglich, daß die zweite Dame, die davon ausgehen kann, daß die Träumerin ihren Namen weiß, immer dabei bleibt. Der Traum nimmt dann eine andere Wendung. Er zeigt nicht nur, daß das oft so gute Gedächtnis des Traumspielers auch versagen kann, sondern demonstriert auch, wie ein Tagesrest den Traumspieler zu einer ganz bestimmten Szene veranlassen kann. Für eine solche Traumentstehung ließen sich zahlreiche Beispiele bringen. Doch liefern sie keine vollständige Erklärung, denn es gibt entgegen der Behauptung Freuds zahlreiche Träume ohne Tagesreste und noch mehr solche, in denen Tagesreste erst im Verlauf des Traumspiels auftreten und daher nicht den Anstoß für das den Traum einleitende Motiv sein können, das vom Traumspieler bestimmt wird.

Für einen anderen Teil der Träume könnte ein Erklärungsversuch weiterführen, den ich mit dem Stichwort „*Einfall*" bezeichnen möchte. Wenn ich nachts wach liege und mich bemühe, alles Denken auszuschalten, um wieder einschlafen zu können, kommen mir doch häufig unwillkürlich Gedanken, Bilder, Namen, Szenen und ähnliches ins Bewußtsein. Dabei handelt es sich ebenfalls zu einem guten Teil um Tagesreste, Nachbilder oder sonstige Überbleibsel vom eben vergangenen Tage oder von seinen Vorgängern. Aber es gibt da noch eine zweite Gruppe von Bewußtseinselementen, bei denen ich keinerlei solchen Zusammenhang feststellen kann. Vielfach sind es bloße Wörter oder Namen von Menschen oder Orten, Kurzbilder von Orten, Landschaften oder Gesichtern, und zwar sehr häufig gerade von solchen, an die ich lange nicht gedacht habe. Sie sind auch nicht durch Assoziationen mit den Tagesresten der ersten Gruppe verknüpft, sondern tauchen isoliert und „kometenhaft" auf. Es ist, um es bildhaft auszudrücken, so, als ob aus dem Gehirn, das nicht gezielt beschäftigt wird, dort irgendwo festgehaltene Wörter, Namen oder Bilder wahllos und unwillkürlich herauspurzelten und in mein Bewußtsein einfielen. Das Wort „Einfall" ist hier von prägnantester Plastik. Es handelt sich um eine ganz und gar unwillkürliche psychische Tätigkeit.[4] Als solche hat auch C. G. Jung den Traum bezeichnet und ich möchte meinen, daß das Gehirn so, wie es das mit dem Menschen tut, der seinen Denkapparat abschalten möchte, auch dem Traumspieler Einfälle der geschilderten Art hinwerfen kann und ihm damit Motive für den Beginn des Traumspiels liefert. Man kann dann freilich weiter zurückfragen, wieso im konkreten Fall gerade dieser und nicht ein anderer Einfall auftaucht. Aber auf diese Frage wird kaum eine Antwort zu finden sein. Daß hier kausalgesetzliche Zusammenhänge bestehen, erscheint mir zweifelhaft.

Ist einmal ein Traummotiv gegeben, so kann dann die Erscheinung einsetzen, die mit dem dritten Stichwort „*Assoziation*" zu bezeichnen ist. Sowohl an einen Tagesrest wie an einen originären Einfall, die das Einsatzmotiv für den Traumspieler liefern, kann er, aber auch der Traumerleber Assoziationen anknüpfen und damit das Traumspiel fortspinnen. Dabei kann es zu ausgedehnten Assoziationsketten kommen, wie das ja auch im Wachzustand möglich ist. Wer es zuweilen unternimmt, einen Gedanken, der ihm in der Phase eines nicht zielgerichteten Vorsichhindenkens gekommen ist, auf seinen Ursprung zurückzuverfolgen, wird dreierlei feststellen können: Einmal, daß sich der Gedanke über zahlreiche Zwischenstationen entwickelt hat, von denen es zehn oder mehr sein können, und zwar jeweils durch Assoziationen, also durch Verknüpfung eines Gedankens oder einer Vorstellung mit dem dadurch angestoßenen nächsten Gedanken oder der nächsten Vorstellung. Zum zweiten wird sich zeigen, daß die Verknüpfung der einzelnen Gedanken oder Vorstellungen nicht auf einem sinnvollen Gesamtzusammenhang beruht, sondern daß es vorwiegend Äußerlichkeiten und Nebensächlichkeiten, wie z. B. Wortanklänge, sind, welche die Verknüpfung von einer Station zur anderen zustandebringen. Drittens wird man feststellen, daß eine Assoziationskette zeitlich mit größter Schnelligkeit vor sich gehen kann. Ein gleichartiger Assoziationsprozeß kann nun auch im Traum ablaufen, an dem nur der Traumspieler, aber oft auch der Erleber aktiv beteiligt sein kann. Bei genauerem Hinsehen wird sich dann auch häufig zeigen, daß der an den Träumen auffallende Szenenwechsel auf dem Fortlaufen einer Assoziationskette beruhen kann, die so an Äußerlichkeiten fortgesponnen wird, daß der Eindruck von Motiv- und Vorgangssprüngen entsteht, wenn man sich den Traum nach dem Erwachen zurückruft. So sprach auch schon Baege von einer „Zielvorstellung“ im Traum, die assoziativ dann das ganze Traumgeschehen gestalte,[5] und P. Köhler erkannte richtig: „Totale Schauplatzänderungen bedeuten nicht eine absolute Lücke im Traumverlauf, etwas Gedankliches verbindet die verschiedenen Schauplätze.“[6]

Im Zusammenhang mit der Frage nach der Entstehung des einzelnen Traumes muß auch das schon erwähnte, nicht selten auftretende Phänomen der Wiederkehr des gleichen Traumes mit in die Betrachtung einbezogen werden. Das Phänomen ist vielfach schon beobachtet und diskutiert worden, und zwar hat man in den Wiederholungsträumen meist einen negativen Aspekt gesehen, etwa in der Weise, daß der betroffene Mensch „immer auf demselben Fleck“ bleibe, „keine Zukunft“ habe und „in seiner Entwicklung gehemmt“ sei.[7] Siebenthal hat die Wiederholungsträume sogar im Anschluß an E. Hitschmann für „pathologisch“ erklärt.[7] Ich kann nicht leugnen, daß es Wiederholungsträume geben kann, die so zu beurteilen sind, meine aber, daß das Phänomen damit zu eng und einseitig gesehen wird. Ich selbst erinnere mich sehr deutlich einer Jahre zurückliegenden Periode, in der ich sehr häufig von einem prächtigen Gebirgstal träumte, dessen mir vertraut gewordenen Berge ich bestieg und in dem ich ein schönes, helles Haus besaß, auf das eine kleine Allee von Pappeln oder ähnlichen Bäumen hinführte. Dort fühlte ich mich stets sehr wohl und freute mich der Wiederkehr in mein Tal. Ich kann mir nicht denken, daß diese Wiederholungsträume eine Entwicklungshemmung anzeigten oder gar pathologisch waren. Ich halte sie für Träume der Erinnerung an Tirol, wo ich Jahre hindurch gelebt, dessen Bergwelt ich genossen und geliebt habe und nach der ich mich zurücksehnte. Ich halte auch für denkbar, daß ich mir die Wiederholung dieses Traumes selbst suggeriert habe. Sicher ist jedenfalls im Ergebnis, daß Empfindungen intensiver Art, mögen sie nun positive oder negative Akzente tragen, den Traumspieler dazu bringen können, Traumszenen zu wiederholen.

Ein weiteres Phänomen darf ich nicht unerwähnt lassen, das ganz bestimmte Träume herbeiführen kann: Es geht um das Suggerieren von Träumen. Daß Träume auf diese Weise entstehen können, ist kaum zu bezweifeln. So berichtet Gottschalk von Experimenten, die Nachmansohn in den zwanziger Jahren unseres Jahrhunderts durchführte und bei denen es gelang, bestimmte Träume durch vorausgegangene Hypnose des Träumers hervorzurufen.[8] Bender teilt eine Reihe von Fällen mit,[9] in denen es dem amerikanischen Traumforscher Calvin Hall gelang, Schläfern bestimmte Träume zu suggerieren. So stellte sich der Experimentator einen Boxkampf vor und führte ihn vor dem Schläfer pantomimisch auf. Die Versuchsperson erzählte nach dem Erwachen, neben anderen Erlebnissen auch von einem Boxmatch geträumt zu haben. Bemerkenswert ist auch ein von C. G. Jung beobachteter Traum einer Patientin von einem Skarabäus, der stattfand, als ein diesem Tier ähnlicher Rosenkäfer an den Fensterläden herumsummte. In diesem Fall und in dem des geträumten Boxkampfes scheint nicht nur eine geistige Beeinflussung durch den Experimentator, sondern auch eine physische durch das Summen des Käfers und die pantomimische Darstellung des Boxkampfes stattgefunden zu haben. Das muß hier offen bleiben. Jedenfalls ist festzustellen, daß konkrete Träume durch eine von anderen ausgehende psychische Beeinflussung hervorgerufen werden können. Doch scheint es da bemerkenswerte Grenzen zu geben. Schon im 5. Kapitel ist berichtet worden, daß es de Sanctis gelang, Träume mit verbrecherischem Inhalt suggestiv zu initiieren. Doch in dem Augenblick, in dem die eigentliche Tat ausgeführt werden sollte, erwachte der Träumer.[10] Über die Fremdsuggestion hinaus soll es Yogis durch Meditation und sonstige Übungen auch gelingen, die Geschehnisse im eigenen Traum unter ihre Kontrolle zu zwingen.[11] Das würde bedeuten, daß das Wach-Ich in die Lage käme, den Traumspieler zu beherrschen oder, noch krasser gesagt, den in dieser Untersuchung aufgedeckten Unterschied zwischen Erleber und Spieler aufzuheben und das Wach-Ich zum Herrn des gesamten Traumes zu machen. Es kann dahingestellt bleiben, ob etwas derartiges wirklich möglich ist. In jedem Falle würde es sich um extreme Ausnahmen handeln, welche die allgemeine Theorie des Traumes unberührt ließen. Auch der fremdsuggerierte Traum ist natürlich schon eine Ausnahmeerscheinung, die bei der Frage, wie es zum einzelnen Traum kommt, zwar nicht unerörtert bleiben darf, hinsichtlich der großen Masse der Träume aber ohne praktische Bedeutung ist.

Die bisher erörterten Erklärungsversuche bringen zwar einiges Licht in die geheimnisvolle Problematik, können aber keine erschöpfende Lösung bedeuten. Denn es kann nicht zweifelhaft sein, daß es Träume gibt, deren Eingangsmotiv weder durch einen aktuell aufkommenden Wunsch, noch durch Tagesreste oder durch einen „Einfall" im geschilderten Sinn, also durch ein plötzlich auftauchendes Erinnerungselement, bestimmt werden. So träumte ich in der Nacht zum 4. 1. 1980, ich befände mich in einem größeren, mit Bücherwänden bedeckten Raum, in dem mir ein noch verhältnismäßig junger Mann entgegentrat. Aus seinen Worten entnahm ich, daß er Professor und Graezist sei, daß dieser Raum sein künftiges Seminar darstelle und daß er ihn, der vorher mein juristisches Seminar gewesen sei, von mir übernehme. Die Übernahme sollte durch eine kleine Feier gekrönt werden, für die in der Mitte des Raumes eine längere Tafel gedeckt war. Ich betrachtete einen Teil der Bücher und nahm ein Exemplar aus einem vielbändigen Werk in die Hand, das lexikographischer Art war, und erkundigte mich nach historischen Büchern. Das Gespräch wurde durch das Erscheinen von Gästen unterbrochen, darunter einigen früheren Kollegen von mir, und die Szene weitete sich schließlich mit neuen Motiven aus. Es war mir kaum möglich, in diesem Traum irgendwelche Tagesreste zu entdecken. Ich war zwar gerade bei der Lektüre eines Buches über das antike Sizilien, darin läßt sich aber wohl nur mühsam ein Tagesrest finden, der zu dem griechischen Seminar und meiner Frage nach historischer Literatur führt. Außerdem hätte ein solcher Tagesrest nicht das Eingangsmotiv für den Traum geliefert. Noch weniger kann ich in dem Eingangsmotiv, das mich als Übergeber meines bisherigen, in Wirklichkeit niemals bestandenen juristischen Seminars an einen Professor des Griechischen zeigt, einen Einfall im Sinne eines Rückgriffs auf Erinnertes entdecken. Verstanden werden könnte die Vorführung des Traumspielers allenfalls dahin, daß er mir im Bild demonstrieren wollte, wie ich mich mit meinem Interessenkreis vom Juristischen weg zu einem guten Teil der Antike zugewendet habe. Das entspricht den Tatsachen. Diese Traumerklärung scheitert aber vielleicht daran, daß es ja nicht ich selbst war, der zum Griechischen überging, sondern ein fremder, viel jüngerer Mann, mit dem ich mich nicht identisch fühlte. Wie dem auch sei. Es gibt Träume, in denen weder ein aktueller Wunsch, noch der vorausgegangene Tag mit seinem Vorgänger oder ein Einfall von Erinnerung dem Traumspieler das konkrete Stichwort für den einzelnen Traum liefern. Es gibt vielmehr auch solche Träume, und gewiß nicht in geringer Zahl, in denen sich der Traumspieler aus seinem im vorigen Kapitel beschriebenen Reservoir das Motiv oder die Ausgangssituation für den Auftakt seines Spiels selbst holt. Mit anderen Worten: Wir müssen dem Traumspieler Phantasie zubilligen. Aus dem Material, das im wesentlichen dasselbe ist wie das dem Wach-Ich zur Verfügung stehende, greift er sich ein Motiv oder mehrere Motive heraus und gestaltet damit, nach der Assoziationsmethode oder auch in weiterwirkender Phantasie, sein Spiel, und zwar, wie wir schon sahen, sehr viel phantasievoller und genialer als das Spiel, das der Schläfer im Wachzustand gemeinhin zu erleben pflegt oder zu produzieren vermag. Warum und wieso der Traumspieler gerade dieses und nicht jenes Motiv für sein Spiel wählt, werden wir, wenn nicht Fälle der am Anfang geschilderten Art gegeben sind, nicht enträtseln können, so wenig, wie wir das in vielen Fällen nicht können, wenn ein Musiker oder Maler ein bestimmtes Motiv für seinen künstlerischen Gestaltungsakt wählt. Der Traum, soweit ihn der Spieler inszeniert und dann mit dem Traumerleber als Gegenpart gestaltet, ist vor allem ein Produkt der Phantasie.

Das führt zu der Frage, ob der Traumspieler, ebenso wie der Traumerleber nach den Erkenntnissen im 5. Kapitel, Willensentscheidungen treffen kann, also über einen eigenen Willen verfügt. Ich möchte zwar den Traumspieler, wie am Anfang des 6. Kapitels dargelegt, nicht geradezu personifizieren, aber es hat sich doch gezeigt, daß er als ein Teil-Ich anzusehen ist, dem auch entsprechende Funktionen wie Gedächtnis und Willen zukommen. Ist es richtig, daß er das Spiel inszeniert, es, wie zahlreiche der von mir geschilderten Träume zeigen, in durchaus sinnvoller Weise fortzuführen vermag und daß er auf die Reaktionen des Traumerlebers seinerseits wieder in entsprechender Weise bestimmt zu reagieren imstande ist, so setzt das alles voluntative Akte voraus. Der Traumspieler handelt wie der Mensch im Wachzustand final, zum mindesten ist er dazu imstande. Also hat er auch einen eigenen Willen. Ich erinnere daran, daß C. G. Jung von den Forschern Janet und Prince berichtet, es sei ihnen gelungen, Persönlichkeitsspaltungen zu erreichen, wobei jeder Persönlichkeitsteil ein ihm eigentümliches Stück Charakter habe, und daß Jung selbst seine Komplexe als „Teilpersönlichkeiten" auffaßt.[12] Sie müssen dann wohl auch einen eigenen Willen entwickeln können, wobei dieser freilich immer der Wille eines Teil-Ichs bleibt, das dem Gesamt-Ich zugeordnet ist.

So hat denn auch Freud die These aufgestellt, daß der Traum „der Wächter des Schlafes" und auf Erfüllung des Wunsches des bewußten Ich, zu schlafen, eingestellt sei.[13] Der Traum will danach also den Träumer am Schlaf festhalten und entwickelt so eine voluntative Funktion. Dabei bleibt freilich unklar, wieso und inwieweit „der Traum" einen Willen haben kann. C. G. Jung hat Freud widersprochen und erklärt, „daß es eben gerade die Träume sind, welche den Schlaf am meisten stören", ja oft zum Erwachen führen.[14] Nach meiner Auffassung ist hier zu differenzieren. Freuds Meinung, die er, wie bei ihm so häufig, unbegründet generalisiert, hat einen richtigen Kern. Es gibt in der Tat nicht seltene Fälle, in denen der Traumspieler den Schläfer am Traum und damit auch am Schlaf festzuhalten versucht. Paradebeispiele dafür sind der schon mehrfach erwähnte Fall, daß der Traumspieler den von Harndrang geplagten Traumerleber an einen entsprechenden Ort führt und ihn sich dort scheinbar von seinem Bedürfnis befreien läßt, sowie der weitere Fall, daß der Traumspieler, wenn der Wecker ertönt, dem Traumspieler eine ganz andere Szene vorführt oder auch vorgaukelt, er sei schon aufgestanden und befinde sich bereits im Badezimmer.[15] Auf der anderen Seite aber stehen die Schreck- und Angstträume mit der Vorführung entsetzlicher, den Traumerleber bedrohenden Szenen, mit denen der Traumspieler zwar vielleicht nicht beabsichtigt, wohl aber das Risiko eingeht, daß der Schläfer erwacht. Ich halte es nicht für ausgeschlossen, daß es Träume gibt, in denen der Traumspieler das Erwachen des Schläfers nicht nur provoziert, sondern sogar will. In dem schon erwähnten sagenhaften Traum Karls des Großen soll ihm ein Engel erschienen sein und ihn aufgefordert haben, sofort aufzustehen, sich zu rüsten und wegzureiten; als der Kaiser weiterschlief, soll der Engel ein zweites Mal erschienen sein und seine Aufforderung so dringlich wiederholt haben, daß der Kaiser ihr nachkam und auf diese Weise, wenn auch auf komplizierten Umwegen, sein Leben vor einem Mordanschlag rettete. Es geht hier freilich nur um eine Sage. Aber mit C. G. Jung wird man gerade Sagen und ihren Träumen gewisse Wahrheitsmöglichkeiten nicht absprechen können. Zum mindesten kann man wohl nicht ausschließen, daß es Träume gibt, in denen der Traumspieler Abbruch und Erwachen des Schläfers erreichen will. In jedem Falle wird man ihm aber nicht nur eigene Phantasie, sondern auch einen eigenen Willen zubilligen müssen.

Damit läßt sich das Ergebnis des Kapitels folgendermaßen

zusammenfassen: Die Entstehung des einzelnen Traumes kann auf aktuelle Wünsche, auf Tagesreste oder Einfälle aus anderen Erinnerungselementen – und dann jeweils meist in Verbindung mit Assoziationen – zurückgehen, in seltenen Fällen auch auf Suggestion oder psychische Beeinflussung anderer Art. In aller Regel inszeniert aber der Traumspieler seine Vorführung aus dem ihm zur Verfügung stehenden Material mit seiner eigenen Phantasie, die ihm ebensowenig abzusprechen ist wie ein eigener Wille.

9. Kapitel

Die Folgerungen

In den vorausgegangenen Kapiteln habe ich mich, wenn auch nur in einer groben, mancher Verfeinerung bedürftigen Skizze bemüht, die Phänomene des Traumes zu schildern, wie sie unabhängig vom Problem der Traumdeutung einem unbefangenen Beobachter erscheinen. Es haben sich dabei zahlreiche charakteristische Eigenheiten des Traumes ergeben, von grundlegenden Strukturelementen angefangen bis hin zu mehr oder weniger wesentlichen Details. Es ist jetzt der Punkt gekommen, an dem es gilt, aus alledem die Summe zu ziehen. Sie sieht so aus:

Die Welt des Traumes, in der das träumende Ich dem Traumspieler gegenübertritt und mit ihm und durch ihn das Gesamtphänomen Traum erlebt, ist eine zweite Welt, eine Gegenwelt zu der des Wachzustands. Stekel hat den Traum einen Mikrokosmos genannt.[1] Das ist richtig, wenn man das Träumen eines fremden Menschen von außen her betrachtet und wertet, aber für den Menschen als Träumer noch zu wenig. So wie für den Menschen die Wachwelt erst durch sein Erleben zur Realität wird, erscheint ihm die Traumwelt, solange er sie erlebt, von der gleichen mächtigen und umfassenden Realität wie die Wachwelt. Es ist sogar behauptet worden, der Traumwirklichkeit komme die eigentliche Realität zu.[2] Das scheint unseren Vorstellungen zu widersprechen. Auf der anderen Seite ist es aber viel zu wenig, wenn etwa Aristoteles den Traum „das in den Schlafzustand fortgesetzte Denken" genannt hat, eine Definition, die schon Freud mit Recht als „kärglich" bezeichnete.[3] Zwar gibt es Denken auch im Traum, aber damit erschöpft sich das Traumgeschehen nicht im mindesten. Denn der Träumer erlebt eine ganze zweite Welt und, da Realität, wie gesagt, für den Menschen immer nur die Realität seines Erlebens ist, ist ihm die Traumwelt nicht nur Mikrokosmos, sondern tritt gleichwertig neben die Welt seines Wachzustandes und zwar wie diese als Makrokosmos. Man muß es ganz exakt so formulieren: Wir erleben zwei Welten und leben damit in zwei Welten. Für Kinder und die Primitiven, die den Traum nicht als Abbild, sondern als Teil der Wirklichkeit empfinden,[4] verschwimmen zwar die Grenzen zwischen diesen beiden Welten. Dem Erwachsenen der Moderne aber, wie er sich aus der Entwicklung der ratio seit der Antike gebildet hat, steht der Fremdwelt des Wachzustandes die Ich-Welt des Traumes getrennt und bedeutsam gegenüber. Auch einem so modernen Dichter wie Günter Kunert ist diese Erkenntnis nicht fremd. Er schreibt über den Traum: „Warum seine Bedeutung geringer sein soll als die des gelebten Lebens, ist unverständlich, denn ebendieses Leben wird nach einer gewissen Weile ihm gleichwertig."[5] Er meint damit, daß die Erlebnisse der Wach-Welt nach und nach zu bloßen Erinnerungsbildern werden, die dann den Bildern des Traumes gleichen.

Zwar erlebt der Mensch die Bilder seiner Wach-Welt als die einer von ihm abgetrennten und fremden, der er mit seinem Ich gegenübertritt.[6] Auch die Bilder seiner Traumwelt, wie der Traumspieler sie ihm vorführt, erscheinen ihm, solange er träumt, fremd. Aber im Wachzustand kann er erkennen, daß seine Traumwelt in Wirklichkeit seine eigene ist, eine Welt, die sein Ich, wenn auch geteilt in Traumerleber und Traumspieler, selbst gestaltet. Das ist auch seit der Antike fast so gesehen worden. Eine Auffassung wie die v. Weizsäckers, der den Charakter des Traumes als „unpersönlich" bezeichnet hat,[7] ist vereinzelt geblieben. Schon Heraklit hat erkannt, daß der Mensch im Traum stets seine eigene, ihm allein zugehörige Welt besitze.[8] Im Talmud heißt es, wie schon erwähnt: „Man zeigt im Traum dem Menschen nichts anderes als die Gedanken des eigenen Herzens."[9] Und auch das prägnante Wort Nietzsches ist schon zitiert worden: „Nichts ist mehr Euer eigen als eure Träume!" Auch in der modernen Traumforschung finden sich entsprechende Formulierungen. So heißt es bei v. Siebenthal: „Im Traum erlebt der Träumer . . . seine eigene Welt."[10] Und in einer Abschnittsüberschrift bezeichnet er den Traum als „Spiegel der Persönlichkeit".[11] Ganz ähnlich hat Alfred Adler von einem „ungeschminkten Spiegelbild des Bewußtseins" gesprochen.[12] C. G. Jung hat den Traum eine „spontane Selbstdarstellung" genannt[13] und v. Siebenthal zitiert folgenden Satz von Paff: „Erzähle mir eine Zeitlang deine Träume und ich will dir sagen, wie es um dein Innneres steht."[14] Alles das läuft darauf hinaus, daß die Traumwelt die des träumenden Ich ist.

Das bedeutet aber nicht, daß diese Ich-Welt von der Fremdwelt des Wachzustandes isoliert ist, wie es Heraklit gemeint zu haben scheint.[15] Zwar stehen sich die beiden Welten gegenüber, aber keineswegs beziehungslos. Der Träumer ist kein Robinson auf einer einsamen Insel. Vielmehr ist das Traumerlebnis mit den Erlebnissen des Schläfers in der Wachwelt auf das engste verknüpft. Im Traum setzt sich das Ich mit der Wachwelt, mit seiner Lage und seinen Erlebnissen in dieser Welt auseinander, aber auf seine eigene, subjektive Weise. Mit Recht hat schon Augustinus im Traum ein Echo all der Dinge gesehen, mit denen sich der Mensch im Wachen befaßt.[16] Dabei wird das Außen der Wachwelt im Traum durch den Traumspieler ersetzt und repräsentiert, während der Traumerleber als das Ich des Traums in seiner ihm vorgespielten aktuellen Situation, wie sie ihm der Traumspieler zugleich mit Retrospektiven und Prospektiven[17] vorführt, erfolgreich oder erfolglos handelt und dabei die Möglichkeit hat, zu erfahren, zu erkennen und zu Ende zu erleben, was ihm im Wachzustand bisher vielleicht versagt war. Insofern bedeutet der Traum immer Wirklichkeit für den Menschen und, wenn er auch – mindestens in aller Regel – kein Wahrtraum in dem Sinne ist, daß er Vorgänge außerhalb des Träumers schildert oder prophezeit, so ist er doch insofern stets ein Traum des Wahren, als er die innerseelische Situation des Schläfers so aufdeckt, wie sie ist.[18]

Daß die Scheinwelt des Traumes für den Menschen ebensoviel inneres Gewicht hat wie die Wachwelt, ist eine Folge davon, daß, wie schon im 1. Kapitel gezeigt wurde, das träumende Ich die ihm vom Traumspieler vorgeführte Szene sowie seine eigene Beteiligung dabei in aller Regel nicht nur als wirklich empfindet, sondern daß auch die Erlebnis- und Affektintensität dieselbe ist wie im Wachzustand. Die Erregungen, Freuden, Beglückungen, Ängste, Schmerzen und Verzweiflungen sind von gleicher Stärke und Färbung wie im Wacherleben, beeindrucken den Menschen ebenso wie die entsprechenden Emotionen in der Wachwelt. Traumerlebnisse können daher sehr bemerkenswerte Effekte und folgenschwere Wirkungen haben. Sie können nicht nur, wie wir schon sahen, die Stimmung des folgenden Tages beherrschen, „Alterationen der Stimmung" herbeiführen und „bemerkenswerte Wirkungen auf das bewußte Geistesleben" ausüben.[19] Ihre Wirkung kann sehr viel weiter gehen. Wie Jezower in seinem „Buch der Träume" berichtet,[20] hatte im September 1925 der Chef der Wiener Kinderklinik, Professor v. Pirquet, in einem Karlsbader Hotel einen Schrecktraum, in dem er sich in einem brennenden Stall und von allen Seiten umzingelt sah, riß darauf das Fenster seines Zimmers auf und sprang in den Hof; dabei verletzte er sich schwer. Einen ganz ähnlichen Fall habe ich selbst erlebt, als während einer Tagung in einem Hotel einer meiner Kollegen von einem Traum entsetzt aus dem Fenster stürzte, aber so auf das Dach eines Autos zu fallen kam, daß er sich nur ein Bein brach. In einem anderen Fall erkrankte, wie in der Presse berichtet wurde, ein achtjähriger, fernsehbegeisterter Junge an pavor nocturnus, schrie in seinen Träumen gequält auf und gab Wortfetzen von Fernsehhelden von sich.[21] Wie ein großer Künstler einen Angsttraum erleben kann, zeigt ein Aquarell von Dürer, das er nach einem derartigen Traum und sichtlich unter seinem starken Eindruck im Zusammenhang mit einer Sintflutprophezeihung des Jahres 1525 malte und das u. a. auch bei Gottschalk abgebildet ist.[22] Es ist eine düstere Szene, in der auf eine flache Landschaft schwarze Gebilde niedergehen, die auf uns Heutige wie Atombomben wirken. Diese wenigen Beispiele zeigen schon, wie stark die Erlebnisintensität im Traum wirken kann. Dem kommt deshalb soviel Bedeutung zu, weil der Erlebnisreichtum der Traumwelt und die Affektgeladenheit ihrer Ereignisse die der Wachwelt durchschnittlich weit übertreffen. Ich erinnere nur an den Engelstraum von Falk, den ich im 6. Kapitel mitgeteilt habe, und an den Traum vom weißen und schwarzen Magier im 7. Kapitel. Die Behauptung von Freud, der Traum sei im allgemeinen affektärmer als das psychische Material, aus dem er hervorgegangen ist,[23] vermag ich nicht zu bestätigen. An meinen eigenen Träumen glaube ich im Gegenteil beobachten zu können, daß Tagesmotive im Traum eine Affektsteigerung erfahren können. Dieser affektgeladene Erlebnis- und Bilderreichtum des Traumes stellt gerade in der überwiegenden Monotonie des Arbeitsalltages unserer hochindustrialisierten Massengesellschaft einen wichtigen Ausgleich dar. Darauf wurde schon im 3. Kapitel hingewiesen. Dem Grau des Alltags steht das Phantastische der Traumwelt als „unwillkürliche Dichtung" farbig gegenüber. Ich erinnere an dieses schon zitierte Wort Kants.[24]

Dazu kommen die für den Träumer so wesentlichen, im 3. und 5. Kapitel geschilderten Besonderheiten der Traumwelt. Sie bedeuten im Ergebnis, daß grundsätzlich die Wachwelt eine Welt der Zwänge, die des Traumes eine der Freiheit ist. Mit Recht heißt es bei Novalis: Der Traum ist „wie Poesie bedeutend – aber auch darum . . . durchaus frei."[25] In der Wachwelt ist der Mensch nicht nur, wie schon geschildert, in das Korsett von

Ort und Zeit eingezwängt, ebenso eingezwängt ist er in seine persönliche und soziale Situation. Familie, Wohnung, Arbeitsplatz, Arbeitskollegen, Freunde, Verein, Tagesverlauf, das alles sind wie zu einem Käfig zusammengefügte fixe Größen, aus dem herauszuspringen der Mensch sich nicht selten sehnt, auch wenn er sich diese Größen selbst mehr oder weniger freiwillig geschaffen hat. Der Traum läßt ihn herausspringen. Der Mensch hat den Wunsch nach Freiheit von diesen Fesseln, nach Befreiung von seiner persönlichen und sozialen Situation im Wachleben, nach Überwindung von Raum, Zeit und Schwere.[26] Der Traum gewährt ihm diesen Wunsch. Freud sieht hier nur einen „illusorischen Vorzug" und schreibt: „Das Träumen setzt sich über Zeit und Raum nicht anders hinweg als das wache Denken, und eben weil es nur eine Form des Denkens ist."[27] Es ist erstaunlich, wie ein so bedeutender und vielerfahrener Kenner des Traumlebens nicht den prinzipiellen Unterschied zwischen dem nur gedanklichen Überspringen von Ort und Zeit im Wachzustand und dem als real empfundenen Erleben im Traum erkennt, in dem sich der Träumer z. B. wirklich am geliebten Ort der Kindheit glaubt. Träumen ist eben, wie Freud ja gerade selbst an Aristoteles kritisiert hatte,[28] nicht bloß ein in den Schlaf fortgesetztes Denken, sondern das Erlebnis einer als real empfundenen Welt. Das hier noch einmal plastisch herauszuarbeiten und seine Bedeutung klar zu machen, erscheint mir besonders wichtig. Eben noch hat der Mensch den ganzen Tag im Büro gesessen, schenkt ihm die Nacht ein Wiedersehen mit der längst verlorenen Heimat. Ich habe schon im 2. Kapitel geschildert, wie ich nicht selten von meiner sehr geliebten Heimatstadt Dresden träume, die ich seit Jahrzehnten nicht mehr gesehen habe. Das ist jedes Mal ein beglückendes Erlebnis, das den folgenden Tag ein wenig verklärt. Ich erwähnte auch schon, daß ich von der Wohnung meiner Kinderzeit träume, vom Zimmer mit den schiefen Wänden, in dem ich damals schlief. Solch ein visuell ganz plastischer Traum hinterläßt ein seltsam warmes Gefühl und schlägt eine vertrauliche

Brücke über viele Jahre zurück. Mehr oder weniger befinden wir uns alle von einem gewissen, manchmal schon früh beginnenden Alter an à la recherche du temps perdu, wie sie Marcel Proust mit unübertrefflicher Meisterschaft geschildert hat. Bei dieser Suche leistet gerade der Traum ganz wesentliche Hilfe. Wie v. Siebenthal es sagt: „Den Greis bringt der Traum in die besonnte Kindheit zurück."[29] Dem, der liebte, kann die versunkene Zeit seines Glücks wieder lebendig werden. Gerd Uerding hat vor einiger Zeit ein Gedicht von Christoph Meckel besprochen,[30] das mit den Zeilen beginnt: „Geerntet der Kirschbaum, der Juni zu Ende, aber im Traum trug ich Kirschen zurück in die Bäume." Dabei hat er mit Recht darauf hingewiesen, daß der „Traum von der wiederkehrenden Kirschenzeit . . . natürlich auch ein erotischer Wunscherfüllungstraum" ist und der Gedichteinfall sich ausweite „zu der Allegorie des allgemeinen und allezeit populären Wunsches, die Zeit zurückdrehen zu können". Und dann heißt es bei Uerding unter Hinweis auf Proust: „Auch das in Tee aufgeweichte Stück Madeleine dreht in einem einzigen Augenblick die Zeit zurück, vermittelt jenes unerhörte Glücksgefühl, das aber schon wieder mit der Wehmut des Vergangenseins, die gleich nachher folgt, seltsam vermischt ist." Genauso, mit Hilfe einer scheinbaren Bagatelle, kann der Mensch im Traum die verlorene Zeit zurückgewinnen.

Dazu gehört auch, daß der Träumer Menschen, die ihm fern sind oder die er verloren hat, wiedersehen kann, wiedersehen mit der gleichen Erlebniskraft, als ob sie wirklich vor ihm ständen. Die Mutter kann ihren in Neuseeland lebenden Sohn, der Freund den Freund in der Ferne sehen, Szenen des Miteinander in vergangener Zeit können wieder lebendig werden, ja auch solche, die schon vergessen waren und mit einem Male wieder in aller Frische vor dem Träumer auftauchen. Vor allem kann der Mensch im Traum Umgang mit seinen geliebten Toten haben. Auch wenn wir nicht mehr den Glauben der Naturvölker aufbringen können, daß der Tote im Traum tatsächlich wieder erscheint,[31] können wir doch mit Nietzsche sagen: „Der Tote lebt fort, denn er erscheint den Lebenden im Traum."[32] Freud hingegen hat ebenso originelle wie fragwürdige Gedankengänge zu diesem Thema entwickelt. Zunächst schließt er sich der Auffassung des Traumtheoretikers Delange an, daß man von einem lieben Toten in der ersten Zeit, solange die Trauer den Überlebenden ganz ausfülle, nicht träume. Freud referiert allerdings, daß in einer Traumstudie von Fl. Hallam auch Beispiele gegenteiligen Verhaltens gesammelt seien,[33] und meine eigenen Erfahrungen stimmen mit diesen Beispielen überein. Freud hat aber darüber hinaus behauptet, daß Träume von geliebten Toten häufig den früheren Wunsch nach dem Tod des Gestorbenen ausdrückten, daß es Gleichgültigkeit gegenüber dem Tod des Gestorbenen bedeute, wenn er im Traum „zunächst als lebend behandelt wird, es dann aber plötzlich heiße, er sei tot, und in Fortsetzung des Traumes doch wieder lebe"; schließlich soll, wenn „im Traum nicht daran gemahnt wird, daß der Tote – tot ist", der Schläfer von seinem eigenen Tod träumen. Freud räumt selbst ein, „daß die Traumdeutung Träumen dieses Inhalts noch lange nicht alle ihre Geheimnisse entlockt hat."[34] Ich kann auf diese Behauptungen Freuds, die mir unbewiesen scheinen, nur mit einem ungläubigen Achselzucken reagieren. Eine phänomenologische Betrachtung dieser Träume führt zu einem einzigen, aber sehr wichtigen Ergebnis: Träume von geliebten Toten werden, gleichgültig, ob diese als noch lebend, als tot oder wieder auferstanden empfunden werden, als Wiederbegegnung mit den Gestorbenen erlebt und können, je nach dem Geschehen im einzelnen, zu Trost und Beglückung für den Träumer werden. Im 2. Kapitel habe ich bereits erwähnt, daß meine Frau sehr oft von ihrer Mutter und einem Bruder geträumt hat, die beide gestorben waren, und ich habe immer wieder beobachtet, wie positiv sie von diesen Traumbegegnungen beeindruckt war. Nachdem auch meine Frau gestorben ist, sind mir die zahlreichen Träume von ihr, die sehr bald nach ihrem Tode einsetzten und immer wieder kommen, von größter Bedeutung. Von einem dieser Träume habe ich schon im 1. Kapitel berichtet. Hier möchte ich noch zwei weitere mitteilen. Im ersten kam ich nach Hause in eine Wohnung, welche die unsere, mir aber fremd war. Als ich die Tür geöffnet hatte, kam überraschend aus einer von mir zunächst nicht beachteten Seitentür meine Frau und fiel mir zärtlich um den Hals. Im zweiten Traum kam ich ebenfalls nach Hause. Meine Frau stand im Vorgarten hinter dem Gitterzaun, überreichte mir lachend einen Rosenstrauß und sagte: „Du hast ja vergessen, daß du heute Geburtstag hast!" (Mein Geburtstag fiel allerdings nicht auf den Tag vor dem Traum.) In beiden Träumen empfand ich meine Frau als lebend. Nach Freud wären diese beiden Träume also solche von meinem eigenen Tod gewesen. Ob das nun richtig ist oder nicht, für mich sind es gerade solche mich beglückenden Träume, die es mir überhaupt möglich machen, den schweren Schlag, der mich getroffen hat, zu überstehen und weiterzuleben. Ich möchte schließlich nicht unerwähnt lassen, daß eine der schönsten Erinnerungen an meine tote Mutter aus einem Traum kommt, den ich von ihr hatte.

Der Traum schenkt aber nicht nur das Wiedererscheinen geliebter Toter, alles, was dem Träumer einmal lieb und wichtig war, kann er zurückrufen und wieder lebendig machen, Haus und Garten, Spielsachen, verlorene Bilder und Dinge aus der Kinderzeit. Die Familie meiner Frau besaß, als sie heranwuchs, einen kleinen Foxterrier namens Drolli, den sie über alles liebte. Noch in ihren späten Jahren hat sie – ich habe es schon im 2. Kapitel erwähnt – häufig von dem vor Jahrzehnten gestorbenen Hund geträumt und jedes Mal war ihr das eine große Freude.

Der Traum ist ferner, und darin liegt ein weiterer wichtiger Punkt, der die Traumwelt zu einem Land der Freiheit macht, von phantastischen, der Wachwelt ganz unbekannten Erscheinungen erfüllt. Im 3. und 6. Kapitel ist eingehend dargelegt worden, was der Traumspieler an phantastischen Vorführungen zu bieten hat, Szenerien, die mit Fabelwesen erfüllt, ebenso wunderbar wie schrecklich sein können. Dem Traumerleber können

Abenteuer widerfahren, die es in seiner Wachwelt niemals geben kann, er selbst kann fliegen oder sonst übernatürliche Fähigkeiten entwickeln. Der Traum ist das Land der unbegrenzten Möglichkeiten. Hier ist Utopia, das Land, nach dem sich die Menschen in der Wachwelt heimlich oder offen sehnen, das aber dort, wie sein Name sagt, keinen Platz hat. Im Traum, wo zugleich kein realer Ort und doch für alles ein Platz des Erlebens ist, ist er zu finden.

Man könnte einwenden, daß der moderne Mensch dies Land der Wunder nicht mehr brauche, weil ihm nach dem monotonen Büroalltag die „Traumfabrik" zur Verfügung steht, wie früher das Kino genannt wurde, jetzt aber vor allem das Fernsehen gemeint ist. Dazu ist zweierlei zu sagen: Einmal erlebt der Mensch die Welt des Films, so wunderbar, eindringlich und erstrebenswert sie ihm auch erscheinen mag, als ein außerhalb von ihm abrollendes Schauspiel, dessen Unwirklichkeit er doch erkennt, während er im Traum Wirklichkeit zu erleben meint. Das vermittelt ein ganz anderes und wesentlich intensiveres Erlebnis. Zum zweiten liefert der Film dem Beschauer, so sehr er sich auch bewußt oder unbewußt mit dem Star zu identifizieren sucht, eine fremde Welt, nicht seine eigene. Die Traumwelt ist hingegen, wie wir sahen, des Menschen eigene Welt; hier ist er selbst als Traumerleber zugleich der Hauptdarsteller und auch sein Gegenpart, der Traumspieler, der ihm eine Scheinaußenwelt vorführt, ist ein Stück seines eigenen Ich. In dieser, seiner eigenen Traumfabrik, werden die Stücke produziert, welche die des Träumers selber sind. Und es kommt ein sehr wichtiges Moment hinzu: Der Traum kann die offenen oder geheimen Wünsche des Menschen erfüllen.

Bekanntlich hat Freud die Theorie entwickelt, daß jeder Traum ausnahmslos Wunscherfüllung darstellt. Das trifft, wie schon erwähnt worden ist und später noch näher darzulegen sein wird, in dieser Ausschließlichkeit nicht zu. Aber ohne jeden Zweifel gehört die Erfüllung von Wünschen zu den wichtigsten Inhalten der Träume, und zwar die ganz offene Wunscherfüllung. Im Traum kann der Mensch das ersehnte, im Leben ihm aber versagte Liebesglück finden, die ehrgeizig angestrebte Stellung, das viele Geld, die Lösung ihn quälender Probleme und viele andere Dinge mehr, nach denen es ihn verlangt. Tieck hat gesagt, daß die Menschen im Traum das suchen, was ihnen der Tag versagt,[35] und man kann hinzufügen, daß sie es nicht nur suchen, sondern oft genug auch finden. Dabei wird es sich vielfach um egoistische Wünsche handeln, sie können aber auch ganz anderer Art sein. Ergreifend ist der von Augustinus berichtete Traum seiner Mutter Monica, den sie hatte, als er selbst noch zu ihrem Leidwesen sich, wie er schreibt, im „Schlamm des Abgrunds und in den Finsternissen des Irrtums wälzte". „Sie sah im Traum, wie sie auf einem hölzernen Richtscheit stand und ein herrlicher Jüngling heiter lächelnd auf sie zukam, während sie traurig und gramgebrochen war. Als er sie nach der Ursache ihrer Traurigkeit und ihrer täglichen Tränen fragte – so wie man fragt, um einen guten Rat zu geben, nicht um auszufragen – und sie zur Antwort gab, daß sie meinen Verlust beklage, so hieß er sie ruhig sein und ermahnte sie, aufzumerken und um sich zu sehen: wo sie sei, würde auch ich sein. Sobald sie nun aufsah, sah sie mich wirklich an ihrer Seite auf demselben Richtscheit stehen."[36] Welcher Trost mag dieser Traum für die sorgenvoll liebende Mutter gewesen sein.

Die Fähigkeit des Traumspielers zur Erfüllung der Wünsche des Traumerlebers ist ein Teil einer viel allgemeineren, höchst bedeutsamen Funktion des Traumes, nämlich der der Kompensation, ein Gesichtspunkt, der von der modernen Traumforschung klar herausgearbeitet und allgemein akzeptiert worden ist,[37] aber auch schon früher erkannt war. Gemeint ist damit, daß der Traumspieler fähig ist, das, was dem Menschen im Wachzustand äußerlich oder innerlich fehlt, seine unerfüllten Wünsche, seine Mißerfolge und Niederlagen, seine Insuffizienzen und Mängel im Traum auszugleichen. Um ein primitives Beispiel zu bringen: Der im Leben Darbende wird im Traum mit üppigem Essen bewirtet. Während der Hungerzeit, in der wir nach dem zweiten Weltkrieg lebten, träumte meine Frau oft, sie gehe in eine Konditorei und genieße dort leckeren Kuchen. Schon im Talmud wurde die Vorstellung entwickelt, daß Träume weit über solche primitiven Bereiche hinaus den dramatischen Ausgleich zwischen Innen und Außen vollziehen können und damit kompensatorische Funktion haben.[38] Fichte sprach von „Ergänzungsträumen“ und nannte sie „eine von den geheimen Wohltaten selbstheilender Natur des Geistes“.[39] Es geht darum, daß der Traum das Gleichgewicht zwischen Außen und Innen, zwischem Bewußtem und Unbewußtem, wenn es gestört ist, wieder herzustellen vermag. Das kann durch ausgesprochene Kontrastträume[40] geschehen wie die eben erwähnten Träume Hungernder. Um solche Kontraste handelt es sich auch, wenn Depressive meist heitere und lebhafte Träume haben sollen oder Verbrecher gutartige Träume.[41] Es kann zum Abreagieren und Auflösen von Konflikten und Spannungen durch Verarbeitung der Tageserlebnisse kommen.[42] Erlebtes kann im Traum erstmals als Ganzes zur Geltung gebracht werden.[43] Probleme des Tages können deutlich gemacht und Lösungen für sie gefunden oder wenigstens vorbereitet werden. In der Nacht zum 16. 8. 1979 träumte ich sehr hartnäckig, daß unser Haus, in dem sich leere und halbleere Räume mit beschädigten Wänden und seltsamen Dekorationen zeigten, wie auch ein dazugehöriges Nebengebäude reparaturbedürftig seien und ein Geschäftsmann mich dabei beriet, ich mich aber in einem Zustand der Verwirrung befand und von Reparaturen nichts wissen wollte. Am nächsten Tage wurde mir klar, daß der Traumspieler mich in seiner Bildersprache, die sich nur der Anschaulichkeit wegen des in Wirklichkeit nicht reparaturbedürftigen Hauses bediente, auf die verworrene Verfassung der ausführlichen Disposition zu meiner Schrift über den Traum hinweisen wollte, an der ich gerade arbeitete und deren damalige Unzulänglichkeit ich zwar schon spürte, aber nicht wahr haben wollte. Nun wurde sie mir klar. In ähnlicher Richtung geht es, wenn der Traumspieler sich als eine Art Sicherheitsventil betätigt und dem Überdruck spannungsreicher Antriebe Abfluß schafft.[44] So können Aggressionen aufgefangen und abreagiert, allerlei Schädliches kann unschädlich gemacht werden.[45] Stekel hat sogar behauptet: „Die Menschen müssen Verbrechen träumen, um sie nicht zu begehen."[46] So kann das Traumerlebnis helfende und heilende Kraft entwickeln.[47] Unter dem 12. 3. 1828 berichtet Eckermann in seinen Gesprächen mit Goethe von einem Traum, den er in der Nacht zuvor nach einem Gespräch gehabt hatte, in dem auch von Kräften des Meeres die Rede war. Es war ein Traum, in dem sich der Schläfer in heiterer und glücklicher Stimmung auf eine winzige Felseninsel in herrlicher Landschaft nahe der Küste eines südlichen Meeres versetzt sah, von der er mit Freunden zur Küste schwimmen mußte, nicht ohne vorher als schlechter Schwimmer seinen Körper mit dem eines schönen und kräftigen Jünglings getauscht zu haben. So kam er gut ans Ufer, der andere mit Verspätung. Doch wollte der von Rücktausch der Körper nichts wissen und erklärte, man müsse nur etwas aus sich machen. Den hier gekürzt wiedergegebenen Traum erzählte Eckermann am nächsten Tage Goethe und fügte hinzu: „Ich begreife kaum, wie ich dazu gekommen bin, denn ich fühlte mich alle die Tage her so niedergeschlagenen Geistes, daß die Anschauung eines so frischen Lebens mir sehr ferne stand." Das war ein typisch kompensatorischer Traum, in dem der Traumspieler einen Tagesrest phantasievoll und produktiv ausbaute. Dem im Wachzustand Niedergeschlagenen hilft der Traumspieler wieder auf, läßt ihn durchs Meer schwimmen und belehrt ihn, daß man nur etwas aus sich machen müsse. Ebenso bemerkenswert ist, was Goethe auf die Traumerzählung erwiderte. Zunächst sagte er: „Sie werden gestehen, daß es Ihnen im wachen Zustand schwer würde, etwas so Eigentümliches und Hübsches zu erfinden." Ein sehr richtiger Hinweis auf die schöpferische Phantasie des Traumspielers. Dann aber erklärte er: „Es liegen in der menschlichen Natur wunderbare Kräfte und eben, wenn wir es am wenigsten hoffen, hat sie etwas Gutes für uns in Bereitschaft. Ich habe in meinem Leben Zeiten gehabt, wo ich mit Tränen einschlief; aber in meinen Träumen kamen mir die lieblichsten Gestalten, mich zu trösten und zu beglücken, und ich stand am anderen Morgen wieder frisch und froh auf den Füßen." Schöner und anschaulicher läßt sich die kompensatorische Kraft des Traumes nicht ausdrücken. Die Stelle bei Eckermann zeigt aber auch, zu welchem tiefen Erlebnis Träume dieser Art werden können. So beherrscht auch die für den Traum so wichtige Stimmung, wie schon bemerkt wurde, oft noch offen oder unterschwellig die Stimmungslage nicht nur des nächsten Tages,[48] sondern kann auch auf längere Zeit hin wirken. Traumforscher wie C. G. Jung, aber auch Bjerre und Schultz-Henke geben dem Menschen sogar die Chance, daß er in seinen Träumen und mit ihrer Hilfe in einem Individuationsprozeß zu sich selbst kommt und damit zur Mitte und seiner Identität findet, wie das heute als ein Ziel des Menschen modisch, aber richtig formuliert zu werden pflegt. C. G. Jung hält einen solchen Individuationsprozeß als planmäßigen Vorgang der Persönlichkeitsentwicklung in langen Traumserien, wenn vielleicht auch nur mit Hilfe der Analyse, für durchaus möglich.[49] Für Bjerre dient der Traum als biologisch-synthetischer Assimilierungsprozeß der Lebensentfaltung und Lebensbemächtigung.[50] Nach Schultz-Henke versucht der Traum, das gesamte Antriebsleben zu verwirklichen und neu zu formen.[51] Solche weitgesteckten Ziele und Möglichkeiten, die über die unmittelbare Kompensationsfunktion des Traumes noch weit hinausgehen, mögen wohl nicht häufig erreicht werden und setzen einen bewußten, die eigenen Träume beobachtenden und verarbeitenden Selbstformungsprozeß voraus. An der Kompensationsfunktion des Traumes als solcher kann aber nicht gezweifelt werden. So hat auch ein Vertreter der jungen, meist pessimistischen Künstlergeneration, die sich selbst und uns so oft glauben machen will, daß die Welt nur aus einem Haufen von Scherben und Kot bestehe, einen Band seiner Gedichte „Meridiane der Hoffnung" genannt und es kann sich auch dieser Dichter, Karl Lubominski, der Kompensationswirkung des

Traums nicht entziehen. Eines seiner Gedichte mit der Überschrift „Alltag“ lautet:[52]

> Am Abend bedeckt mich der
> Schleier der Sorge
> am Morgen weckt mich die
> Kühle der Furcht
> Nur in der Nacht, nur in den
> Träumen
> wagt sich die Hoffnung
> manchmal zu mir.

Freilich schickt uns der Traum nicht nur Hoffnung oder die lieblichen Gestalten, von denen Goethe sprach, vielmehr werden im Zusammenwirken von Traumspieler und Traumerleber auch die negativen Seiten des Wach-Ich, seine Schwächen und Fehler, seine Lüste und Begierden, seine Befürchtungen und Ängste aufgedeckt, zumal, wie wir sahen, der Traumerleber nicht unter der Selbstkontrolle des Wach-Ich steht. A. Vetter hat den Traum eine Spiegelung der unteren Welt des Menschen genannt[53] und C. G. Jung schreibt: „Die Begegnung mit sich selber bedeutet zunächst die Begegnung mit dem eigenen Schatten“,[54] wobei Jung mit dem sehr prägnanten Ausdruck „Schatten“ die Negativseite des Menschen, die „dunkle Hälfte der Seele“[55] samt den unmoralischen und bösen Wünschen des Menschen meint. An anderer Stelle schreibt er mit einem ebenso plastischen, schon erwähnten Ausdruck, daß im Traum der „Grundschlamm“ des Menschen heraufkomme.[56] Er zeigt sich unverhüllt. Es ist auch schon erwähnt worden, was v. Siebenthal im Anschluß an P. Schenk schreibt: „Mit der Abdunklung des Bewußtseins kommen die niedrigeren Funktionszentren zur Geltung.“[57] So nimmt es nicht wunder, daß nach den im 7. Kapitel mitgeteilten Untersuchungen die Träume mit negativem Akzent, Unlust- und Angstvorstellungen überwiegen. Nach einer Massenumfrage sollen Angstträume zahlenmäßig an zweiter Stelle hinter den Sexualträumen rangieren.[58] Wenn v. Siebenthal behauptet, daß es kaum einen Traum gebe, in dem die Angst nicht wenigstens mit schwacher Komponente vertreten sei,[59] so erscheint mir das zwar nach dem Material, was ich selbst übersehen kann, zu weit zu gehen. Aber sicher ist, daß der Traum den Menschen nicht nur positive, sondern in beträchtlichem Umfang auch negative Erlebnisse bringt. Doch auch sie sind für den Träumer nicht weniger bedeutsam als die positiven. Einmal können sie zur Verarbeitung und Lösung bedrückender Probleme der Wachwelt führen. C. G. Jung weist auf Träume hin, die er als Reaktionsträume bezeichnet und in denen ein seelisches Trauma, etwa die Erinnerung an Schreckerlebnisse im Krieg, so lange reproduziert wird, bis der traumatische Reiz erloschen ist.[60] Zum zweiten können solche negativen Träume dem Menschen Auskunft über die Situation geben, in der er sich charakterlich, individuell oder sozial befindet, und zwar eine umfassendere Auskunft, als er sie sich selbst im Wachzustand geben könnte.[61] Jung macht auch auf Träume aufmerksam, in denen Menschen, die mehr scheinen, als sie sind, auf ihre „menschliche Richtigkeit" heruntergesetzt werden, Träume negativ kompensierender Art, die Jung als „reduktive Träume" bezeichnet.[62] Die Aufklärung über seine Situation, die der Traum dem Menschen liefern kann, vermag ihm auch wichtige Fingerzeige für sein künftiges Verhalten und sein künftiges Schicksal zu geben. C. G. Jung schreibt, es sei eine prospektive Funktion des Traums „eine im Unbewußten auftretende Antizipation zukünftiger bewußter Leistungen, etwa wie eine Vorübung oder eine Vorausskizzierung" zu liefern.[63] Sein Negativerlebnis kann also für den Menschen nicht minder wichtig sein als das positive Erlebnis.

Nun gibt es nach unseren Feststellungen noch eine Kategorie von Traumerlebnissen, die zwar mit positiven oder negativen Akzenten versehen sein, aber ebenso ohne solche Färbungen auftreten können und die vor allem dazu geführt haben, daß so viele Menschen ihre Träume als bedeutungslos beiseite schieben. Ich meine die widersinnigen, grotesken und unlogischen Träume, von denen im 3. Kapitel die Rede war und dem Traum die Note des „partiellen Wahnsinns“ eingetragen haben. Ich bin der Überzeugung, daß auch Träume dieser Art ihren Erlebniswert haben und daß dieser Erlebniswert hoch sein kann. Wir stehen heute dem Phänomen solcher Träume ganz anders gegenüber, als das einem Wilhelm Wundt möglich war, und auch Freud konnte, als er seine „Traumdeutung“ im Jahre 1900 erstmals herausbrachte, die Entwicklung nicht kennen, die dann einsetzte und zu einer neuen Einstellung auch gegenüber den scheinbar widersinnigen Träumen führen mußte. Ich meine die surrealistische Kunst, wie sie sich vor allem in der Malerei entwickelt hat. Ich brauche hier nur Namen wie Max Ernst, Salvador Dali, Giorgio de Chirico, René Margritte oder den Namen von André Breton mit seinem surrealistischen Manifest von 1924 zu nennen, um deutlich zu machen, was ich meine. Auch das absurde Theater, wie es vor allem mit dem Namen von Eugène Ionesco verbunden ist, ist hier zu nennen. Diese surrealistische und absurde Kunst, in der die gleichen Sinnwidrigkeiten wie im Traum zum künstlerischen Ausdruckserlebnis erhoben werden, wird einerseits ganz bewußt von den Träumen als einer ihrer wichtigsten Quellen gespeist, zum anderen muß sie aber auch wesentlich auf die Bewertung der Traumerlebnisse zurückwirken. Denn diese Kunst zeigt, daß auch das scheinbar Absurde zur seelischen Welt des Menschen gehört und seine Erlebnisbedeutung für ihn hat. Nur der Verstand verschmäht das Absurde, nicht aber die Seele. Affekte, Empfindungen und Gefühle lassen sich auch durch das scheinbar Widersinnige ausdrücken, und zwar möglicherweise anders, nuancierter und eindringlicher als durch das, was der Verstand als sinnvoll akzeptiert. Die Betrachter solcher Kunst werden oft genug von einem sinnlosen oder verrückten Eindruck sprechen, den sie auch von ähnlichen Träumen haben, aber einen „Eindruck“ werden sie, selbst wenn sie sich dagegen wehren wollten, doch verspüren und, was sich da in ihre Psyche „eingedrückt“ hat, wie tief es reicht und was es dort vielleicht auslöst, liegt nicht in ihrer Hand und werden sie auch selten zu sagen wissen. Darauf kommt es aber dann auch nicht entscheidend an. Auch Erlebnisse, die wir nicht verstehen, prägen uns. Angesichts dieser Situation der Kunst kommt es vielleicht nicht von ungefähr, daß das heute auch in gebildeten Kreisen beliebte Modewort „toll", das sich noch bis „irre" steigern kann, einen besonders hohen Grad von Qualität bezeichnen soll. In der Zeit des alten Fontane lautete das etwa entsprechende Modewort, das auch der so wortempfindliche Dichter amüsanterweise in seinen Briefen oft gebrauchte, „kolossal" und dieses Wort allein wirft schon ein charakteristisches Licht auf die wilhelminische Ära. Unsere Zeit hält es mit „toll" und „irre".

Wenn es noch eines Beweises bedurft hätte, wie bedeutungsvoll, ja lebenswichtig seine Traumerlebnisse für den Menschen sind, so haben ihn die amerikanischen Untersuchungen erbracht, von denen schon im 2. Kapitel berichtet worden ist. Nachdem man einmal an den Augapfelbewegungen und anderen Anzeichen feststellen konnte, wann der Traum einsetzt, konnte man auch den Schläfer im Experiment daran hindern zu träumen, indem man ihn im entsprechenden Augenblick weckte. Als höchst bemerkenswert erwies sich die Reaktion der Schläfer auf einen derartigen Traumentzug. Sie reagierten zunächst mit einem erhöhten Traumbedürfnis in den folgenden Nächten und, wenn auch dieses nicht befriedigt wurde, mit nervöser Reizbarkeit oder nervlicher Erkrankung. Weckte man die Schläfer außerhalb der Traumphasen, so traten solche Reaktionen nicht auf.[64] Das ist von größter Bedeutung. Schon 1886 hatte W. Robert die These aufgestellt: „Ein Mensch, dem man die Fähigkeit nehmen würde, zu träumen, müßte in gegebener Zeit geistesgestört werden . . ."[65] Diese These ist durch die amerikanischen Ergebnisse frappant bestätigt worden und sie zeigt, daß der Mensch den Traum zu seiner Existenz braucht. Er ist eine Kläranlage der Seele, er heilt, er kompensiert, er führt zu einer Neuprogrammierung des Gehirns. Der Traum hat eine

„unentbehrliche Ausgleichsfunktion des biologisch-psychischen Haushalts.“[66] Wenn die individualpsychologische Schule Alfred Adlers dem Traum nur „geringen Leistungswert“ zusprechen wollte,[67] so kann das nur als überholt betrachtet werden.

Nun wäre es freilich mit der eben gewonnenen Erkenntnis schwer zu vereinbaren, wenn es Menschen gäbe, die überhaupt nicht träumten. So soll z. B. Nero, wie Sueton berichtet, bis zu der von ihm befohlenen Ermordung seiner Mutter Agrippina keine Träume gehabt haben und auch Lessing soll nie geträumt haben, obwohl in mehreren Stücken von ihm Träume eine Rolle spielen.[68] Bei Neros schlauer Verworfenheit wäre es durchaus denkbar, daß er wahrheitswidrig behauptete, nicht zu träumen, um Unannehmlichkeiten zu entgehen, die ihm durch die zu seiner Zeit kaum vermeidbare Deutung seiner Träume hätten entstehen können. Der Fall Lessings mag liegen wie der vieler Menschen, die nach bestem Wissen behaupten, nie zu träumen. Die amerikanischen Forschungen sollen entgegen der vorausgegangenen Traumforschung ergeben haben, daß jeder Mensch träumt und denjenigen, die sich für traumlos halten, lediglich die Erinnerung an ihre Träume fehlt.[69] So könnte auch die Erklärung dafür, daß Schwachsinnige weniger träumen sollen als geistig Normale,[70] daran liegen, daß ihr Traumerinnerungsvermögen unterdurchschnittlich entwickelt ist. Ich habe schon Zweifel geäußert, ob ein Beweis, daß alle Menschen ohne Ausnahme träumen, gelingen kann. Denn es ist unmöglich, sämtliche Menschen zu untersuchen und bei schon Gestorbenen wie Nero und Lessing schließen sich Untersuchungen von selbst aus. Anderseits spricht ein hoher Grad von Wahrscheinlichkeit für die These des lediglich fehlenden Erinnerungsvermögens, wenn nach den amerikanischen Untersuchungen davon auszugehen ist, daß Traumentzug in allen untersuchten Fällen zu neurotischen Erscheinungen führte, und wenn es, wie es scheint, gelungen ist, in allen Fällen behaupteter Traumlosigkeit diese Annahme als irrig nachzuweisen. Man wird also an der These von der Bedeutung des Träumers für jeden Menschen festhalten dürfen.

Ehe ich das Fazit nicht nur dieses Kapitels ziehe, möchte ich noch einem möglichen Mißverständnis vorbeugen. Man könnte annehmen, daß der Traumspieler die Absicht habe, als ein getreuer Eckart und kluger Warner für sein Wach-Ich aufzutreten, ihm im Schlaf gute Lehren und Fingerzeige für die Zukunft zu geben. Das wäre ein Irrtum. Schon C. G. Jung hat davor gewarnt, den Traum als „eine Art von Psychopompos" zu sehen, „der aus überlegener Kenntnis heraus dem Leben eine untrügliche Richtung zu verleihen imstande sei."[71] Auch v. Siebenthal betont, daß der Traum keine „Absicht" habe und daß „Vorsehung, Vorsatz und Vorausberechnung" nur dem Wachbewußtsein möglich seien.[72] Selbst Bjerre, der mit seiner Theorie von der biologisch-synthetischen Funktion des Traumes der Vorstellung eines steuernden Vorgangs am nächsten kommt, faßt doch den Traum als absichtsloses, biologisches Geschehen auf.[73] Diesen Meinungen ist zuzustimmen. Daß der Traumerleber nicht sein eigener Steuermann sein kann, liegt auf der Hand. Aber auch der Traumspieler ist nach seinen weitgehend irrationalen Vorstellungen grundsätzlich kein rationaler Helfer oder weiser Prophet, sondern, auch wenn wir ihm Gedächtnis und Willen zusprechen mußten, nur einer, der ausdrückt, was das Wach-Ich oder das Unbewußte berührt und bewegt. Insofern können aus seinen Spielen Schlüsse auf Wesen, Situation und Zukunftsanlage des Träumers gezogen werden. Der Traumspieler selbst ist aber nach seinem Wesen nur imstande, etwas zum Ausdruck zu bringen, was das Ich empfangen hat und was in ihm bewußt oder unbewußt lebt, vergleichbar dem, was der Mensch, wiederum bewußt oder unbewußt, in einem Kunstwerk, in seiner Schrift oder sonstigen persönlichen Ausdrucksformen Erscheinung werden läßt. Der Ausnahmefall des Wahrtraums braucht hier nicht berücksichtigt zu werden.

Nach dieser Erörterung kann ich nicht nur die Summe dieses Kapitels, sondern die gesamte Bilanz der bisherigen Ausführungen ziehen, die das enthalten, was ich die Skizze einer phänomenologischen Theorie des Traums genannt habe. Das Ergebnis ist das folgende: Die Traumwelt ist eine höchst wunderbare Gegenwelt zur Wachwelt. Dieser gleicht sie in mancher Beziehung, so daß es weitgehende Ähnlichkeiten zwischen den beiden Welten gibt, doch unterscheiden sie sich auch grundlegend voneinander. Der Mensch lebt danach in zwei verschiedenen Welten und da Erleben zugleich Leben bedeutet, führt er auch zwei Leben. Das eine spielt sich in der Welt ab, die nach unserer Vorstellung die wirkliche ist, das andere in der Scheinwelt des Traumes. Entgegen der Wachwelt ist die des Traumes des Menschen ureigene Welt, auch wenn sich die Wachwelt in ihr spiegelt. Wie in der Wachwelt tritt in der Traumwelt das erlebende Ich einer Außenwelt gegenüber, die im Traum durch ein Teil-Ich inszeniert wird, das ich Traumspieler genannt habe. Beide zusammen gestalten sie wechselseitig das Spiel des Traums. Dieses Spiel zu erleben, das einen Spiegel seines Ich darstellt, ist für den Menschen von vitaler Bedeutung. Wird ihm dieses Erlebnis entzogen, so reagiert er mit nervlichen Störungen. Bei alledem hat das Erlebnis als solches die entscheidende Bedeutung für den Menschen. Ob er, wenn der Traum ihm rätselhaft erscheint, ihn zu deuten versucht oder durch einen anderen deuten läßt, ist für das Erlebnis als solches zunächst ohne Belang. Es erfahren, genossen oder erlitten zu haben, ist das, worauf es ankommt. Um es mit einem Wort zu sagen: Der Traum ist sein Erlebnis.

Ich möchte diesen ersten Teil meiner Schrift mit Worten schließen, mit denen das, was ich in einer nüchternen Darstellung herauszuarbeiten versuchte, in dichterischer Form einen wesentlichen Ausdruck findet. Die Worte stammen von Paula Ludwig und lauten:

„Denn im Traum befreit sich die Seele, und wäre es nur in der Empfindung der Trauer, die sich zur Grenzenlosigkeit einer Wüste ausbreitet: Sie bleibt nicht auf unser Herz beschränkt, und die Umgebung nimmt ihre Farbe an. Wir finden ihre Schattierungen in den dunklen Tannen eines Tals – oder wir spüren sie im kalten Regen, der uns nächtlich überströmt.

Oh die Gefühle der Träumenden! Der ganze Weltraum ergreift Platz in unserer Brust, die Wände unseres Körpers fallen. Wir erleben den Wind wachsender, die Gipfel gesteigerter, die Sterne näher. Wir vermögen uns in fremde Wesen zu verwandeln. Wir kennen plötzlich die Ängste der Nachtfalter, wir beschreiben mit der Anmut der Schwalbe Kurven und himmlische Kreise. Wir dringen ein in die Substanz des Wassers, in die Materie des Steins, in die geheime Ordnung des Kristalls. Vergangene Geschlechter stehen in uns auf."[74]

10. Kapitel

Traum als Erlebnis oder als Geheimsprache?

Mit dem letzten Kapitel hätte diese Schrift schließen können. Es faßte zusammen, was bei dem Versuch einer voraussetzungslosen phänomenologischen Analyse des Traumlebens aus meiner Sicht zu gewinnen ist. Es ist das auch die Sicht des Traumerlebers sowie die des Wach-Ich, wenn der Mensch sich am Morgen seiner Träume erinnert und sie überdenkt. Nur das, was er im Zusammenspiel mit dem Traumspieler erlebte, kann er sich vergegenwärtigen, d. h. das, was Freud den manifesten Inhalt des Traumes genannt hat. Darüber hinaus steht dem Träumer nichts zur Verfügung. Was andere aus seinem Traum heraus- oder in ihn hineinlesen könnten, weiß er nicht, solange er sich nicht in die Hände eines Psychiaters oder sonstigen Traumdeuters begibt. Wie wenige aber tun das, wohl nur psychisch Erkrankte, die vielleicht erst vom Arzt erfahren, daß auch ihre Träume und deren Deutung für ihre Krankheit und deren Heilung Bedeutung haben können. Für die große Masse der Menschen, sofern sie nicht zu fragwürdigen Traumbüchern greifen, gibt es nur ihre Traumerlebnisse und ich habe mich zu zeigen bemüht, welch wichtige Funktion diesen Erlebnissen als solchen für alle Menschen zukommt, selbst dann, wenn sie sich an ihre Träume nicht zu erinnern vermögen. Mit diesem Ergebnis, das ich gewonnen habe, ohne mich auf die Problematik der Traumdeutung einlassen zu müssen, könnte ich mich zufrieden geben. Wenn ich das nicht tue, sondern nun dazu übergehe, einige kritische Gedanken zur Traumdeutung zu entwickeln und mich mit der Theorie der modernen Traumdeutung auseinanderzusetzen, so hat das zwei Gründe. Einmal stehen die Erkenntnisse, die ich bei meiner phänomenologischen Analyse des Traumes gewonnen zu haben glaube, in deutlichem Widerspruch zu der Theorie, die namentlich Sigmund Freud über Struktur und Entstehung des Traumes sehr eingehend und differenziert aufgestellt hat. Eine Auseinandersetzung mit dieser Theorie erscheint mir daher unerläßlich, um meine eigenen Ausführungen nicht einfach so dastehen zu lassen, als gäbe es die moderne, mit so großer Vehemenz in die Vorstellungswelt unserer Väter am Anfang des 20. Jahrhunderts eingebrochene und von empörter Ablehnung zu rückhaltloser Bewunderung emporgestiegene psychoanalytische Traumdeutung nicht. Zum anderen wird mir diese notwendige Auseinandersetzung Gelegenheit geben, meine eigenen Vorstellungen auf einen Prüfstand zu stellen, zu vertiefen und zu verdeutlichen. Ich beginne in diesem Kapitel mit einigen Gedanken zur Traumdeutung überhaupt. Anschließend wird eine gründliche Auseinandersetzung mit Freuds spezieller Theorie folgen.

Wie bereits in der Einleitung gezeigt wurde, scheint Deutung der Träume schon so lange eine Rolle für die Menschen gespielt zu haben, wie sie sich überhaupt mit ihren Träumen beschäftigten. Sieht man von der Moderne ab, so dürfte gerade die Antike die Periode gewesen sein, in der Traumdeutung besonders hoch im Kurs gestanden hat. Ein spezieller Grund mag darin gelegen haben, daß das Numinose und Magische damals eine tiefgreifende und umfassende Rolle spielte. Berge, Wald und Meer waren von über- und außermenschlichen Wesen belebt, von Dryaden, Nymphen, Faunen und vielen anderen, die Götter selbst mischten sich unter die Menschen, zeugten Kinder mit ihnen und griffen überall in ihr Leben ein. Die Welt war voll von Wunderbarem. Und so wurde auch der Traum als Teil dieses Wunderbaren empfunden, der von den Göttern oder Dämonen kommen konnte. Zu diesem, der Traumdeutung günstigen allgemeinen Klima kommen Gesichtspunkte, die auch heute noch zur Deutung reizen. Da ist einmal die eindringliche Bildersprache des Traumes mit ihren zahllosen Sinnwidrigkeiten, die mit Deutlichkeiten vermischt sind und geradezu dazu verlocken, hinter all dem doch einen geheimen Sinn zu suchen. Zum anderen hofften die Menschen, bei einem Erfolg dieser Suche wichtige Aufschlüsse über sich selbst, vor allem aber für ihre Zukunft und ihr künftiges Verhalten zu gewinnen. Es ist schon geschildert worden, wie man in der Antike Traumdeuter heranzog, wenn man vor wichtigen Plänen und deren Verwirklichung stand. So wollte man den Träumen auf den Grund gehen.

In der Moderne war es nun Freud, der ebenfalls, wenn auch in ganz anderer Weise, den Träumen auf den Grund gehen wollte. Er war es, der als erster mit apodiktischer Schärfe die wissenschaftliche These aufstellte, daß hinter den vom Träumer erlebten Erscheinungen, die Freud als den manifesten Inhalt des Traumes bezeichnete, in jedem Falle etwas anderes steht, das, was der Traum eigentlich meine und was Freud die Traumgedanken nannte. Diese These bedeutete, daß jeder Traum einen hinter seiner Erscheinung verborgenen Sinn habe, und bedeutete damit zugleich, daß jeder Traum deutungsbedürftig sei, wenn auch vielleicht nicht stets deutungsfähig. Hier setzt schon der erste Zweifel ein. Wenn sich der Leser an die zahlreichen Träume erinnert, von denen ich in dieser Schrift bereits berichtet habe, so wird er auf nicht wenige stoßen, bei denen er keinerlei Bedürfnis und Anlaß sieht, den manifesten Trauminhalt als deutungsbedürftig anzusehen und hinter ihm nach verborgenen Gedanken zu suchen. Ich werde bei der speziellen Auseinandersetzung mit Freud darauf noch im einzelnen zurückkommen.

Anders freilich sieht das bei Träumen aus, die seltsam,

scheinbar widersinnig und dem Träumer doch merkwürdig und bedeutsam vorkommen. Hier ist der Mensch versucht, seinen vielleicht sehr intensiv erlebten Traum zu hinterfragen. Dennoch werden Zweifel laut, ob das sinnvoll ist und weiterführt. Ich habe schon im letzten Kapitel darauf hingewiesen, daß die moderne Kunst, von Träumen inspiriert, ein positives und fruchtbares Wechselverhältnis zwischen Kunst und Traum geschaffen und uns das Surrealistische und Absurde mit neuen Augen zu sehen gelehrt hat. Nun könnte natürlich auch diese surrealistische und absurde Kunst tiefenpsychologisch gedeutet und angenommen werden, daß sich hinter dem manifesten Inhalt etwa eines Bildes von Max Ernst die eigentlichen, dem Künstler vermutlich unbewußt gebliebenen Gedanken verbergen, deren Deutung den Sinn dieses Kunstwerks erst enthüllte. Man hat ja auch bedeutende Künstler nachträglich einer psychoanalytischen Auseinanderfaltung unterzogen. Ich wage zu behaupten, daß ein derartiges analytisches Sezieren ihrer Werke nicht im Sinne der Künstler ist, und zwar nicht etwa deshalb, weil dabei Elemente und Vorgänge aus ihrem Intimbereich auf eine ihnen unsympathische Weise ans Licht gebracht werden könnten, sondern weil sie meinen würden, daß eine derartige Sektion den eigentlichen Gehalt ihres Werks, der immer einen in seinem Geheimnis nicht enthüllbaren seelischen Kern enthält, stören oder gar zerstören könnte, und weil sie fürchten könnten, daß die Sektion an ihr eigenes Selbst rühren und dessen schöpferisches Zentrum verletzen oder gar lähmen könnte. Mit Recht hat man von den Surrealisten und ihrem Verhältnis zu Freud geschrieben: „Hatten sich diese zuerst mit Freud beschäftigt, so doch in einem Sinne, der sich mit der sie erregenden Schilderung manifester Trauminhalte zufriedengibt. Es ging den Surrealisten nicht um eine rationale Durchdringung dieser manifesten Trauminhalte, sie faßten sie als einen poetischen Mehrwert auf, den die eigentliche Analyse des Traumes nur sezieren und zerstören kann."[1] Das ist genau das, was ich meine, und das Verhalten und die Äußerungen von Künstlern können es nur bestätigen. So schrieb Ernst Barlach am 1. 2. 1936 an Reinhard Piper: Ich kann „über Besprechungen und Beleuchtung meiner Eigentlichkeiten und Wesenshaftigkeit nie ganz froh sein . . . Wie sollte es auch anders kommen? Nicht, daß ich nun eine restlose Aufhellung über mich selbst wünschte – ich möchte ihr eher aus dem Wege gehen."[2] Von Rilke ist bekannt, daß er es ablehnte, sich einer erst erwogenen Analyse zu unterziehen, obwohl ihn bis zu seinem Tode eine enge Freundschaft mit Lou Andreas-Salomé verband, die zum engsten Schülerkreis Freuds gehörte, ein Buch über ihn verfaßt hat und selbst Analysen durchführte. Rilke fürchtete Gefahren für sein Künstlertum. Von einem Arzt, der in ihn zu dringen versuchte, schrieb er am 9. 9. 1914: „Mit Schrecken empfand ich manchmal eine Art von geistigem Brechreiz, den er hervorzurufen bemüht war; es wäre furchtbar, die Kindheit so in Brocken von sich zu geben, furchtbar für einen, der nicht darauf angewiesen ist, ihr Unbewältigtes *in sich* aufzulösen, sondern ganz eigentlich dazu da, es in Erfundenem und Gefühltem verwandelt aufzubrauchen . . ." Lou hat dafür auch Verständnis und schreibt in ihrem Antwortbrief vom 12. 9. 1914: „*Warum* eigentlich und *wodurch* Analyse für alles Produktive verhängnisvoll ist, wurde mir erst in dem letzten Monat klar; eben genau auf die an sich ganz wenigen und bestimmten Unbewältigtheiten kommt es beim Produzieren an und auf ihre, sei es noch so gefährliche, Unberührtheit." Mein Vater, der Maler war, pflegte zu sagen: „Wir Künstler legen die Eier und die Kunsthistoriker hacken sie dann auf." Auch damit ist gemeint, daß die Künstler die Eingaben ihres Dämons oder ihres Unbewußten nicht hinterfragt und zerredet sehen möchten. Von Debussy stammt der Satz: „Die Schönheit eines Kunstwerks wird immer ein Geheimnis bleiben."[3] So sieht der Künstler auch seine Träume. Alfred Kubin schrieb 1924, also zu einer Zeit, in der die psychoanalytische Traumdeutung längst bekannt und anerkannt war: „Eine reiche Fundgrube sind mir Träume. Ich halte sie für schlechthin unergründbar."[4] Der Satz zeigt die enge Verbindung zwischen

Traum und Kunstwerk, zugleich aber Widerstand und Skepsis gegen jegliche Traumdeutung. Sehr bezeichnend ist schließlich, daß der Traumforscher P. Bjerre, der selbst auch Bildhauer war und deshalb zugleich ein originäres Verständnis für die Einstellung des Künstlers hatte, die Meinung vertrat, durch Reduktion sei der Traum überhaupt nicht wesentlich zu fassen und eine mikroanalytische Methode verbiete sich, weil auch ein Kunstwerk nicht durch Zerlegen in seine Teile erfaßt werden könnte.[5] Das heißt mit anderen Worten: Kunstwerke wie Träume sollen nicht gedeutet, sondern erfühlt und erlebt werden.

Das ist es ja auch, was jeder Mensch fortgesetzt erlebt, ohne sich dem entziehen zu können. Seine Träume selbst zu deuten, kann, wenn es Deutung im Sinne der Tiefenpsychologen überhaupt gibt, die große Masse der Menschen nicht. Die Deuter stehen hier vor einem eigentümlichen Dilemma, von dem schon gesprochen wurde. Sie meinen, daß der Traum in einer ausdrucksstarken Sprache Wichtiges für den Träumer sagt und aufdeckt. Aber er tut es seltsamerweise in einer Fremdsprache, die der Träumer nicht versteht, er redet in einer Geheimsprache, die nur der Deuter beherrscht. Dabei ist doch der Traum, selbst dann, wenn man die Aufspaltung in Traumspieler und Traumerleber anerkennt, ein Produkt des eigenen Ich des Träumers. Und er sollte seine eigene Sprache nicht verstehen? Ein paradoxes Phänomen. Wie haben sich die Deuter dazu gestellt? Freud setzt sich nicht näher mit dem Problem auseinander, sondern schreibt lediglich an einer Stelle: „Trotz dieser Vielseitigkeit darf man sagen, daß die Darstellung der Traumarbeit, die *ja nicht beabsichtigt verstanden* zu werden, dem Übersetzer keine größeren Schwierigkeiten zumutet, als etwa die alten Hieroglyphenschreiber ihren Lesern."[6] Welch seltsame und zugleich schiefe Vorstellung! Schief ist sie deshalb, weil die alten Ägypter immerhin, soweit sie lesekundig waren, die Hieroglyphen verstanden; denn es war ihre eigene Schrift. Als deren Kenntnis verloren gegangen war, konnten sie erst nach rund 2000 Jahren wieder gelesen werden, nachdem Champollion beim Zuge Napoleons nach Ägypten den Stein von Rosette entdeckt hatte. Mit der Hieroglyphenschrift des Traumes steht es aber weit schlimmer. Da gibt es nach Freud die ungeheuer komplizierte Traumarbeit, von deren raffinierter Mühsal noch die Rede sein wird, und alle diese millionenfach durch Jahrtausende hindurch geleistete Arbeit blieb verborgen, bis am Ausgang des 19. Jahrhunderts Sigmund Freud die Entzifferung dieser anderen Hieroglyphen gelang. Aber sie wurden dadurch keineswegs für uns alle lesbar. Es bedarf noch immer dieser modernen Hieroglyphenkenner der Seele, um den Menschen zu offenbaren, was ihre Träume eigentlich meinen, und so erfahren es die wenigsten von ihnen. Was soll man damit anfangen? Freuds Antwort steckt nur in dem Nebensatz, den er allerdings gesperrt drucken ließ: Die Traumarbeit beabsichtige ja nicht, verstanden zu werden. Abgesehen davon, daß offen bleibt, wieso eine Arbeit Absichten haben oder unterlassen kann, muß man doch sofort fragen: Wozu dann der ganze Aufwand? Nur für Freud und seine Jünger? Freud gibt hier nicht unmittelbar, aber mit einer Kernthese seiner Theorie eine Antwort, nämlich mit der Behauptung, daß jeder Traum Wunscherfüllung für den Träumer bedeute. Die Brüchigkeit dieser These glaube ich später nachweisen zu können. Wäre sie aber richtig und würde der Träumer sein Erleben auch als Wunscherfüllung empfinden, so könnte ich kaum mehr einen Unterschied zu meiner eigenen Kernthese sehen, daß das Entscheidende für den Träumer sein Erlebnis ist. Doch Freuds Wunscherfüllungstheorie hat die fatale Komponente, daß der Träumer gar nicht merkt, daß ihm seine Wünsche erfüllt werden. Doch davon später.

Und was sagt C. G. Jung zu dem Problem? Auch das ist sehr aufschlußreich. Nachdem Jung den im 7. Kapitel wiedergegebenen Traum des Theologiestudenten vom weißen und schwarzen Magier geschildert und seine eigene, für den Laien erstaunliche und unerreichbare Deutung hinzugefügt hat, schreibt er von dem Träumer: „Glücklicherweise hat er nichts davon bemerkt, daß der Vater aller Propheten zu ihm im Traum sprach und ihm ein großes Geheimnis zum Greifen nahe legte. Man wundert sich wohl, wie unzweckmäßig solche Ereignisse sind. Warum diese Verschwendung? Dazu muß ich nun allerdings sagen, daß wir nicht wissen, wie dieser Traum auf den Studenten auf lange Sicht hin gewirkt hat und sodann muß ich hervorheben, daß mir wenigstens dieser Traum sehr viel gesagt hat. Er dürfte nicht verloren sein, auch wenn der Träumer ihn nicht verstanden hat."[7] Jung hat nur allzu recht, wenn er vermutet, daß „man", d. h. sein Leser, sich wundern wird. Wieso soll es denn ein Glück für den Studenten gewesen sein, daß er seinen Traum nicht verstand, daß er nicht merkte, welch große Persönlichkeit zu ihm sprach und daß er das zum Greifen nahe Geheimnis doch nicht greifen konnte? Hätte er es verstanden, so wäre er vielleicht aus seinen religiösen Schwierigkeiten auch ohne Jungs Hilfe herausgekommen. Daß der Traum Jung „viel gesagt hat", ist ein schlechter Trost. Denn wenn der Student nicht zu ihm gekommen wäre, so würde dieser Traum, der ja der des Studenten war und nicht für Jung geträumt wurde, verloren gegangen sein. Dann hätte der Vater aller Propheten umsonst gesprochen. Allerdings deutet Jung hier doch noch eine positive Möglichkeit an, nämlich die, daß der Traum auf lange Sicht eine Wirkung auf den Studenten ausgeübt haben könnte. An anderer Stelle fragt Jung ebenfalls zunächst: „. . . was soll es dem Träumer nützen, wenn er den Traum doch nicht versteht?" Dann meint er aber, daß „Verstehen kein ausschließlich intellektueller Prozeß" sei.[8] An einer dritten Stelle schreibt Jung, daß der Traum ein „Naturereignis" sei (auch wenn der Vater aller Propheten zum Träumer spricht?) und daß die „Natur keinerlei Neigung bekundet, ihre Früchte gewissermaßen gratis . . . zur Verfügung zu stellen", und setzt dann hinzu: „Vieles wirkt, ohne daß es verstanden wird."[9] Dazu muß man zunächst feststellen, daß die Natur, wenn die von ihr geschenkten Träume unverständlich bleiben müßten, falls der Träumer nicht zu einem Deuter ginge, ihre Früchte nicht nur nicht gratis zur Verfügung stellen, sondern sie geradezu in den Mülleimer werfen würde. Für mich entscheidend aber ist der Satz „vieles wirkt, ohne daß es verstanden wird“, der sich in etwa mit den vorausgegangenen Erkenntnissen deckt, daß man nicht wisse, wie der Traum des Studenten auf lange Sicht auf ihn gewirkt hätte und daß „Verstehen kein ausschließlich intellektueller Prozeß“ sei. Alle diese Sätze laufen nämlich darauf hinaus, daß es für den Menschen darauf ankommt, wie sein Traum auf ihn selbst wirkt, d. h. wie er ihn erlebt. Und das ist genau meine These vom Traum als Erlebnis.

Freilich stände es anders, wenn der Mensch in der Lage wäre, seine Träume auch ohne Vorbildung selbst zu deuten. Das aber sprechen ihm, wie wir gesehen haben, die Tiefenpsychologen gerade ab. Wie soll auch ein Laie imstande sein, einem Traum wie dem vom weißen und schwarzen Magier die Deutung zu geben, die Jung ihm gab, und zwar noch mit der Bemerkung, der Sinn des Traumes sei „unschwer“ zu erraten? Wie sollte der Laie zu der Erkenntnis kommen, daß das aus dem alten Grabmal geborgene Gebein, das sich in ein schwarzes Pferd verwandelte, die Anima ist, also jener von Jung entdeckte und proklamierte Archetyp, von dem auch der gebildete Mensch unserer Zeit keine Ahnung hat, wenn er sich nicht gerade einmal mit Jungs Lehre befaßt haben sollte. Freilich kommt an dieser Stelle eine Unterscheidung in den Blick, die von wesentlicher Bedeutung ist, nämlich die zwischen dem Lesen der Bildersprache des Traums und der Traumdeutung im engeren Sinne, wie die Tiefenpsychologie sie verstanden wissen will. Eingangs des 4. Kapitels ist dargelegt worden, wie der Traum ein vorwiegend optisches Phänomen ist und wie der Traumspieler Gedankliches in Bildern auszudrücken pflegt, so daß jene Bildersprache zustandekommt, die auch der Laie oft genug verstehen kann, ihm aber auch manchmal Schwierigkeiten macht. Mit dem Verstehen dieser Bildersprache, die sie überhaupt nicht oder als nicht ausreichend akzeptiert, begnügt sich die traumdeutende Tiefenpsychologie nicht. Das hat schon der gerade behandelte Traum des Theologiestudenten und seine Deutung durch Jung gezeigt. Ich möchte noch ein weiteres Beispiel bringen, das den Unterschied zwischen der Bildersprache des Traums und deren Verstehen einerseits und der tiefenpsychologischen Traumdeutung anderseits sehr anschaulich demonstriert. Ich meine einen jener typischen, häufig vorkommenden Träume, von denen anschließend noch ausführlich die Rede sein wird, nämlich den Traum, daß man den Eisenbahnzug verpaßt oder ein anderes Verkehrsmittel nicht erreicht. In der Bildersprache bedeutet dieser Traum: „Man kommt nicht mit", und zwar nicht nur mit dem im Traum davonfahrenden Zug, sondern auch, wie man fürchtet, in der Lebenssituation, in der man sich im Wachzustand befindet. In dieser Weise wird der Traum auch z. B. von v. Siebenthal und Gottschalk verstanden.[10] Ganz anders aber Freud. Ihm ist „Abreisen" eines der häufigsten Todessymbole. Erreicht man also den Zug nicht, so ist man noch einmal davongekommen, man braucht nicht zu sterben, es handelt sich um einen Trosttraum gegen die Todesangst.[11] Ich halte diese Deutung schon deshalb für falsch, weil der Träumer, falls er getröstet würde, das Nichterreichen des Zuges mit einem positiven Akzent der Gefühlserleichterung aufnehmen müßte. Tatsächlich hat er aber das enttäuschende und ärgerliche Gefühl, nicht mitgekommen zu sein, ein deutliches Gefühl der Insuffizienz. Wie dem auch sei. Es zeigt sich hier deutlich der Unterschied zwischen Bilder- und Symbolsprache, wie die Tiefenpsychologen sie verstehen. Noch deutlicher wird das, wenn man die Deutung mit heranzieht, die Freuds Schüler Stekel dem Traum vom Zugverpassen gibt. Nach ihm bedeutet der Traum, daß der Träumer den Inzest mit seiner Mutter nicht erreichte.[12] Das ist nun freilich Traumdeutung, die sich weit von einem bloßen Bildersprachenverständnis entfernt und für den Laien unerreichbar ist. Ich werde dem Leser später noch mit einem sehr prägnanten Beispiel für den Unterschied zwischen Traumbildersprache und der ihm von der analytischen Traumdeutung unterstellten Symbolik bekanntmachen, nämlich mit einem sehr charakteristischen Traum Bismarcks, der auch noch in anderem Zusammenhang interessiert.

Das eben gebrachte Beispiel vom Verpassen des Zuges führt zu einem gravierenden Bedenken gegen die moderne tiefenpsychologische Traumdeutung überhaupt, nämlich zu der Feststellung, daß diese Deutung voller Widersprüche steckt und das Bild eines fatalen Durch- und Gegeneinanders bietet. Was soll man denn von einer Deutung halten, die für denselben typischen Traum so verschiedene, miteinander völlig unvereinbare Lösungen offeriert wie im Falle des Traums vom nicht erreichten Zug? Dieses Beispiel ist nun aber keinswegs ein unglücklicher Einzelfall. Die Divergenzen ziehen sich vielmehr durch die gesamte Traumdeutung. Das läßt sich sehr eindrucksvoll an der Art zeigen, wie man versucht hat, die Deutung weiterer typischer Träume zu meistern. Da zeigt sich zunächst ein Gegensatz von grundsätzlicher Bedeutung. Während vor allem Freud und seine Schule dazu neigen, gewisse typische Traumgebilde auf bestimmte Symbole und damit auf eine durchgehende gleichartige Deutung festzulegen und sich damit den alten Traumbüchern annähern, betont demgegenüber C. G. Jung, daß jeder Traum in Verbindung mit der Persönlichkeit des Träumers und seiner Situation aus sich heraus individuell zu deuten sei. Er lehnt jede stereotype Auslegung von Traummotiven ab und erklärt nur spezifische, durch sorgfältige Kontextaufnahme eruierbare Bedeutungen für gerechtfertigt.[13] Allerdings tut sich damit ein gewisser Gegensatz zu seiner Lehre von den Archetypen auf, von denen jeder doch seine bestimmte Grundbedeutung haben soll. Auch v. Siebenthal lehnt eine spezielle Traumsymbolik oder gar ein Symbollexikon entschieden ab und betont, daß Symbole ambivalenten Charakter haben können, so wie Schlange und Drache vertauschbar, einerseits unheimlich und Verderben bringend, anderseits lebenerzeugend und erhaltend.[14] Freud selbst sieht zwar die Problematik einer feststehenden Bedeutung bestimmter Symbole und die „Versuchung, ein neues Traumbuch nach der Chiffriermethode zu entwerfen",[15] lehnt deshalb eine stets feststehende Bedeutung ab[16] und verlangt für die Traumdeutung eine Kombination der Einfälle des

Träumers und der Symbolisierung.[17] Seinem Schüler Stekel, von dessen Deutungsvorstellungen ich schon ein prägnantes Beispiel gegeben habe und der in fast allen Träumen nur Sexuelles sieht, wirft Freud „Neigung zur Verallgemeinerung um jeden Preis" vor.[18] Dennoch arbeitet auch Freud selbst mit einem höchst reichhaltigen und ausgedehnten Katalog von Symbolen für die männlichen und weiblichen Genitalien sowie den Geschlechtsakt.[19] Eine exakte Trennung gibt es dabei nicht. So kann z. B. ein Hut Symbol sowohl für das männliche als auch für das weibliche Genitale sein.[20] So wie Stekel im Bereich der Sexualsymbolik keineswegs mit Freud übereinstimmt, gibt es auf diesem Gebiet noch weitere Uneinigkeit in der Forschung. So neigt v. Siebenthal hier zu einer gewissen Sublimierung, z. B. will er das Auge, das andere vielfach als eindeutiges Sexualsymbol verstehen, flexibler und weiter interpretieren.[21] Auch das Stoßen eines Speers in eine Ackerfurche, eine berühmte Symbolhandlung für den Geschlechtsverkehr, möchte er weitergreifend als „Befruchtung" überhaupt verstanden wissen.[22]

Diese noch keineswegs vollständigen Divergenzen bei den für die Tiefenpsychologen so wichtigen Sexualsymbolen setzen sich fort, wenn es um die Deutung häufig vorkommender Träume und ihrer Symbolik geht. So sieht Freud in den sehr häufigen Flugträumen eine lustbetonte Wiederbelebung der Freude, die man als Kind empfand, wenn man von Erwachsenen in die Luft geworfen und wieder aufgefangen wurde, findet darin aber zugleich eine sexuelle Komponente.[23] Eine ganze Reihe von Forschern nimmt hier hingegen körperliche Ursachen an, allerdings ganz konträrer Art, andere finden darin Zeichen des sexuellen Könnens und Wollens oder allgemein des Hochhinauswollens, wieder andere glauben darin eine Reminiszenz an fernste Vorfahren der Menschheit zu erkennen, wobei man daran anknüpfte, daß sich z. B. Ameisenvölker zur Begattung in die Luft erheben. Nach Stekel ist der Flugtraum vorwiegend Ausdruck des Wunsches nach starker Potenz.[24] Was soll man zu einem solchen Durcheinander von Meinungen sagen? Ich selbst kann all diesen

Auffassungen von Flugträumen noch eine weitere Variante hinzufügen. Bei mir treten derartige Träume häufig mit negativem Akzent als Fluchtträume auf. Um Verfolgern zu entgehen, erhebe ich mich in die Luft und versuche, davonzufliegen. Ein ähnlicher Auslegungswirrwar wie bei den Flugträumen herrscht bei der Auslegung der Fallträume, die Freud unter Anknüpfung an die Wendung der „Gefallenen" fast immer als Zeichen der Nachgiebigkeit gegenüber sexuellen Versuchungen deutet, während v. Siebenthal unter Hinweis darauf, daß Kinder unter 9 Jahren Flug- und Fallträume recht selten, spätere Altersgruppen aber sehr häufig haben, allerdings nur zu 8% Flug-, jedoch zu 14% Fallträume, jeder grob sexuellen Deutung widerspricht und bei der Deutung auf „Steigen" und „Fallen" im weiteren Sinne der Lebensverfassung und des Lebenserfolges abstellt.[25] Stekel hingegen will hier Beziehungen zu Todesgedanken und einen Zusammenhang mit religiösen Motiven sehen.[26]

Noch kontroverser ist die Deutung der häufigen Zahnträume, in denen der Träumer erlebt, daß seine Zähne enorm lang sind, ausfallen, gezogen werden oder abbrechen. Siebenthal[27] schildert dazu eingehend die weit auseinanderklaffenden Meinungen der verschiedenen Traumforscher und schließt dann mit folgendem Katalog der diversen Deutungen: 1. Todeswünsche gegen Verwandte; 2. Oral-aggressive Tendenzen; 3. Onanieersatz; 4. Kastration; 5. Stehenbleiben auf dem Saugstadium als Retardierung; Infantilität, Verlust der Zukunft; 6. Ausdruck des Männlichkeitswunsches (Penisneid); 7. Coitus; 8. Geburtstraum (Todestraum); 9. Verlust allgemeiner vitaler Potenz; 10. Schuldgefühle. Nichts könnte deutlicher als ein solcher Katalog zeigen, auf welch unsicherem Boden eine derartige Traumdeutung steht.

Die Beispiele lassen sich leicht vermehren. So wird der Traum, daß man sich plötzlich nackt oder mangelhaft bekleidet in Gesellschaft oder in der Öffentlichkeit findet und sich dessen schämt, von Freud als ein auf Kindheitserlebnisse zurückgehender Exhibitionstraum gedeutet, den die Zensur unterdrücken möchte.[28] Nach anderen zeigen solche Träume den fehlenden Mut, sich der Welt so zu stellen, wie man wirklich ist. Der Traum weist darauf hin, daß man nicht so ist, wie man sich gibt, sondern wie die anderen sein möchten. Das Gefühl des Selbstwertes, von dem man im Wachen überzeugt ist, erhält einen schweren Schlag.[29] Auch bei den Examensträumen, d. h. bei den Träumen von Menschen, welche die Angst einer Schulabgangsprüfung oder eines sonstigen Examens erlebt haben und in späteren Jahren wieder davon träumen, geht die Deutung weit auseinander. Freud[30] behauptet, daß jeder, der die Maturitätsprüfung abgeschlossen habe, über die Hartnäckigkeit klage, mit welcher der Angsttraum, daß er durchgefallen sei, ihn verfolge. Ich kann diese Erfahrung nicht bestätigen, ebensowenig wie Freuds weitere interessante Behauptung, derartige Träume hätten nur diejenigen, die ihr Examen bestanden hätten, nicht aber solche, die durchgefallen seien. Ich hatte und habe viel Umgang mit Leuten, die Examina gemacht haben, habe aber nie solche Klagen oder Berichte gehört. Ich selbst kann mich nicht erinnern, jemals einen Examenstraum gehabt zu haben, obwohl ich einige Examina gemacht habe und nie durchgefallen bin. Freud deutet diese Träume einerseits als „unauslöschliche Erinnerungen an die Strafen, die wir in der Kindheit für verübte Untaten erlitten haben."[31] Anderseits will er den Traum als Trost in dem Sinne deuten: „Fürchte dich doch nicht vor morgen; denke daran, welche Angst du vor der Maturitätsprüfung gehabt hast, und es ist dir doch nichts geschehen."[32] Schließlich bietet Freud noch eine dritte Version der Deutung an, wonach der Traum den Vorwurf enthält: „Du bist jetzt schon so alt, schon so weit im Leben und machst noch immer solche Dummheiten."[33] Zu diesen drei widerspruchsvollen Deutungen, die Freud bringt, treten noch die wiederum abweichenden anderer Forscher. So bezieht Stekel den Traum auf sexuelle Reife und Erprobung,[34] während Sadgers ihn als Ausdruck von Kastrationsangst deutet und Hirschmann ihn als Zeichen der Inzestfixierung an die Mutter ansieht.[35] Ich könnte die Reihe der Beispiele kontroverser Deutung typischer Träume noch fortsetzen. Vor allem die Angstträume stellen ein besonderes Kapitel dar. Davon soll aber in anderem Zusammenhang ausführlich die Rede sein. Hier soll nur ein bezeichnender Einzelfall vorweggenommen werden. Das Erscheinen von Räubern und nächtlichen Einbrechern im Traum ist nach Freud keineswegs eine Fortsetzung der realen Angst im Wachzustand vor solchen Übeltätern, sondern diese sind im Traum die Menschen, „die das Kind aus dem Schlaf geweckt haben, um es auf den Topf zu setzen.“[36] Mit diesem amüsanten Beispiel will ich die Reihe schließen, die ich dem Leser vorführte. Das erzielte Bild ist eindrucksvoll genug. Die Meinungsverschiedenheiten der Traumforscher sind derart gravierend, daß ihnen allen nur mit größtem Mißtrauen begegnet werden kann. Die gesamte Traumdeutung bewegt sich auf einem so schwankenden Boden, daß von einer Wissenschaft mit einigermaßen gesicherten Ergebnissen überhaupt keine Rede sein kann. Wenn daher ein so anerkannter Psychiater wie Gruhle einmal erklärt hat, die Psychoanalytiker seien Zauberer, Magier und Dichter, die außerhalb wissenschaftlicher Kritik ständen,[37] so ist das gewiß einseitig und verkennt die Verdienste der Psychoanalyse. Für den engeren Bezirk der Traumdeutung sind die Zweifel an der Wissenschaftlichkeit von Methode und Ergebnissen jedoch nicht von der Hand zu weisen. Hingegen erscheint mir der Vorwurf, die Psychoanalytiker seien Dichter, nur vordergründig. Im Gegenteil, geht man den Dingen auf den Grund, dürfte die Gefahr viel größer sein, daß die Psychoanalytiker das Dichterische, das in fast jedem Traum steckt, durch Sezieren zerstören. Ich habe ja schon ausgeführt, daß Kunstwerke, und nicht zuletzt Werke der surrealistischen Kunst, nicht entschlüsselt und entschleiert, sondern erlebt sein wollen und daß dasselbe für die Träume gilt. Durch die Analyse können zauberhaft schöne und wunderbare Träume all ihrer Schönheit beraubt werden. Man nehme nur Freuds eigenen Traum vom Schloß am Meer, den ich im 6. Kapitel mitgeteilt habe. Liest man die Analyse, die Freud diesem Traum hat zuteil werden lassen und die im wesentlichen die Genese der einzelnen Traumelemente aus früheren Wacherlebnissen mosaikartig aufdeckt,[38] so löst sich die dichterische Großartigkeit dieses Traums in Banalitäten auf. So sehr die Genese der einzelnen Traumbausteine zutreffen mag, so hat doch folgendes zu gelten: Ebenso wie man eine Dichtung als Kunstwerk nicht faßt, sondern nur an ihr vorbeigreift, wenn man die Elemente ihrer Entstehung bloßlegt, ebensowenig wird man durch eine solche Sektion dem Erlebnisphänomen Traum gerecht. Ich halte es daher mit dem Züricher Forscher Medard Boss, der sich sowohl gegen Freud als auch gegen C. G. Jung gewendet hat und der es für wichtig hält, den Traum in seinem phänomenalen Bestand in der Sicht zu behalten, ohne vom Wachen her eine vorgefaßte, traumfremde Umdeutungsmethode als Maßstab anzulegen.[39]

Zieht man die Bilanz dieses Kapitels, so zeigt sich, daß der Traumdeutung ganz generell nur mit größter Vorsicht begegnet werden darf. Dem Traum droht durch Analyse, die einer Sektion gleichkommt, ebenso die Gefahr, zerstört statt innerlich verstanden zu werden, wie sie dem Kunstwerk als verwandtem Phänomen droht. Die Traumdeuter sind nicht imstande, das von ihrer Auffassung her unausweichliche Paradoxon, daß das Ich die doch von ihm selbst geschaffene Traumsprache nicht versteht, sondern ihre Deutung kundigen Fremden überlassen muß, befriedigend aufzulösen. Es bleibt ihnen am Ende nichts, als den Menschen auf die Wirkung zu verweisen, die sein Traum auf ihn macht. Auf wie schwankendem Boden eine Traumdeutung steht, die über das bloße Verständnis der Bildersprache des Traums hinausgehen will, zeigt sich, wenn man das Gegen- und Durcheinander der Meinungen betrachtet, in die sich die Tiefenpsychologen bei der Deutung typischer Träume verwickeln. An der Wissenschaftlichkeit solcher Deutungsunternehmen muß gezweifelt werden.

Die Frage, welche die Überschrift dieses Kapitels stellt, sollte daher dahin beantwortet werden: Nehmen wir den Traum als Erlebnis und nicht als das Produkt einer Geheimsprache. Über das Ganze möchte ich das große Wort Goethes aus Wilhelm Meisters Wanderjahren setzen: „Man suche nur nichts hinter den Phänomenen: sie selbst sind die Lehre."

11. Kapitel

Sigmund Freuds Traumdeutung

Im letzten Kapitel habe ich einige kritische Gedanken zur Traumdeutung im allgemeinen entwickelt. Von diesem Ausgangspunkt her möchte ich nun eine spezielle Auseinandersetzung mit Freuds besonderer Theorie über Entstehung und Struktur des Traumes unternehmen. Als Grundlage dafür soll eine gedrängte Zusammenfassung der Lehre Freuds in Form von Thesen dienen. Das hat zwar den Nachteil, daß einiges von dem wiederholt werden muß, was schon im Laufe der bisherigen Untersuchung von Freuds Theorie berichtet worden ist. Dafür ergibt sich der Vorteil, die Theorie gleichsam auf einen Blick geschlossen vor sich zu sehen. Eine solche Zusammendrängung bedeutet natürlich gegenüber einem so umfangreichen, mit zahlreichen diffizilen Details versehenen Werk wie der Traumdeutung eine gewisse Gefahr. Auf der anderen Seite läßt sie die tragenden Gedankengänge deutlicher hervortreten. Außerdem werde ich die Gefahr dadurch zu mildern suchen, daß ich möglichst Formulierungen verwende, die von Freud selbst stammen. Auch er hat im Laufe seines Werkes schon ähnliche Zusammenfassungen gebracht.[1] Die Thesen lauten:

1. Jeder Traum meint in Wirklichkeit etwas anderes als sein *manifester* Inhalt, d. h. als das, was der Träumer als das Traumgeschehen erlebt und was „unser normales Denken . . . einer ersten Deutung unterzieht und dadurch das volle Mißverständnis desselben herbeiführt."[2] Denn „der scheinbare Sinn ist von der wirklichen Bedeutung des Traumes am weitesten entfernt."[3]

2. Der Sinn des Traumes, nämlich das, was er eigentlich meint, ergibt sich erst aus den hinter dem manifesten Inhalt stehenden latenten *Traumgedanken*, deren „ganze Masse“ die „Elemente des Trauminhalts“ bildet.[4] „Die Traumgedanken sind uns ohne weiteres verständlich, sobald wir sie erfahren haben“, „der Trauminhalt erscheint uns als eine Übertragung der Traumgedanken in eine andere Ausdrucksweise“ nach Art eines „Bilderrätsels“.[5]
3. Die „Traumgedanken gehören unserem *nicht bewußt gewordenen Denken* an.“[6]
4. Jeder Traum ist die „absolut egoistische“[7] durch den manifesten Inhalt „verkleidete *Erfüllung*“ eines aus dem Unbewußten stammenden[8] „(unterdrückten, verdrängten) *Wunsches.*“[9] Die „Triebkraft ist alle Male ein zu erfüllender Wunsch“;[10] das Unbewußte kennt „kein anderes Ziel . . . als Wunscherfüllung.“[11] Damit wird vorformuliert, was Freud später generell als das *Lustprinzip* herausarbeitete. Der Traum bleibt Wunscherfüllung, auch „wenn zu den psychischen Traumquellen somatisches Material hinzutritt.“[12] Ein bewußter Wunsch kann „nur dann zum Traumerreger“ werden, „wenn es ihm gelingt, einen gleichlautenden unbewußten zu wecken, durch den er sich verstärkt.“[13]
5. „Der Wunsch, welcher sich im Traum darstellt, *muß* ein *infantiler* sein.“[14] Denn „das Träumen ist ein Stück des überwundenen Kinderlebens.“[15]
6. In einer komplizierten *Traumarbeit*, an der zwei psychische Mächte beteiligt sind, wird von der ersten der Wunsch gebildet, während die zweite, die sogenannte *Zensur*, dafür sorgt, daß der für den Träumer peinliche Wunsch zur Unkenntlichkeit entstellt und verwandelt wird,[16] und zwar vornehmlich durch Verdichtung und Verschiebung der Traumgedanken unter Rücksicht auf Darstellbarkeit in Sinnesbildern und unter einer sekundären Bearbeitung, die aus dem Material etwas wie einen Tagtraum zu gestalten sucht.[17]
7. Doch dringen als „Anknüpfung an den letztabgelaufenen Tag“[18] sogenannte *Tagesreste* in den Traum ein, die einen ganz

anderen Charakter haben können als Wünsche, aber in die Wunscherfüllung eingearbeitet werden.[19] Der Tagesrest hat die Bedeutung, daß die unbewußte Vorstellung nur dadurch in das sogenannte Vorbewußte eintreten kann, wenn „sie sich mit einer harmlosen, dem Vorbewußten bereits angehörigen Vorstellung in Verbindung setzt, auf sie ihre Intensität überträgt und sich durch sie decken läßt. Es ist dies die Tatsache der *Übertragung.*“[20]

8. „Der Traum ist der *Wächter des Schlafes*, nicht sein Störer.“[21] Der Wunsch zu schlafen ist ein Motiv der Traumbildung „und jeder gelungene Traum ist eine Erfüllung desselben.“[22] Die Verwandlung der verdrängten und peinlichen Traumgedanken durch die Traumarbeit ist ein wesentliches Mittel, den Träumer nicht erwachen zu lassen.[23] „Die eigentlichen Störer des Schlafes“ sind die Tagesreste „und nicht der Traum, der sich vielmehr bemüht, den Schlaf zu hüten.“[24]

Mit diesen acht Thesen glaube ich, die Lehre Freuds von Entstehung und Struktur des Traums im wesentlichen und so objektiv, wie mir das möglich war, umrissen zu haben. Bevor ich mich nun der Prüfung dieser Thesen im einzelnen zuwende, möchte ich drei Bemerkungen allgemeiner Art dazu machen.

Die erste Bemerkung betrifft die Terminologie Freuds, die mir in zwei wesentlichen Punkten nicht glücklich erscheint und den Unkundigen verwirren könnte. Ich meine das Begriffspaar Trauminhalt und Traumgedanken. Trotz der Hinzufügung von manifest könnte man in den Irrtum verfallen, mit Inhalt solle die eigentliche Substanz des Traumes bezeichnet werden, während Freud in Wirklichkeit nur das Bild meint, das dem Träumer als sein Erlebnis erscheint und das für Freud nur ein Trugbild ist. Die Traumgedanken scheinen nach ihrer Bezeichnung dem Bereich der Gedankenbildung anzugehören, wenn auch im Unbewußten. In Wirklichkeit handelt es sich, wie dann die 4. These deutlich macht, um Wünsche, d. h. um Elemente aus dem Bereich emotionalen Begehrens, selbst wenn sich diese Elemente, was freilich möglich wäre, in Gedanken niederschlügen. Solches Begehren, etwa das für Freud so wichtige sexuelle, bedarf aber keiner Gedanken, um sich geltend zu machen. Freud hätte eine klarere Terminologie für das, was er meinte, wählen sollen. Vielleicht wäre der Gegenüberstellung von manifestem Trauminhalt und von Traumgedanken ein Begriffspaar wie äußere Traumerscheinung und innerer Traumgehalt vorzuziehen gewesen.

Die zweite Bemerkung ist eine kritisch-methodische. Wie schon in der Einleitung bemerkt, hat Freud seine Erkenntnisse empirisch bei seiner Betätigung als Psychiater und auch nicht zweckfrei, sondern als Mittel zur Heilung psychischer Störungen, namentlich von Neurosen, gewonnen. Das aber brachte es zugleich mit sich, daß die Träume, die er als Material für seine Erkenntnisse kennen lernte, nur selten die psychisch gesunder Menschen waren, sondern ganz überwiegend die von Neurotikern. Daß es gefährlich sein mußte oder zum mindesten sein konnte, aus Träumen solcher Menschen eine allgemein gültige Theorie des Traumes zu entwickeln, war Freud zunächst bewußt. In der Vorbemerkung zur 1. Auflage seines Werkes schrieb er, daß in der Literatur erzählte oder von Unbekannten zu sammelnde Träume für seine Zwecke unbrauchbar sein mußten, und fuhr dann fort: „Ich hatte nur die Wahl zwischen den eigenen Träumen und den meiner, in psychoanalytischer Behandlung stehenden Personen. Die Verwendung des letzteren Materials wurde mir durch den Umstand verwehrt, daß hier die Traumvorgänge einer unerwünschten Komplikation durch die Einmengung neurotischer Charaktere unterlagen."[25] Das war eine richtige Erkenntnis, auf die er im Laufe des Buches auch noch einmal zurückkam[26] und auf die auch Gottschalk aufmerksam macht.[27] Aber Freud hat sich leider nicht an diese Erkenntnis gehalten. Zwar spielen seine eigenen Träume eine wichtige Rolle in seinem Buch, aber neben in der Literatur oder von Dritten mitgeteilten Träumen wimmelt es geradezu von Träumen seiner neurotischen Patienten; man braucht dafür Belegstellen gar nicht zu nennen, weil man ihnen fortgesetzt begegnet. Ja, Freud rückt im weiteren Verlauf seines Werkes von den von ihm zunächst zu Recht hervorgehobenen Bedenken ab. Er fügt nämlich in sein Buch einen Beitrag von A. Robitsek ein, der, ohne daß sich Freud davon distanziert, mit folgenden Sätzen beginnt: „Ein von den Gegnern der Psychoanalyse häufig . . . vorgebrachter Einwand lautet, daß die Traumsymbolik vielleicht ein Produkt der neurotischen Psyche sei, aber keineswegs für die normale Gültigkeit habe. Während nun die psychoanalytische Forschung zwischen normalem und neurotischem Seelenleben überhaupt keinen prinzipiellen, sondern nur quantitative Unterschiede kennt, zeigt die Analyse der Träume, in denen ja bei Gesunden und Kranken in gleicher Weise die verdrängten Komplexe wirksam sind, die volle Identität der Mechanismen wie der Symbole."[28] Freud selbst hat dann auch im entscheidenden VII. Kapitel seines Buches mit Argumentationen aus der Neurosenlehre gearbeitet, um seine Allgemeingültigkeit beanspruchende Traumtheorie zu stützen.[29] Alledem gegenüber muß man gewichtige Bedenken geltend machen. Was Freud selbst als Psychiater am Anfang seines Buches zunächst richtig erkannt hatte, nämlich daß er sich mit seiner Traumdeutung „dem Einwand aussetzen würde, es seien ja nur Träume von Neuropathen, die einen Rückschluß auf die Träume gesunder Menschen nicht gestatten,"[30] kann doch im Laufe seines Werkes kaum falsch geworden sein. Wir haben schon früher gesehen, daß die Träume der Menschen eng mit ihrem Wesen verknüpft sind, daß Künstler anders träumen als Wissenschaftler, Theologen anders als Juristen, vor allem aber auch, daß Krankheiten die Traumstruktur beeinflussen können. Wie sollte da eine psychisch markante Erkrankung wie eine Neurose ein so eminent psychisches Phänomen wie den Traum unberührt lassen? Man kann sich durchaus vorstellen, daß jemand dadurch eine Neurose bekommt, daß er ihn bedrängende, aber für ihn unlösbare Probleme ins Unbewußte verdrängt und daß der Traumspieler sie dann als scheinbar befriedigte Wünsche dem Traumerleber vorführt, aber nur in versteckter Form, um die

Probleme nicht wieder quälend bewußt werden zu lassen. Aber aus einem solchen im Kern neurotischen Phänomen eine generelle Theorie für die Träume psychisch gesunder Menschen herleiten zu wollen, wäre höchst bedenklich. Diese Bedenken werden sich im weiteren Verlauf meiner Untersuchung noch verdeutlichen. Freuds gesamte Theorie ist danach mit einem methodischen Grundfehler belastet.

Mit dieser Feststellung komme ich zu meiner dritten Vorbemerkung, die im Zusammenhang mit der zweiten eine ganz allgemeine Kritik an Freuds Theorie vom Traum enthält. Freud hat erstaunliche, ja für seine Zeit unerhörte Erkenntnisse gewonnen. Er hat dabei aber einen grundsätzlichen Fehler begangen. Er hat immer wieder Erkenntnisse, die zwar für bestimmte Fälle oder bestimmte Gruppen von Fällen Gültigkeit beanspruchen können, aber eben nur für diese, apodiktisch in den Rang allgemein und ausnahmslos geltender Gesetze für das gesamte Traumleben erhoben. Durch diesen grundsätzlichen Fehler, von dem schon früher die Rede war, erhält Freuds Theorie freilich den Anschein eines großartig geschlossenen und imponierenden Gebäudes. Aber bei näherer Untersuchung zeigen sich alsbald die häufig nur durch Dialektik zugedeckten Risse und Löcher in diesem Bauwerk.

Das tritt sofort zutage, wenn man die Thesen, die Freuds Theorie wiedergeben, im einzelnen kritisch untersucht. Ich beginne dabei mit den zusammengehörenden ersten beiden Thesen, wonach der Traum in Wirklichkeit etwas anderes meint als sein manifester Inhalt und sich sein Sinn erst aus den dahinter stehenden Traumgedanken ergibt. Es läßt sich schwer bestreiten, daß es Träume solcher Art gibt, in denen, um mit meiner Terminologie zu sprechen, der Traumspieler dem Traumerleber eine maskierte Szene vorspielt, hinter deren Schein ein versteckter Gehalt steckt. In aller Regel ist es aber nur eine Bildersprache, deren sich, wie wir sahen, der Traumspieler gern bedient. Freud hat sich auch mit seinen Thesen nicht einmal bei allen seinen Schülern durchsetzen können. Man braucht nur auf die von v. Siebenthal verzeichneten kritischen Stimmen hinzuweisen, denen dieser selbst sich anschließt, vor allem auf C. G. Jung, nach dessen Urteil der manifeste Traum den ganzen Sinn birgt und keineswegs nur eine „Traumfassade" ist.[31] Auch Freud selbst hat Äußerungen getan, die schlecht zu seiner apodiktischen These passen. So schreibt er an einer Stelle: „Alles, was sich als scheinbare Betätigung der Urteilsfunktion in den Träumen vorfindet, ist nicht etwa als Denkleistung der Traumarbeit aufzufassen, sondern gehört dem Material der Traumgedanken an und ist von daher als fertiges Gebilde in den manifesten Trauminhalt gelangt."[32] Wäre das richtig, so würde angesichts der früher geschilderten Tatsache, daß im Traum sehr viel Denkleistungen vorkommen, ein nicht kleiner Teil der Traumgedanken fertig, d. h. also doch unentstellt in den manifesten Trauminhalt gelangen und die Enstellungsarbeit am Rest der Traumgedanken zum mindesten erheblich erschweren. An einer anderen Stelle schreibt Freud sehr grundsätzlich: „Das ist aber der allgemeinste und auffälligste psychologische Charakter des Träumers; ein Gedanke, in der Regel der gewünschte, wird im Traum objektiviert, als Szene dargestellt oder, wie wir meinen, erlebt."[33] Das ist ein Satz, den ich im wesentlichen unterschreiben könnte. Aber wie paßt er zu Freuds Thesen, daß dem Träumer die Traumgedanken nur in entstellter und versteckter Form serviert werden? So entstellt könnte der Träumer den Traumgedanken gerade nicht „erleben" und schon gar nicht als Erfüllung seines Wunsches. Mir scheint, daß Freud seine eigenen Thesen zuweilen aus den Augen verliert.

Wie dem auch sei. Sicher scheint mir, daß es Träume gibt, deren manifester Inhalt zugleich ihr voller und unentstellter Gehalt ist. Ich möchte sie offene Träume nennen und dafür folgende Gruppen von Beispielen anführen: Da sind zunächst die schon verschiedentlich erwähnten Träume, in denen sich eine tagsüber lange Zeit durchgeführte gleichförmige Tätigkeit in den Traum hinein ohne weitere Zusätze fortsetzt wie Beerenpflücken, Tennisspielen, Rasenmähen, Kartenspielen und dergleichen mehr. Hier füllen die Tagesreste den Traum völlig aus, so daß für Traumgedanken im Sinne Freuds und deren Entstellung durch eine komplizierte Traumarbeit keinerlei Raum bleibt. Es sind das Träume, die ein Erlebnis, das den Tag über Gebühr füllte und die Psyche gewissermaßen auf eine Einbahnstraße setzte, ausklingen lassen. Insofern sind sie durchaus harmlose Träume und Freuds Behauptung, es gebe grundsätzlich keine solchen,[34] läßt sich nicht halten. Die zweite Kategorie offener Träume möchte ich als Erinnerungsträume bezeichnen und dafür folgende Beispiele bringen. Im Jahre 1978 nahm ich in Heidelberg an der Gedächtnisfeier für einen bedeutenden Gelehrten teil, bei der ich viele Bekannte aus früherer Zeit wiedersah. Einige Wochen danach träumte ich diese Feier mit vielen Einzelheiten noch einmal. Ich konnte an diesem Traum nichts feststellen, was auf eine Entstellung von Traumgedanken hinwies. Der Traum wiederholte lediglich ein Erlebnis, das mich beeindruckt hatte. Auch C. G. Jung spricht von Träumen, die „bloße Erinnerungsbilder“ darstellen. Es ist ja auch bekannt, daß Erlebnisse von besonderer Intensität, vor allem Gefahrensituationen im Kriege und ähnliche Schockerlebnisse, den Menschen noch lange in seinen Träumen verfolgen können, und zwar völlig unentstellt. C. G. Jung nennt sie Reaktionsträume und weist darauf hin, daß hier ein Trauma so lange reproduziert werde, „bis der traumatische Reiz völlig erloschen ist.“[35] Ein typisches Beispiel ist der Fall einer Stewardess, die sich in der in Mogadiscio befreiten Lufthansamaschine befand und noch lange Zeit von Träumen geplagt wurde, in denen sie die damalige dramatische Situation immer wieder durchlebte.[36] Bei solchen Träumen ist der manifeste Inhalt zugleich der gesamte Inhalt des Traumes und keinerlei Entstellung irgendwelcher versteckter Traumgedanken.

Eine vielleicht noch wichtigere Gruppe der Freuds Thesen entgegenstehenden Träume ist die überaus häufige der offenen Wunscherfüllung. So hat Franken 1907 festgestellt, daß bei Männern 25% der Träume Wunscherfüllungen darstellen, während die Zahl bei den Frauen sogar 42% beträgt; Rizzolo kam 1924 zu dem Ergebnis, daß 25% aller Träume Wunscherfüllungen zum Inhalt haben.[37] Dabei hat es sich mit Sicherheit um offene Wunscherfüllungen gehandelt. Denn maskierte lassen sich statistisch nicht feststellen, weil sie dem Träumer gar nicht als solche zum Bewußtsein kommen. Freud trifft gewiß Richtiges, wenn er dem Traum die Funktion der Wunscherfüllung zuweist. Nur ist das nicht bei allen Träumen der Fall und, wenn es zutrifft, wird der Wunsch in einer riesigen Zahl von Träumen keineswegs versteckt, sondern ganz offen erfüllt. Freud hat das selbst erkannt und sogar von „einer Scheidung der Träume in zwei Gruppen" geschrieben, solchen, „die sich offen als Wunscherfüllung gaben; andere, deren Wunscherfüllung unkenntlich, oft mit allen Mitteln versteckt war."[38] Freud schwächt diese Erkenntnis jedoch dadurch ab, daß er die unentstellten Wunschträume im wesentlichen nur Kindern zugesteht, die mit infantiler Intensität zu wünschen vermögen, während die Erwachsenen „mit der fortschreitenden Beherrschung" des „Trieblebens durch die denkende Tätigkeit auf die Bildung . . . so intensiver Wünsche . . . als unnütz immer mehr verzichten."[39] Diese Prämisse ist falsch. Auch der Erwachsene kann mit mindestens gleicher, vielleicht oft sogar größerer Intensität als das Kind von Wünschen beherrscht werden, etwa wenn es um sein Leben, seine Gesundheit oder Freiheit oder die eines geliebten Menschen geht, der sich in einer Gefahrensituation befindet, aber auch in dem Bereich, von dem Freud den Großteil der Träume erfüllt glaubt. Eine nicht erwiderte Liebe doch noch erfüllt zu sehen, kann zu einem so intensiven Wunsch werden, daß ein Mensch, wenn er endgültig enttäuscht wird, auch in unserer gefühlskalten Zeit zum Mörder oder Selbstmörder werden kann. Beispiele gibt es genug. Ist also schon Freuds Prämisse verfehlt, so hängt seine Lösung, selbst wenn die Prämisse zuträfe, in der Luft. Freud schreibt nämlich: „Ich stelle mir vor, daß der bewußte Wunsch nur dann zum Traumerreger wird, wenn es ihm gelingt, einen gleichlautenden unbewußten zu wecken, durch den er sich verstärkt."[40] Das ist nichts als eine Hypothese, die unbewiesen bleibt, etwas, was sich Freud, wie er selbst schreibt, so „vorstellt". Außerdem verläßt der Gedankengang die Ausgangsproblematik. Es geht doch um das offene Träumen von Wunscherfüllung, nicht um das Umsetzen eines bewußten Tageswunsches in einen Traum. Auch ein unbewußter Wunsch kann im Traum offen erfüllt werden. Ein Mann liebt ein Mädchen, ohne sich dessen bisher ganz bewußt geworden zu sein. Ein offenes Liebeserlebnis mit diesem Mädchen im Traum öffnet ihm die Augen. Freud vertauscht hingegen die Frage der offenen Wunscherfüllungsträume mit dem Problem der Erfüllung bewußter Tageswünsche im Traum. Eine solche Erfüllung könnte nach Freuds Thesen immer nur in entstellter Form vor sich gehen. Aber er ist sich seiner Sache offenbar nicht sicher. Das zeigt sich auch an anderer Stelle, wo er erwähnt, daß die Zensur versagen und eine Verwandlung ausbleiben kann, „weil andere einwandfreie Gedankengänge ... gleichfalls in Befriedigung ausgehen".[41] Damit wird nicht nur eingeräumt, daß es entgegen Freuds schon zitierter Behauptung mindestens partiell harmlose Träume gibt, sondern auch, daß „einwandfreie Gedankengänge" im Traum verwandelt auftreten können. Das aber ist eine Einschränkung und Konzession von großer Tragweite, mit der Freud seine so apodiktische These von der ausnahmslosen Entstellung der Traumgedanken, d. h. der Wünsche, im Ergebnis weitgehend aufgibt. Denn bei einem Großteil der offenen Wunscherfüllungsträume handelt es sich um „einwandfreie" Wünsche. Wenn ich etwa, wie schon berichtet, davon träume, daß ich viel besser Ski fahre oder schwimme, als das im Wachzustand der Fall ist, oder wenn ich im Traum schöne Versteinerungen, Mineralien oder Münzen finde oder im Antiquariat seltene Bücher aufstöbere, so sind das gewiß Erfüllungen „einwandfreier" Wünsche. Dasselbe gilt, wenn ich mir wünsche, von meiner gestorbenen Frau zu träumen, und der Wunsch geht offen in Erfüllung. Ich erinnere weiter an schon geschilderte Träume, so an den meiner Frau, die sich in unserer

Hungerzeit nach dem Kriege nicht selten in eine Konditorei versetzt sah, wo sie sich an leckerem Kuchen delektierte. Vor allem erinnere ich an den Traum der Mutter des Augustinus, die ihren sehnlichsten Wunsch, ihr Sohn möge seinen sündigen Lebenswandel aufgeben und zu einem Gott wohlgefälligen Leben finden, erfüllt sah, übrigens ein Beispiel dafür, daß es entgegen Freuds Behauptung durchaus Träume gibt, die nicht „absolut egoistisch" sind. Sollte in all den geschilderten Fällen nur ein versteckter Wunsch aus der infantilen Sphäre das Vehikel für den einwandfreien Wunscherfüllungstraum abgegeben haben? Die Frage stellen, heißt sie verneinen. Auch bei einem anderen Wunscherfüllungstraum, der Freuds Vorstellungswelt näher liegt, ist derartiges nicht anzunehmen. Tritt im Schlaf Blasenreiz auf und führt der Traumspieler den Traumerleber an einen entsprechenden Ort, wo er sein Bedürfnis befriedigen kann, so geht es zweifellos um Erfüllung eines einwandfreien Wunsches, der erst im Schlaf aufgetreten ist und mit dessen scheinbarer Erfüllung der Traumspieler den Traumerleber am Schlaf festhalten möchte. So weit ist das durchaus im Sinne Freuds. Wieso es aber zu dieser offenen Wunscherfüllung nur dann kommen sollte, wenn sich mit dem Wunsch nach Blasenentleerung mitten im Traum noch ein entstellter Wunsch koppelte, ist unerfindlich.

Vor allem scheitert Freuds Koppelungstheorie an den offenen Sexualträumen. Es ist schon erwähnt worden, daß nach Umfrageergebnissen Sexualträume in der Häufigkeitsliste aller Träume an erster Stelle stehen[42], ein Ergebnis, das Freuds Forschungen durchaus entgegenkommt. Nur sind die so statistisch erfaßten Sexualträume mit Sicherheit offen. Denn wenn die Wunscherfüllung „unkenntlich und mit allen Mitteln versteckt" war, weiß der befragte Laie gar nicht, daß es sich um einen Sexualtraum handelt. Ich habe das schon oben klargestellt. Man kann also davon ausgehen, daß Sexualträume in größter Zahl offen geträumt werden, und in diesem gerade für Freud so wichtigen Bereich werden seine Thesen widerlegt. Denn hier ließe sich wohl kaum behaupten, daß der offene oder unbewußte Sexualwunsch, den man ja auch in aller Regel als „einwandfrei“ anerkennen muß, sich nur dann offen durchsetzen könnte, wenn er sich mit einem verdrängten Wunsch aus der Infantilsphäre koppelte. Sexualwünsche stammen ja nach Freud ohnehin aus der Infantilsphäre. In diesem Zusammenhang sind Experimente von Interesse, bei denen man Versuchspersonen in Hypnose aufgetragen hat, sexuelle Träume zu produzieren. Solche Versuche hatte zunächst Schrötter 1912 mit dem Ergebnis unternommen, daß eine seiner Versuchspersonen derartige Träume in der von Freud postulierten Symbolform produzierte, und zwar sowohl dann, als der hypnotische Befehl ausdrücklich Symbolform forderte, aber auch dann, als dieser Zusatz wegblieb. Roffenstein, der die Beweiskraft dieser Versuche anzweifelte, weil er meinte, die Versuchspersonen Schrötters seien mit Freuds Lehre vertraut gewesen und hätten gewußt, worauf der Versuchsleiter hinaus wollte, wiederholte deshalb 1923 die Versuche. Es gelang ihm auch, mit einer einwandfreien Versuchsperson, die nichts davon ahnte, worauf es ankam und der er in Hypnose auftrug, sexuelle Träume in verkleideter Form zu produzieren, fünfmal einen vollen Erfolg im Sinne Freuds zu erzielen. Hingegen mißlangen seine vorher mit anderen Versuchspersonen angestellten Experimente völlig, „grobsexuelle Vorgänge kamen in unverkleideter Form zum Ausdruck, und zwar auch dann, wenn ausdrücklich die symbolische Darstellung anbefohlen worden war.“ Solche Mißerfolge erzielten auch weitere von Roffenstein genannte Forscher wie Dattner und Schilder.[43] Nach meinem Dafürhalten sind diese Experimente in keiner Weise geeignet, Freuds Grundthesen zu bestätigen. Schrötters Versuche erscheinen nicht einwandfrei. Wenn aber bei den Experimenten der drei anderen Forscher trotz des durch die Hypnose ausgeübten Druckes, sexuelle Szenen verstellt zu träumen, nur eine einzige Person diesem Befehl einwandfrei nachkam, während die übrigen Versuchspersonen, die ja nach Freud auch ohne Hypnose einen abweichenden manifesten Inhalt hätten träumen müssen, grob sexuelle Träume produzierten oder sonst versagten, dann liegt es wohl auf der Hand, daß die große Masse der Menschen, denen kein Hypnotiseur gebietet, nur in verstellter Form zu träumen, ihre Sexualträume in offener Form erlebt. Warum sollte auch der Mensch, der zwar nicht nur, aber auch ein Sexualwesen ist, nicht Sexualträume haben dürfen, und zwar in ganz offener Form? Er hat sie. Damit aber kommen Freuds Grundthesen, soweit sie Allgemeingültigkeit beanspruchen, zu Fall.

Zum gleichen Ergebnis führen weitere Gruppen offener Träume. Da sind im Anschluß an die eben beschriebenen Experimente die suggerierten Träume zu nennen. Daß es sie gibt, ist schon im 8. Kapitel gezeigt worden. Wenn also dem Schläfer z. B. suggeriert wird, von einem Boxkampf zu träumen, und er tut es auch, so ist evident, daß dieser Boxkampf der einzige Inhalt des Traumes ist und nicht etwa nur ein Schein, hinter dem sich ganz andere, kompliziert zustande gekommene Traumgedanken verbergen. Eine weitere Gruppe bilden die Problemlösungsträume, von denen ich im 6. Kapitel eine Reihe von Beispielen gebracht habe. So träumte Kékulé den Benzolring zwar in der Bildform einer Schlange, aber dieser manifeste Inhalt enthielt die angestrebte Lösung und hinter diesem Inhalt gab es keine verborgenen Traumgedanken. Ferner sind die Träume von Archetypen anzuführen, von denen im 7. Kapitel ausführlich die Rede war. Sollte es sie geben, so sind die Archetypen zwar selbst Symbole, aber keineswegs entstellte Traumgedanken. Auch v. Siebenthal bemerkt richtig, daß archetypische Traumbilder nicht durch Verdrängung erklärbar seien.[44] Sie stehen für sich selbst. Schließlich sind noch die im 7. Kapitel behandelten Wahrträume zu nennen. Es blieb dort offen, ob es sie gibt. Sollte das aber der Fall sein, was mindestens hinsichtlich der telepathischen Träume kaum angezweifelt werden kann, so meinen diese Träume das, was sie den Träumer erleben lassen, und sind alles andere als ein Scheininhalt, in den sich Traumgedanken ganz anderer Art verwandelt haben.

Damit hat die Prüfung der ersten beiden Thesen Freuds zu einem eindeutigen Ergebnis geführt, nämlich dem, daß es zum mindesten zahlreiche Gruppen offener Träume gibt, bei denen das Traumerlebnis auch den ganzen Gehalt des Traumes darstellt und nicht nur die Scheinfassade dahinter verborgener Traumgedanken. Diese Träume machen, wie allein die Sexualträume, quantitativ einen sehr hohen Prozentsatz aus. Die zwei ersten Thesen Freuds lassen sich also mindestens insoweit nicht halten, wie sie Anspruch auf ausnahmslose Gültigkeit erheben. Mit diesem Gültigkeitsanspruch brechen aber wesentliche Säulen zusammen, auf denen Freuds gesamtes Gedankengebäude ruht. Die Ausschließlichkeitsthese, daß jeder Traum etwas anderes meine als sein manifester Inhalt, mußte auch Freud und seine Schüler in die Irre führen. Ihre Folge war das, was ich als Deutungsmanie der Psychoanalytiker bezeichnen möchte. Bei keinem Traum durften sie sich mit dessen manifestem Inhalt oder dem begnügen, was der Traumspieler in seiner Bildersprache vorführte. Stets mußte, auch wenn das noch so absurd erschien oder zu absurden Ergebnissen führte, nach den angeblich versteckten Traumgedanken gesucht werden. In Freuds Buch finden sich dafür zahlreiche Beispiele, die nur bei glaubensstarken Freudanhängern auf Zustimmung rechnen können, aber bei unvoreingenommenen Lesern von heute, auch wenn sie die Erkenntnisse der Tiefenpsychologie vielfach zu akzeptieren bereit sind, nur auf Kopfschütteln stoßen werden. Ich kann diese Beispiele nicht alle behandeln und verweise in der folgenden Anmerkung auf einige Stellen bei Freud, wo sich derartige Deutungen finden.[45] Doch möchte ich aus den Traumbeispielen, die mir für die Deutungsmanie der Freud-Schule charakteristisch erscheinen, wenigstens das folgende Paradestück herausgreifen und ausführlich behandeln.

Es geht um den schon oben und in der Theorie häufig erwähnten Traum Bismarcks, für Freud und seine Anhänger ein Beispiel dafür, daß die Traumsymbolik auch für die Träume psychisch Gesunder Geltung hat und „daß dem Sexuellen fernabliegende Gedanken durch infantil-sexuelles Material zur Darstellung gebracht werden",[46] für mich freilich ein charakteristisches Beispiel dafür, welch entscheidende Bedeutung dem Traumerlebnis für den Träumer zukommt und wie sinnlos sexuelle Elemente von Psychoanalytikern in Träume hineingezwungen werden, in denen Sexualität keinerlei Rolle spielt. Der Traum, den Bismarck schon 1863 träumte, wurde durch einen Brief bekannt, den er erst am 18. 12. 1881 an Kaiser Wilhelm I. schrieb.[47] Der Brief hat folgenden Wortlaut:

„Eurer Majestät Mitteilung ermutigt mich zur Erzählung eines Traumes, den ich Frühjahr 1863 in den schwersten Konflikttagen hatte, aus denen ein menschliches Auge keinen gangbaren Ausweg sah. Mir träumte, und ich erzählte es sofort am Morgen meiner Frau und anderen Zeugen, daß ich auf einem schmalen Alpenpfad ritt, rechts Abgrund, links Felsen; der Pfad wurde schmäler, so daß das Pferd sich weigerte, Umkehr und Absitzen wegen Mangel an Platz unmöglich; da schlug ich mit meiner Gerte in der linken Hand gegen die glatte Felswand und rief Gott an; die Gerte wurde unendlich lang, die Felswand stürzte wie eine Kulisse und eröffnete einen breiten Weg mit dem Blick auf Hügel und Waldland wie in Böhmen, preußische Truppen mit Fahnen und in mir noch der Gedanke, wie ich das schleunig Eurer Majestät melden könnte. Dieser Traum erfüllte sich und ich erwachte froh und gestärkt aus ihm."

Der Traum, gegen dessen exakte Wiedergabe nach mehr als 18 Jahren gewisse Bedenken bestehen (man beachte am Schluß die Wendung „Dieser Traum erfüllte sich und ich erwachte"), ist von Freud in sein Buch aufgenommen, aber nicht von ihm selbst analysiert worden. Er gibt vielmehr eine von einem Dr. Hanns Sachs stammende Analyse wieder, der er selbst aber beifällig zustimmt. Bismarcks Traum spricht für sich selbst. Daß er ein Wunscherfüllungstraum par excellence ist, liegt auf der Hand. Insofern entspricht er dem Postulat Freuds. Hingegen lassen sich, jedenfalls für einen nicht der Psychoanalyse verfallenen Beurteiler, Traumgedanken, die als eigentlicher Gehalt in das manifeste Traumbild unter entsprechender Entstellung verwandelt wurden, nicht feststellen. Der Traum spricht zwar eine Bildersprache, sie ist aber für den Träumer selbst und für jeden Laien sofort und klar verständlich, sie entstellt nichts, sondern verdeutlicht das Traumerlebnis in höchst anschaulicher Weise. Die politische Situation Bismarcks in seinen „schwersten Konfliktstagen" im Frühjahr 1863 versinnbildlicht der Traumspieler durch den Ritt, den er den Traumerleber auf dem unwegsamen Alpenpfad unternehmen läßt, wo zwischen Abgrund rechts und Felsen links eine ausweglose Situation entsteht, so daß das Pferd verweigert. Ob das Tier vielleicht Bismarcks politische Helfer verkörpert, die in der politisch kritischen Situation zurückschrecken, kann dahingestellt bleiben. Sicher ist, daß der Traumerleber sich entgegen der Annahme von Sachs nicht mit dem Pferd vergleicht, sondern sich nur als dessen Reiter fühlt. Entscheidend ist der zweite Teil des Traums, in dem es Bismarck gelingt, durch den Schlag mit seiner Reitgerte gegen die glatte Felswand unter Anrufung Gottes zu erreichen, daß der Fels wie eine Kulisse stürzt und einen breiten Weg öffnet, der in eine Vision des späteren Krieges mit Österreich 1866 ausmündet. Ein eindrucksvolles Beispiel dafür, wie der Traumerleber durch eigenes Handeln die Traumentwicklung entscheidend beeinflussen kann. Daß die so herbeigeführte Wendung des Traums für den Träumer und jeden unbefangenen Beurteiler bedeutet, es werde dem Kanzler gelingen, durch seine Kraft und Gottes Hilfe die scheinbare Felswand seiner politischen Schwierigkeiten zu Fall zu bringen und den Weg zu seinen kleindeutschen Zielen zu öffnen, liegt offen zutage und ist vor allem dem Träumer selbst klar, der „froh und gestärkt" aus dem Traum erwacht, einem für ihn ermutigenden und als prophetisch empfundenen Erlebnis. Mehr brauchte dazu nicht gesagt zu werden.

Anders freilich der Psychoanalytiker. Schon, daß der Träumer auf einem „Alpenpfad" reitet, glaubt Sachs dahin deuten zu dürfen, daß Bismarck „damals wohl schon" wußte, daß er seinen nächsten Urlaub in Gastein zubringen und dort „mit einem Schlage von allen lästigen Staatsgeschäften"[48] befreit sein werde; insofern ziele der Traum schon insofern auf Wunscherfüllung. Bereits diese Deutung erscheint mir abwegig. Abgesehen davon, daß man den nach vielen Jahren niedergeschriebenen Traum nicht auf ein einzelnes Wort festlegen darf, meint der Alpenpfad nach dem Gesamtzusammenhang nichts anderes als einen gefahrvollen Engpaß, der Bismarcks politische Konfliktsituation darstellt. Hoffnung auf Urlaub paßt dazu in keiner Weise. Im übrigen kennt Sachs Politiker vom Schlage Bismarcks schlecht, wenn er meint, im Urlaub werde sich solch ein Mann „mit einem Schlage von allen lästigen Staatsgeschäften" befreit fühlen. Sorgen von diesem Ausmaß verlassen einen Staatsmann auch im Urlaub nicht. Die besondere Aufmerksamkeit des Psychoanalytikers Sachs wie auch die von Freud selbst erregt natürlich des Träumers Reitgerte, die in der üblichen Symboldeutung sofort als Phallus entlarvt wird, wobei jeder Zweifel dadurch ausgeschlossen wird, daß die Gerte „unendlich lang" wurde, also die „auffallendste Eigenschaft des Phallus, die Ausdehnungsfähigkeit" besaß. „Die Übertreibung . . . ins Unendliche" scheint auf die infantile Überbesetzung zu deuten. Das In-die-Hand-Nehmen der Gerte ist eine deutliche Anspielung auf die Masturbation, wobei natürlich an weit zurückliegende Kinderlust zu denken ist.

Dem allen kann ich keinerlei Verständnis abgewinnen. Zunächst ist festzustellen, daß der Traumerleber nach seinem Bericht die Gerte nicht in die Hand nimmt, als er gegen den Felsen schlägt, sondern er hat sie – für den Reiter eine Selbstverständlichkeit – in der Hand. Von Masturbation kann also insofern keine Rede sein. Und was soll überhaupt diese ganze Einführung eines solchen sexuellen Vorgangs in diesen ohne jede Sexualität voll verständlichen Traum eines Staatsmannes von der Überwindung seiner politischen Schwierigkeiten? Glaubt Sachs etwa, der Träumer habe insgeheim gehofft, er werde diese Schwierigkeiten mit Hilfe seines Penis lösen können? So etwas dürfte Bismarck nicht einmal „im Traum eingefallen" sein. Träumt jemand, er reite, treffe dabei ein hübsches junges Mädchen und berühre es zart mit seiner immer länger werdenden Reitgerte, so will ich mir gern eine Phallusdeutung gefallen lassen. In Bismarcks durch und durch politischem Traum hat aber der Phallus nichts zu suchen, ergänzt nichts, erklärt nichts, sondern wird nur einem geschlossenen und völlig klaren Traumerlebnis künstlich aufgepfropft, um nur ja verborgene sexuelle Traumgedanken aus der Infantilsphäre entdecken zu können. Würde man Bismarck diese psychoanalytische Deutung seines Traumes mitgeteilt haben, so würde er wohl kaum den Deutern entgegenkommende Assoziationen produziert haben, sondern würde belustigt, verärgert oder jedenfalls mit Recht darüber verwundert gewesen sein, daß es sich bei dem Traum um eine „infantile Masturbationsphantasie" gehandelt habe. Er wird die Reitgerte als die ihm zur Verfügung stehenden Kräfte und Mittel verstanden haben, mit denen er den Engpaß überwand. Dem entspricht das immer Längerwerden der Gerte, dessen es bedarf, um eine Felswand zum Einstürzen zu bringen.

Am ehesten könnte die Gerte traumbildlich als Zauberstab verstanden werden. Hier hakt auch Sachs ein und erinnert an die Parallele zu der Bibelstelle, nach der Moses für die dürstenden Kinder Israels Wasser aus dem Felsen schlägt. Auch hier hat der Stock für Sachs einen „unzweideutig" phallischen Charakter und, wie Moses gegen Gottes Gebot handelt, so wird auch Bismarcks Traumhandlung als „verbotene, aufrührerische" abgestempelt, was im Traum dadurch angedeutet werde, daß der Träumer die Gerte mit der linken Hand führe und links nach der Theorie Stekels im Traum „das Unrecht, das Verbotene, die Sünde" bedeute. Wenn der Träumer dabei Gott anrufe, so geschehe das, um im manifesten Trauminhalt „recht ostentativ jeden Gedanken an ein Verbot oder eine Heimlichkeit abzuweisen." Als Schluß der „infantilen Masturbationsphantasie" wäre nach Sachs zu erwarten, „daß das Kind wünscht, die Autoritätspersonen seiner Umgebung möchten nichts von dem Geschehenen erfahren. Im Traum ist dieser Wunsch durch das Gegenteil, den Wunsch, das Vorgefallene dem König sogleich zu melden, ersetzt. Diese Umkehrung schließt sich ... ausgezeichnet ... der in einem Teil des manifesten Trauminhalts enthaltenen Siegesphantasie an. Ein solcher Siegestraum ist oft der Deckmantel eines erotischen Eroberungswunsches ..." Bei Bismarcks Traum geht es also nach Sachs gar nicht um Überwindung politischer Schwierigkeiten und den künftigen Sieg über Österreich, sondern es geht um einen durch infantile Masturbation vorbereiteten erotischen Eroberungswunsch. Dieses Ergebnis kann man nur mit Verblüffung zur Kenntnis nehmen. Daß Bismarck nach seiner Traumerzählung die Gerte gar nicht in die Hand nimmt und schon deshalb die grundlegende Masturbationsthese fragwürdig wird, ist schon gesagt worden. Daß jeder Stock oder auch Zauberstab stets den Phallus repräsentiert, ist eine der unbeweisbaren psychoanalytischen Verallgemeinerungen, ebenso wie die Behauptung, daß „links" stets das Verbotene bedeute. Zauberstäbe führen in Sage und Märchen häufig genug Hexen und Zauberinnen, die über keinen Penis verfügen. Daß der Reiter in der rechten Hand den Zügel und in der linken die Reitgerte hält, ist in keiner Weise auffällig. Daß der Träumer Gott anrufe, um das Verbotene seines Tuns von sich abzuweisen, ist ebenso eine unbewiesene bloße Behauptung wie die Erklärung, daß der Wunsch, das Geschehene sofort dem König zu melden, in Wirklichkeit die Umkehrung des Wunsches darstelle, Autoritätspersonen sollten nichts von dem Vorgang erfahren. Mit einer derartigen, in der Psychoanalyse nicht seltenen Dialektik, mit der je nach Bedarf a mit non a gleichgesetzt werden kann, läßt sich alles und nichts beweisen. In Wirklichkeit zeigt der Traum doch sehr deutlich, daß der Traumerleber nicht im entferntesten meint, Verbotenes zu tun, denn er erwacht „froh und gestärkt". Hätte der Träumer ein schlechtes Gewissen gehabt, so hätte dieser negative Affekt nach Freuds eigener Theorie auch in den manifesten Trauminhalt eingehen müssen.

Man vergleiche nun einmal: Nach meiner Theorie handelt es

sich um ein großartiges, für den Schläfer selbst eminent bedeutungsvolles Traumerlebnis mit einem bemerkenswerten Zusammenspiel von Traumspieler und Traumerleber. Jener führt diesem zunächst mit großer Plastik die scheinbar ausweglosen Schwierigkeiten seiner politischen Situation vor, worauf sich der Traumerleber mit Mut und Gottvertrauen zu befreien unternimmt und der Traumspieler diesen Elan belohnt, die Felswand stürzen läßt und die Szene in ein Siegesbild verwandelt. Dem Träumer wächst aus seinem Erlebnis neue Zuversicht zu. Der Traum ist zugleich ein ausgezeichnetes Beispiel für die auch dem Laien verständliche Bildersprache des Traumes. Die Psychoanalytiker hingegen degradieren diesen großartigen und für den Träumer so wichtigen Traum zu einer von Schuldgefühlen begleiteten Masturbationsszene mit infantilen Reminiszenzen ohne jeden anderen Sinn als den der Erfüllung eines primitiven Sexualwunsches. Der Traum ist zugleich ein ausgezeichnetes Beispiel für die dem Laien unverständliche Symbolauslegungsmethode der Freudschule. Mehr als jeder vorher von mir dargestellte Gedankengang zeigt wohl dieses bewußt so ausführlich behandelte Beispiel, in welche Sackgasse Freud die Traumdeutung mit seinen apodiktischen Thesen geführt hat.

12. Kapitel

Freuds Wunscherfüllungstheorie

Die Untersuchung wendet sich nun den im vorigen Kapitel wiedergegebenen Thesen 3. und 5. zu, die man auf die Kurzformel bringen kann: Jeder Traum ist die verkleidete Erfüllung eines ins Unbewußte verdrängten infantilen Wunsches. Es handelt sich dabei um weitere Kernthesen der Traumdeutung Freuds und eine Autorität wie v. Siebenthal bemerkt dazu, die Deutung des Traums als Wunscherfüllung sei eine „gesicherte

Erkenntnis."[1] Schon Griesinger hatte 1871, wie bereits in der Einleitung erwähnt, Wunscherfüllung als wesentliches Element des Traumes hervorgehoben. Doch sind auch kritische Stimmen im Schrifttum nicht ausgeblieben, auf die auch v. Siebenthal hinweist.[2] So haben Franken und Rizzolo, wie schon im letzten Kapitel mitgeteilt, eingewendet, daß nur ein Teil der Träume Wunscherfüllung bedeute, und haben sich dabei auf statistische Zahlen gestützt.[3] Freilich konnten bei solchen statistischen Erhebungen nur offene Wunscherfüllungsträume registriert werden, während Freuds Thesen ja gerade die Unkenntlichkeit der aus dem Unbewußten kommenden Wünsche postuliert. Es bleibt aber bemerkenswert, daß nicht nur der schon erwähnte Züricher Traumforscher Boss der Wunscherfüllungstheorie Freuds vorgeworfen hat, daß bei ihm alle anderen Trauminhalte zu kurz kämen oder einfach geleugnet würden,[4] sondern daß sich sogar auch Freuds Schüler Stekel über dessen Einseitigkeit, alle Träume als Wunscherfüllung aufzufassen, beklagt und auf die telepathischen Träume, die Warnungs-, Angst- und Belehrungsträume als entgegenstehende Beispiele hingewiesen hat.[5]

Unser Ergebnis wird weitgehend mit diesen kritischen Äußerungen übereinstimmen. Bevor ich jedoch mit der Prüfung im einzelnen beginne, möchte ich einen Gesichtspunkt hervorheben, der die Thesen Freuds von vornherein in einem seltsamen Licht erscheinen läßt. Nach Freud stammt ja der Wunsch, der verdrängt oder unterdrückt war, aus dem Unbewußten und wird in der Traumarbeit mit Rücksicht auf die Zensur oder von dieser selbst so unkenntlich gemacht, daß der Träumer gar nicht merkt, um welch peinliche Sache es für ihn geht, um auf diese Weise am sonst gefährdeten Schlaf festgehalten zu werden. Diese höchst diffizile Theorie gleicht, um sie in ein einfaches Bild zu übersetzen, dem Fall, daß ein Vater seinem Sohn die von dem so ersehnte goldene Uhr schenkt, sie aber vorher so raffiniert mit Stahlblech überziehen läßt, daß der Sohn gar nicht erkennen kann, daß er die goldene Uhr in den Händen hält, die sich zu wünschen ihm wegen der Kostbarkeit des Gegenstandes etwas peinlich war. Und so etwas nennt Freud Wunscherfüllung? Wie kann von einer Wunscherfüllung für den Träumer die Rede sein, wenn ihm dieser Charakter seines Traumes völlig verborgen bleibt? Diese sogenannte Wunscherfüllung könnte man wohl treffender als eine Irreführung des Träumers bezeichnen und läßt schon deshalb Freuds Theorie zur Groteske werden. Er selbst schreibt folgendes: „Eine Wunscherfüllung müßte gewiß Lust bringen, aber es fragt sich auch, wem? Natürlich dem, der den Wunsch hat. Vom Träumer ist uns aber bekannt, daß er zu seinen Wünschen ein ganz besonderes Verhältnis unterhält. Er verwirft sie, zensuriert sie, kurz, er mag sie nicht. Eine Erfüllung derselben kann ihm also keine Lust bringen, sondern nur das Gegenteil davon."[6] Was soll man dazu sagen? Einmal widerspricht diese Erklärung Freuds These, daß die der Zensur zu verdankende Entstellung der Traumgedanken diese dem Träumer unkenntlich macht. Vor allem aber muß konstatiert werden, daß die Vorstellung einer Wunscherfüllung, die der „Wünschende" gar nicht mag und verwirft, ein paradoxes Gebilde ist. Die Auflösung müßte ja wohl die sein, daß zwar das bewußte Ich solche Wünsche verwirft, während das Unbewußte sie pflegt. Nur bleibt der Sachverhalt noch immer paradox. Das Unbewußte ist im Besitz des Wunsches und kann an einer entstellten Erfüllung nicht interessiert sein und keine Lust daran haben. Auch die Zensur kann es nicht, denn sie sorgt ja gerade für die Entstellung. Das Traum-Ich hingegen merkt von der Wunscherfüllung nichts, kann also weder Lust noch Empörung empfinden. Was bleibt, ist nonsens.

Untersucht man nun Freuds Thesen im einzelnen, so ergibt sich folgendes Bild: Zunächst scheiden aus dem Bereich möglicher Wunscherfüllungsträume einige der schon im letzten Kapitel behandelten offenen Träume mit Sicherheit aus, nämlich die Archetypenträume, die (telepathischen) Wahrträume und die suggerierten Träume. Bei Wahrträumen liegt das, wenn man seltene Ausnahmen beiseite läßt, auf der Hand. Archetypenträume sind nach C. G. Jungs Vorstellungen nicht solche, die einen verdrängten Wunsch des Träumers erfüllen, sondern solche, in denen uralte Erinnerungen in ihm aufsteigen und ihn heimsuchen. Bei suggerierten Träumen könnte vielleicht ein eigener Wunsch des Schläfers suggeriert werden. Aber das wären Ausnahmen, die Freuds Vorstellungen nicht entsprächen. Man könnte eine Wunscherfüllung auch darin sehen, daß der Träumer den ihm erteilten Auftrag oder Befehl zu erfüllen wünscht. Doch wäre das nicht ein infantiler Wunsch, der als ursprünglich verdrängter aus dem Unbewußten des Träumers stammte, sondern ein von außen in ihn hineingetragener. Auch die schon mehrfach erwähnten Träume, in denen sich eine gleichförmige Tagestätigkeit fortsetzt, sind keine Wunscherfüllungsträume. Sie stammen nicht aus dem Unbewußten, sind auch nicht infantil, sondern reproduzieren lediglich Tagesreste, die den ganzen Traum ausfüllen. Sie pflegen außerdem nicht als angenehme Erfüllung etwa des Wunsches empfunden zu werden, die Tagestätigkeit fortzusetzen, sondern sind eher von einem Gefühl des Lästigen und Aufdringlichen begleitet.

Ferner sind da die Träume einer zwar erhofften, aber verfehlten offenen Wunscherfüllung zu nennen, wie ich sie im 7. Kapitel schon geschildert habe. Ich habe solche Träume nicht selten und auch meine Frau hatte sie oftmals. Ich möchte z. B. im Traum Ski fahren, es läßt sich auch zunächst ganz gut an, aber sehr bald fehlt es am Schnee und er verschwindet schließlich ganz. Oder ich möchte zum Schwimmen gehen, aber, wie ich ins Bad komme, wird dort gerade das Wasser abgelassen. Ich kann mir nicht denken, wie man in solche Träume offener Wunschverfehlung dennoch die Erfüllung eines unbewußten Wunsches hineininterpretieren könnte, ohne dem Sachverhalt Zwang anzulegen. Hier erlebt doch der Träumer nicht nur keine Wunscherfüllung, sondern mit dem deutlichen Gefühl der Enttäuschung geradezu das Mißlingen einer solchen Erfüllung. Ich halte solche Träume für Erinnerungen an ähnliche Enttäuschungen in der Wachwelt, vor allem in der Jugendzeit, wenn man z. B. zum Schlittschuhplatz kam, das Eis aber schon getaut war, oder zum Tennisplatz, auf dem große Pfützen standen. Ich weiß zwar, daß man mit Hilfe einer Dialektik, wie sie die Psychoanalytiker anwenden und von der schon im Zusammenhang mit Bismarcks Traum die Rede war, auch in derartige Träume eine getarnte Wunscherfüllung hineininterpretieren kann. So gehört in die Kategorie der eben behandelten Träume auch der Traum vom Verpassen des Zuges oder Autobusses, den man sehnlichst zu erreichen wünscht. Wir hatten schon gesehen, daß Freud diesen Traum dahin deutet, der Träumer werde vom Tod verschont, den der davonfahrende Zug symbolisiert, und so wird ihm sein Wunsch, am Leben zu bleiben, erfüllt. Wie wenig überzeugend diese Deutung jedoch ist, habe ich schon dargelegt. Außerdem ist der Wunsch zu leben, ein einwandfreier, nicht verdrängter Wunsch und schon gar nicht ein nur infantiler.

In die größten Schwierigkeiten gerät aber Freud, wenn es gilt, auch die Angst- und Schreckträume, vor allem solche, aus denen der Träumer entsetzt und schweißgebadet erwacht, in Wunscherfüllungsträume umzudeuten. Schon, daß stimmungsmäßig, wie bereits erwähnt, nur etwa 28% der Erwachsenenträume lustbetont sind, stellt Freuds These in Zweifel. Aber er hält unbeirrt an ihr fest und versucht diese Hürde der Angst- und Schreckträume mit Deutungen und Erklärungsversuchen zu überwinden, die aber sämtlich keine Überzeugungskraft haben. Sie sind über sein ganzes Buch verstreut, stimmen auch keineswegs miteinander überein, sondern sind in mindestens drei Grundgesichtspunkte aufgesplittert.

Der erste Erklärungsversuch geht von dem Fall aus,[7] daß dem Traum „in den Traumgedanken ein Material geboten wird, das einer Wunscherfüllung durchwegs widerspricht“, wie z. B. „persönliche Sorge“ und es der Traumarbeit nicht gelingt, die peinlichen Vorstellungen zu ersetzen, so daß sie „gut kenntlich in den manifesten Trauminhalt“ gelangen. Freud postuliert nun, daß der peinliche Tagesrest noch durch einen unbewußten, verdrängten Wunsch „besetzt“ werde, der sich in dem Traum erfülle, und meint dann, daß das schlafende Ich möglicherweise „auf die zustande gekommene Befriedigung des verdrängten Wunsches mit einer heftigen Empörung reagiert und selbst dem Traume unter Angst ein Ende macht." Befriedigt konstatiert Freud im nächsten Satz: „Es ist also nicht schwer zu erkennen, daß die Unlust- und die Angstträume im Sinne der Theorie ebensosehr Wunscherfüllungen sind wie die glatten Befriedigungsträume." Diese Schlußfolgerung verblüfft ebenso wie die gesamte Beweisführung. An ihrem Anfang hatte Freud noch eingeräumt, daß sein Fall „Zweifel an der Wunschtheorie des Traumes weckt."[8] Das aber ist eine noch zu gelinde Formulierung. In Wirklichkeit widerspricht die Beweisführung wichtigen Grundthesen Freuds und gelangt nur mit Hilfe einer künstlich herangeholten Unterstellung zu dem gewünschten Resultat. Die ersten Widersprüche liegen schon im Ausgangspunkt, nämlich dem, daß den Traumgedanken ein Material geboten wird, das wie z. B. persönliche Sorgen „einer Wunscherfüllung durchaus widerspricht". Damit verstößt Freud bereits gegen seine 3. These, wonach die Traumgedanken stets dem nicht bewußt gewordenen Denken angehören, sowie gegen die 4. These, wonach die Triebkraft des Traumes „alle Male ein zu erfüllender Wunsch ist". Ein weiterer Widerspruch liegt darin, daß die peinlichen Vorstellungen „gut kenntlich in den manifesten Trauminhalt" gelangen. So etwas darf nach Freuds 1. und 2. These überhaupt nicht passieren, nach denen die Traumgedanken stets im manifesten Inhalt unkenntlich gemacht sind. Vor allem aber holt Freud wie einen deum ex machina zusätzlich einen verdrängten Wunsch herbei, der den peinlichen Tagesrest besetzt und dessen Erfüllung ist es erst, auf die das schlafende Ich mit Empörung und Angst reagiert. Das der Wunscherfüllung widersprechende Material und damit das Ausgangsfaktum des Falles sind es also nicht, die für die Angst verantwortlich sind. Sie sind aus dem Fall hinausexperimentiert und beiseitegeschoben. Wieso dann aber die Erfüllung des verdrängten Wunsches zu Angst führen soll, bleibt unerfindlich. Erfüllung eines verdrängten Wunsches ist doch nach Freud das Charakteristikum jeden Traumes und kann nicht zur Erklärung für den Angsttraum werden. Daß es der Traumarbeit auch nicht gelang, den verdrängten Wunsch zu entstellen, behauptet Freud nicht. Wieso also dessen Erfüllung Angst auslöst, wird nicht erklärt. Und welcher Art Angst sollte es wohl auch sein? Träumt der empörte Schläfer plötzlich von Mördern oder Löwen, die ihn verfolgen, oder einer Schlange, die seinen Leib zusammenpreßt? So aber sehen doch die Angstträume in der Regel aus. Wie sollten sie mit Empörung über die Erfüllung eines verdrängten Wunsches, der einen peinlichen Tagesrest besetzte, erklärt werden können?

Diesen ersten Erklärungsversuch kann man nur als gescheitert bezeichnen. Freuds zweiten, von dem ersten völlig verschiedenen Erklärungsversuch stellt seine Theorie von den Strafträumen dar. Im Anschluß an die Darstellung einer Reihe von quälenden Träumen Roseggers, in denen es, wie Freud schreibt, schwer fällt, „das Walten der Wunscherfüllung zu erkennen", heißt es weiter: „Ich könnte nichts dagegen haben, wenn man diese Art von Träumen als *Strafträume* von den *Wunscherfüllungsträumen* abtrennte."[9] Er schränkt diese Erkenntnis aber wieder ein. Unmittelbar im Anschluß an den oben wiedergegebenen ersten Erklärungsversuch heißt es in einem neuen Absatz: „Unlustträume können auch ‚Strafträume' sein. Es ist zuzugeben, daß man durch ihre Anerkennung zur Theorie des Traums in gewissem Sinne etwas Neues hinzufügt. Was durch sie erfüllt wird, ist gleichfalls ein unbewußter Wunsch, der nach einer Bestrafung des Träumers für eine verdrängte unerlaubte Wunschregung."[10] Und in einer später hinzugefügten Anmerkung zu der zuerst zitierten Stelle heißt es: „Seitdem die Psychoanalyse die Person in ein Ich und ein Über-Ich zerlegt hat . . ., ist es leicht, in diesen Strafträumen Wunscherfüllungen des Über-Ich zu erkennen."[11] Schon die Zitate zeigen die Unsicherheit, mit der Freud dieses Phänomen der sogenannten Strafträume in sein Lehrgebäude einführt. Er läßt erkennen, daß die Wunscherfüllungstheorie an dieser Stelle in Frage gestellt wird, versucht aber schließlich doch, sie mit einer gewagten Konstruktion zu halten. Dabei ist evident, daß der Wunsch nach eigener Bestrafung, der die Lehre retten soll, nicht einer im Sinn der Freudschen Grundthesen ist. Es ist kein ins Unbewußte verdrängter peinlicher Wunsch aus der infantilen Sphäre. Freud erkennt das auch und schreibt: „bei den Strafträumen ist es gleichfalls ein unbewußter Wunsch, den wir aber nicht dem Verdrängten, sondern dem ‚Ich' zurechnen müssen."[12] Durch die oben erwähnte, zeitlich spätere Anmerkung werden wir schließlich belehrt, daß es sich um Wünsche des Über-Ich, also der über dem Ich waltenden Kontrollinstanz, handeln soll. Damit würde aber eine Wunscherfüllung ganz anderer Art eingeführt, die mit den Grundthesen 4. und 5. nicht vereinbar wäre. Es bliebe nur die gleichlautende Vokabel und der Sache nach nichts als eine Hypothese, die bereits als solche höchst fragwürdig erscheint. Nicht ganz eindeutig ist bei alledem schon, wer eigentlich die Bestrafung wünscht. Zunächst sieht es so aus, als ob der Träumer seine eigene Bestrafung wünsche. Dann aber soll es auf einmal das Über-Ich sein, auf dessen Wunsch die Bestrafung durchgeführt wird. Aber wer ist eigentlich der Bestrafte? Es ist vom Träumer die Rede. Ist damit das wache Ich gemeint, das einen peinlichen Wunsch ins Unbewußte verdrängte, oder ist dieses selbst gemeint, weil es einen solchen Wunsch nicht nur aufbewahrte, sondern zu seiner Erfüllung drängte? Und wie kommt die Bestrafung zustande? Wenn der Schläfer etwa träumt, daß ein fürchterliches Ungeheuer über ihn herfalle, wie kommt es dann zu einem solchen Traum, der doch nun nicht mehr als Verkleidung von Traumgedanken interpretiert werden darf? Freuds Theorie hat dafür kein Instrumentarium. Und schließlich: Was soll die Bestrafung? Der Träumer ahnt doch nichts davon, daß er oder wer immer auf Wunsch seines Über-Ichs für die Verdrängung eines peinlichen Wunsches bestraft werden soll. Er erlebt nur einen fürchterlichen Traum. Mit der Bestrafung ist es hier ganz ähnlich wie ganz allgemein mit der

Wunscherfüllung im Sinne Freuds. Bestrafung hat nach allgemeiner Auffassung nur Sinn, wenn der Bestrafte erfährt, daß und warum ihn Strafe trifft, damit er daraus Konsequenzen ziehen kann. In unserem Fall weiß der Träumer aber nichts von seiner Bestrafung. Er erlebt nur einen Angsttraum. Der Fall liegt noch schlimmer als der eines rückständigen Vaters, der seinem ahnungslosen Sohn eine Tracht Prügel verabreicht, ohne dafür irgendeinen Grund zu nennen. Der Sohn kann immerhin annehmen, daß er vielleicht für etwas bestraft werden sollte. Der Träumer, der nicht zu einem Psychoanalytiker läuft, kann nicht einmal solche Überlegungen anstellen. Aber selbst der Psychiater würde ihm kaum helfen. Denn auch dieser könnte ebensowenig wie sein Patient selbst verhindern, daß dieser von neuem ihm peinliche Wünsche verdrängt. Das ist ein Vorgang, für den er nichts kann. Strafe dafür ist ganz sinnlos. Hier kommt auch noch ein Gedankengang hinzu, der Freuds Theorie schon allein in Frage stellt. Nach Freud ist doch jeder Traum die Erfüllung eines dem Ich peinlichen und deshalb verdrängten Wunsches, also jedes Mal ein Sachverhalt, der dem Über-Ich den Bestrafungswunsch aufdrängen müßte. Wieso wird aber diese Verdrängung nicht stets, sondern nur in seltenen Fällen bestraft? Das ist eine Frage, auf die Freuds Straftraumtheorie keinerlei Antwort zu geben vermag. Die Theorie ist absurd.

Der dritte Versuch, den Freud zur Erklärung der Angstträume unternimmt, stützt sich auf die Neurosenpsychologie. Freud behauptet, daß es sich bei diesen Träumen „um das Verständnis der neurotischen Angst überhaupt" handle und „daß die neurotische Angst aus dem Sexualleben stammt und einer von ihrer Bestimmung abgelenkten, nicht zur Verwendung gelangten Libido entspricht."[13] Später erklärt er lapidar: „Die Lehre vom Angsttraum gehört . . . in die Neurosenpsychologie" und wiederholt noch einmal, „daß die neurotische Angst aus sexuellen Quellen stammt."[14] Abgesehen davon, daß Freud hier vergessen zu haben scheint, daß er, wie wir sahen, auch ganz andere Erklärungsversuche für den Angsttraum vorträgt, die auch ohne

Zusammenhang mit der Neurosenpsychologie Geltung beanspruchen, ist dazu folgendes zu sagen: Es kann wohl nicht daran gezweifelt werden, daß gerade Neurotiker von Angstträumen heimgesucht werden, vermutlich in stärkerem Maße als psychisch gesunde Menschen. Andererseits werden auch Neurotiker nicht nur Angstträume haben, so daß es, wenn solche Träume bei ihnen auftreten, einer besonderen konkreten Erklärung dafür bedürfte. Hier bleibt Freud die Antwort schuldig. Vor allem aber könnte die Behauptung, daß die Angstträume das Resultat verdrängter sexueller Libido seien, doch in dem in unserem Zusammenhang entscheidenden Punkt keinerlei Erklärung liefern, nämlich keinerlei Erklärung dafür, wieso sie Wunscherfüllungsträume sein sollen. Freud schreibt selbst, es habe „der ganze Angsttraum die Bedeutung eines neurotischen Symptoms, und wir stehen an der Grenze, wo die wunscherfüllende Tendenz des Traumes scheitert."[15] In der Tat kann hier von Wunscherfüllung keine Rede mehr sein. Im Ergebnis gibt also Freud mit der Behauptung, daß alle Angstträume neurotischer Natur seien und man dabei an der Grenze stehe, wo die Wunscherfüllung scheitere, die Allgemeingültigkeit seiner Wunscherfüllungstheorie auf.

Im übrigen stehen alle drei Erklärungsversuche Freuds im Widerspruch zu seiner eigenen, im folgenden Kapitel zu behandelnden Lehre von der Zensur, deren Funktion es gerade sein soll, den Schläfer vor ihn irritierenden Träumen zu bewahren. In Angst- und Schreckträumen wird er gerade höchst schlafbedrohenden Affekten ausgesetzt. Daß sich die Wunscherfüllungstheorie angesichts der Angstträume nicht halten läßt, zeigt sich vollends, wenn man sich diese Träume einmal näher ansieht, so wie sie sich in Wirklichkeit abspielen. Man kommt dann zu Einsichten, die alle drei Erklärungsversuche Freuds widerlegen. Es sind nämlich zu einem wohl ganz überwiegenden Teil Träume, in die Menschen reale Ängste oder Schreckerlebnisse ihrer Wachwelt mit hineinnehmen und dort vor- oder nacherleben. Angstträume stehen nach den schon im 9. Kapitel mitgeteilten

Umfrageergebnissen in der Häufigkeitsskala der Träume an zweiter Stelle, treten also sehr oft auf. Schon danach kann man nicht annehmen, daß Angstträume nur von Neurotikern geträumt werden. Auch der geistig gesunde Mensch kommt in Lebenssituationen oder bringt Situationen hinter sich, die Angstträume auslösen. Freud scheint selbst davon weitestgehend frei gewesen zu sein. Denn er teilt in seinem Buch mit, daß er selbst seit Jahrzehnten keinen eigentlichen Angsttraum mehr gehabt habe.[16] Mir scheint diese Äußerung symptomatisch für das allgemeine Lebensgefühl am Ausgang des 19. Jahrhunderts zu sein, wo man sich noch der Illusion hingab, auf einem sicheren Boden des Friedens zu stehen. Für Menschen, die zwei Weltkriege miterlebt haben oder doch hinter sich wissen und an einen sicheren Frieden nicht mehr glauben können, sieht das ganz anders aus. Aber auch Einzelerlebnisse, nicht nur ein allgemein verunsichertes Lebensgefühl, können Angstträume auslösen. Meine Frau war einmal in jungen Jahren im zoologischen Garten unserer Heimatstadt Dresden einem frei herumlaufenden Löwen begegnet, von dem sich dann herausstellte, daß er krank war und daß ihm ein durch eine Gebäudeecke verdeckter Wärter folgte. Doch hatte sich dieses Schockerlebnis meiner Frau tief eingeprägt und der Löwe tauchte in manchen ihrer Träume gefährlich auf und war zu einer Art Symbolfigur für Traumängste geworden. Weiter hatte meine Frau erlebt, daß in ihr Elternhaus mehrmals eingebrochen wurde und später einmal auch in unser gemeinsames Haus. Das spiegelte sich in ihren Träumen wider, in denen Einbrecher eine schreckenerregende Rolle spielten. Diese Träume verschwanden übrigens oder gingen doch auffällig zurück, nachdem wir in unser Haus eine Alarmanlage hatten einbauen lassen. Daraus kann man ersehen, daß Freuds schon wiedergegebene Behauptung, Einbrecher und Räuber bedeuteten im Traum die Menschen, die einen als kleines Kind nachts aus dem Bett geholt und aufs Töpfchen gesetzt hätten, mindestens nicht in allen Fällen zutrifft. Vielmehr spiegelt der Angsttraum ganz überwiegend die wirkliche Lebensangst des Träumers. Eine mir bekannte Frau fürchtete in den Jahren nach dem letzten Kriege, es würden „die Russen kommen“ und diese Tagangst setzte sich in ihre Träume fort. Nach Zeitungsberichten träumte die Fürstin Gracia Patricia von Monaco in einem sich wiederholenden Traum, daß ihre Tochter Caroline gekidnappt werde; die iranische Kaiserin Farah Diba träumte noch vor Ausbruch der Revolution, daß der Palast des Schah von bewaffneten Männern besetzt werde, die alle Ausgänge bewachten und nach ihrem Mann und ihrem Sohn suchten; die von den Finanzbehörden verfolgte Filmschauspielerin Sophia Loren träumte, daß sie von schwarzgekleideten Männern mit Glasgesichtern und Haken statt Händen verfolgt werde.[17] Alle diese Träume spiegeln die realen Lebensängste der drei Frauen wider. So wiederholen sich auch Schreckerlebnisse im Traum. Von den Träumen meiner Frau und von der Lufthansastewardeß, welche die lebensbedrohliche Befreiungsszene von Mogadiscio immer wieder in Alpträumen nacherlebte, habe ich schon berichtet. Eine Nachbarin von mir hatte im September 1979 mit ihrem Auto eine aufregende Panne auf der Autobahn. Als sie dort von einer Telefonsäule aus Hilfe erbitten wollte, stand plötzlich ein ungepflegt wirkender Mann neben ihr, vor dem sie erschrak, der ihr aber nur beistehen wollte und das dann auch tat. Trotzdem war der erste Schreck so intensiv in sie eingedrungen, daß sie nach einiger Zeit so lebhaft träumte, dieser Mann stehe neben ihrem Bett, daß sie mit einem Angstschrei erwachte. Gerhart Hauptmann berichtet aus der Zeit seiner Studien in Jena, die lange nach seinen bitteren Schulerlebnissen in Breslau lag: „Und in der Tat kam es noch immer vor, daß ich nachts im Traum einem Lehrer bettelnd auf den Knien nachrutschte, einen meiner Mitschüler vor der ganzen Klasse vom Direktor durchprügeln sah und in Angstschweiß gebadet aufwachte.“[18]

So sehen Angst- und Schreckträume psychisch gesunder Menschen aus. Aber selbst wenn sich Ängste oder durchgemachte Schrecken, etwa entsetzliche Kriegserlebnisse, zu neurotischen Zuständen steigern sollten, bleibt doch das Ergebnis: Solche Träume sind eine Fortsetzung realer Ängste und weit davon entfernt, Wunscherfüllungsträume zu sein. Sie sind das Gegenteil davon, nämlich Furchterfüllungsträume, wobei es durchaus möglich ist, daß Träume, die durchgemachte Schreckerlebnisse wiederholen, dazu geeignet sind, diese Erlebnisse aufzuarbeiten und schließlich zu überwinden. Jedenfalls steht fest: Auch die 3. und 4. These Freuds lassen sich in ihrer Allgemeinheit nicht halten. Die Angstträume stellen im übrigen einen weiteren Beweis dafür dar, daß schon die 1. und 2. These keinen Anspruch auf Allgemeingültigkeit haben. Denn diese Träume meinen genau das, was sie als manifesten Inhalt ausdrücken und sind durch keinerlei Traumarbeit entstellt. Dieses Ergebnis wird noch durch eine Behauptung Freuds unterstützt, deren Tragweite er sich nicht immer bewußt gewesen zu sein scheint. Er konstatiert nämlich zunächst: „Ich bin im Traume in einer gräßlichen, gefahrvollen, ekelhaften Situation, verspüre dabei aber nichts von Furcht oder Abscheu; hingegen entsetze ich mich andere Male über harmlose und freue mich über kindische Dinge."[19] Seine Erklärung dafür gibt Freud wenige Sätze weiter mit folgender Feststellung, die in ihrem wesentlichen Teil gesperrt gedruckt ist: „Die Analyse lehrt uns, daß die Vorstellungsinhalte Verschiebungen und Ersetzungen erfahren haben, während die Affekte unverrückt geblieben sind."[20] Ist das aber richtig, so ist der Angstaffekt in den fraglichen Träumen keine Entstellung, sondern echter Traumgehalt und auch der Ausdruck, den dieser Affekt im manifesten Inhalt, etwa im Kampf mit dem übermächtigen Ungeheuer findet, ist Angst und das Gegenteil von Wunscherfüllung. Es ist bemerkenswert, daß Freud selbst seinen großen Traum vom Schloß am Meer, den ich im 6. Kapitel wiedergegeben habe und den Freud „der erschöpfendsten Analyse unterzogen" hat, nicht etwa als Wunscherfüllungstraum deutet, sondern als mit Schreck verbundenen Traum vom eigenen Tod und der Zukunft der Seinen nach seinem vorzeitigen Tod.[21]

Läßt sich danach schon der Allgemeingültigkeitsanspruch der Wunscherfüllungstheorie nicht halten, so hält noch viel weniger deren Einengung durch die 5. These, wonach der jeweils erfüllte Wunsch stets ein infantiler sei, kritischer Nachprüfung stand. Es gehört gewiß zu den großen Verdiensten Freuds, nachgewiesen zu haben, wie schon die früheste Kindheit mit ihren Erlebnissen für die Gesamtentwicklung des Menschen bedeutungsvoll ist, und es soll auch keineswegs verkannt werden, daß das Traumleben mit seinen Erinnerungen in die postnatale, vielleicht sogar bis in die pränatale Periode des Lebens zurückreicht. Aber die von Freud immer wiederholte These,[22] daß jeder Traum die Erfüllung eines infantilen Wunsches sei, ist eine seiner so häufigen Verallgemeinerungen, die dogmatisch verengt an der Traumwirklichkeit vorbeigehen. Ich habe schon im Verlauf des Kapitels einige Arten von Träumen genannt, die überhaupt keine Wunscherfüllungsträume sind und damit auch keine Erfüllung infantiler Wünsche darstellen können. Vor allem aber braucht man nur Freud selbst aufmerksam zu lesen, um die Unrichtigkeit seiner These belegen zu können. Einige Beispiele habe ich schon erwähnt. Interessant ist das folgende: Freud schildert, wie eine seiner Patientinnen einen Traum vom Gegenteil einer Wunscherfüllung träumt, und meint, die Frau habe damit nur ihren Wunsch, ihrem Arzt zu beweisen, daß es auch Wunschnichterfüllungsträume gebe, erfüllt; also stelle auch dieser Traum eine Wunscherfüllung dar.[23] Das Beispiel ist in dreifacher Hinsicht bemerkenswert. Einmal zeigt es, wenn Freud recht hat, daß die Träume von Neurotikern durch ihren Arzt und dessen Behandlungsmethode beeinflußt werden können. Zum zweiten zeigt es die psychoanalytische Dialektik, mit der jeder Traum zur Wunscherfüllung gemacht werden kann. Und drittens zeigt es in unserem Zusammenhang, daß Freud als Traumquelle auch Wünsche anerkennt, die keine infantilen sind. Denn daß der Wunsch der Patientin, ihrem Arzt nachzuweisen, es gebe auch Wunschnichterfüllungsträume, kein infantiler ist, liegt auf der Hand. Schon dieses kleine Beispiel zeigt, daß Traumwünsche nicht nur aus der infantilen Phase des Träumers, sondern aus allen Stadien seines Lebens stammen können, vor allem aus seiner gegenwärtigen. So spielt denn in Freuds Träumen sein Wunsch, Professor zu werden, keine kleine Rolle. Auf diesen Wunsch, der ja gewiß kein infantiler ist, läuft seine eigene Analyse z. B. seines sogenannten Otto-Traumes hinaus.[24] Das Ergebnis heißt: „Ich will also wieder einmal Professor werden!“[25] Dasselbe gilt für die Analyse seines Traumes von Freund R., der sein Onkel ist und einen gelben Bart trägt.[26] Auch Freuds Analyse seines berühmten Irma-Traumes, den ich schon im 7. Kapitel wiedergab, läuft auf die Erfüllung des Wunsches hinaus, seine ärztliche Pflicht getan zu haben und „an Irmas Krankheit unschuldig zu sein“,[27] gewiß kein infantiler Wunsch, sondern einer, der aus des Träumers beruflicher Tätigkeit stammt. Daß in Freuds Analyse seines Traumes vom Schloß am Meer nichts von einem infantilen Wunsch zu finden ist, habe ich oben schon erwähnt. Diese Beispiele ließen sich noch vermehren, reichen aber bereits aus, um nachzuweisen, daß Freud schon durch Freud widerlegt wird. Wie sollte es denn auch anders sein? Die Träume sind ein Spiegel des Wachlebens, der Traumspieler schöpft, wie ich im 7. Kapitel gezeigt habe, sein Material und seine Motive vornehmlich aus dem gesamten Wachleben der spezifischen Persönlichkeit, wie sie sich weit über die Kindheit hinaus entwickelt hat, aus seiner menschlichen und beruflichen Situation, seinen gegenwärtigen Freuden, Sorgen und Hoffnungen. Es wäre armselig und grotesk, wenn den Träumen nur die infantilen Wünsche des Schläfers zugrunde lägen.

Das Ergebnis des Kapitels ist also: Auch die Thesen 3. bis 5., d. h. die Behauptung, jeder Traum stelle die verkleidete Erfüllung eines ins Unbewußte verdrängten infantilen Wunsches dar, sind, mindestens mit ihrem Anspruch auf Allgemeingültigkeit, nicht zu halten. Zwar stellen sehr viele Träume Wunscherfüllungen dar. Aber es sind ganz offene Erfüllungen von Wünschen, die meist gar keine peinlichen und deshalb verdrängte sind, und es sind in aller Regel auch keine Wünsche infantiler Art, sondern solche aus dem gegenwärtigen Wachleben des Träumers.

13. Kapitel

Zensur und Traumarbeit

Die Zensur ist einer der interessantesten und originellsten Begriffe aus der Traumtheorie Freuds, eine der Säulen, auf denen sein ganzes Gedankengebäude ruht. Ihre Funktion habe ich am Anfang des 11. Kapitels bereits umrissen.

Geht man an eine kritische Prüfung des Begriffs und seiner Funktion heran, so kann man gleich zu Beginn Freud den Vorwurf einer unklaren Begriffsbildung nicht ersparen. Erinnert man sich der literarischen Zensur, wie sie etwa zu Metternichs Zeiten blühte und wie sie ja wohl auch Vorbild der Freudschen Terminologie geworden ist, so war es damals der Schriftsteller selbst, der so zu schreiben hatte, daß das Geschriebene Chancen hatte, die Zensur zu passieren. Entsprechend erwartet man bei Freud, daß nach seiner Vorstellung die Entstellung der Traumgedanken stattfindet, bevor der dann schon manifeste Trauminhalt die kritische, aber getäuschte Zensur passiert, um schließlich dem Träumer vorgeführt zu werden. Doch sind Freuds Äußerungen zu diesem Punkt voller Widerspruch. Nach einer ganzen Reihe von Stellen ist es in der Tat eine Instanz vor der Zensur, welche die Entstellungsarbeit leistet, nach zahlreichen anderen Stellen fällt diese Tätigkeit aber seltsamerweise der Zensur selbst zu. Für die erste Version mag die folgende Stelle als repräsentativ gelten, wo es von der Traumarbeit heißt: „Sie denkt, rechnet, urteilt überhaupt nicht, sondern sie beschränkt sich darauf umzuformen." Ihr „Produkt, der Traum, soll vor allem der *Zensur* entzogen werden, und zu diesem Zwecke bedient sich die Traumarbeit der Verschiebung der psychischen

Intensitäten bis zur Umwertung aller psychischen Werte".[1] Der Traum ist also ein Produkt der Traumarbeit, das der Zensur entzogen wird. Die Traumarbeit wird gleichsam personifiziert. Nach anderen Stellen behandelt sie z. B. Zahlen „als Material zum Ausdruck ihrer Absichten",[2] sie „schlägt Wege ein",[3] „beabsichtigt nicht, verstanden zu werden",[4] „scheut nicht die Mühe", einen „spröden Gedanken . . . umzugießen",[5] leistet „ein Meisterstück"[6] und Freud hebt auch „die Geschicklichkeit der Traumarbeit" hervor, „durch mehrdeutige Ausdrucksweise jedesmal gleichsam sieben Fliegen mit einem Schlage zu treffen."[7] Wie alles dies möglich sein soll, wenn die Traumarbeit nach dem ersten Zitat nicht denkt, bleibt freilich offen. Doch erscheint die Traumarbeit deutlich als eine psychische Instanz. Dazu will es allerdings wenig passen, wenn Freud an anderer Stelle schreibt, „daß bei der Traumarbeit eine psychische Macht sich äußert"[8] und es dann sogar heißt, „daß sich in den Träumen eine psychische Kraft äußert, welche . . . das durch die Traumarbeit gewonnene Material einer sekundären Bearbeitung unterzieht."[9] Neben die Traumarbeit tritt also nun noch eine „psychische Macht", die das durch jene gewonnene (noch nicht entstellte?) Material sekundär bearbeitet. Und um die Begriffsverwirrung voll zu machen, wird an wieder anderer Stelle schlicht der Traum als solcher zur verarbeitenden Instanz erklärt, obwohl er doch gerade das Produkt der Traumarbeit sein sollte. Freud schreibt nämlich: „Der Traum bedient sich nun dieser Symbolik zur verkleideten Darstellung seiner latenten Gedanken."[10] Und an anderer Stelle ist vom „Verhalten des Traumes" die Rede, der sich „die Freiheit nimmt, ein beliebiges Element durch seinen Wunschgegensatz darzustellen."[11] Traumarbeit, der Traum selbst und eine nicht näher bezeichnete psychische Macht stehen da also als Bearbeiter der Traumgedanken widerspruchsvoll neben- und gegeneinander.

Damit aber nicht genug. Wie schon gesagt, soll es nach anderen Stellen die Zensur selbst sein, welche die Traumgedanken entstellt und verkleidet. So ist zu lesen: „Wir dürfen annehmen, daß die Traumverschiebung durch den Einfluß jener Zensur ... zustandekommt"[12] und in der dazugehörigen Anmerkung heißt es: „Da ich die Zurückführung der Traumentstellung auf die Zensur als den Kern meiner Traumauffassung bezeichnen darf ..."[13] Und an späterer Stelle schreibt Freud: „Es ist unzweifelhaft, daß die zensurierende Instanz, deren Einfluß wir bisher nur in Einschränkungen und Auslassungen im Trauminhalt erkannten, auch Einschaltungen und Vermehrungen desselben verschuldet."[14] Weiter spricht Freud von dem Wunsch, der auf die Zensur stößt und ein „durch Zensur im Ausdruck entstellter Gedanke" wird.[15] Ferner heißt es, daß das erste Stück der Traumarbeit wahrscheinlich bereits am Tage beginnt, während das „zweite Stück derselben, die Veränderung *durch die Zensur* ... wohl die ganze Nacht hindurch fort" geht.[16] Und schließlich heißt es in einer Anmerkung am Schluß des Buches, daß „die Traumgedanken die Entstellung *durch die Zensur* ... erfahren."[17] Deutlicher kann es nicht gesagt werden. Freud scheint überhaupt nicht gemerkt zu haben, in welches Gestrüpp von Widersprüchen er sich verwickelt hat. Und dieser Begriffsverwirrung wird dadurch noch die Krone aufgesetzt, daß Freud im Kapitel über die Traumarbeit schreibt: „Traumverschiebung und Traumverdichtung sind die beiden Werkmeister, deren Tätigkeit wir die Gestaltung des Traums hauptsächlich zuschreiben dürfen."[18] Hier gibt es also nochmals eine Quasi-Personifizierung für Tätigkeiten, die an anderen Stellen der Traumarbeit oder dem Traum selbst und an wieder anderen der Zensur zugeschoben werden.

Man kann danach nur feststellen: Der Begriff der Zensur entbehrt von vornherein der Schärfe, die man sich von einer wissenschaftlichen Begriffsbildung erwarten darf. Eine so unklare Terminologie läßt auch auf Unsicherheit in der Sache selbst schließen. Die von mir entwickelte Theorie bietet demgegenüber exakte Begriffe an. Ein Teil des Ich, der Traumspieler, inszeniert den Traum, soweit er das Außen der Wachwelt ersetzt. Das den Traum erlebende Ich ist sein Mitgestalter und

Hauptdarsteller. Das ist ein klares und zudem einfaches Modell, und das ist stets ein gutes Zeichen in der Sache.

Die Institution einer Zensur hat darin freilich keinen Platz, auch wenn man daran denken könnte, dem Traumspieler auch eine solche Rolle zuzuschreiben. Doch bestehen gegen das Institut der Zensur nicht nur hinsichtlich der Begriffsbildung, sondern auch in der Sache selbst gravierende Bedenken. Dieses Kernstück der Freud'schen Traumtheorie basiert ja auf der Vorstellung, daß jeder Traum Erfüllung eines dem Träumer peinlichen und deshalb von ihm verdrängten Wunsches bringe, das aber in entstellter Form, damit der Träumer am Schlaf festgehalten werde, und diese Entstellung leistet oder kontrolliert die Zensur. Dabei spielt das Schuldgefühl des Menschen, vor allem gegenüber seinen moralisch oder religiös als anstößig empfundenen Wünschen, eine erhebliche Rolle, sowohl bei der Verdrängung als auch bei der späteren Entstellung des Wunsches.[19] Freud hat dieses Schuldgefühl noch nicht in seiner Traumdeutung, aber in seiner späteren, zunächst 1912/1913 als Aufsatzreihe erschienenen Schrift „Totem und Tabu", in sehr konkreter Form darauf zurückgeführt, daß in der prähistorischen Urhorde der Vater, der sich aller Weibchen, auch der eigenen Töchter, bemächtigt und eine Gewaltherrschaft über die Söhne ausgeübt hatte, schließlich von diesen mit der Folge getötet wurde, daß sie auf Inzest verzichteten, aber von Schuldgefühl gegenüber dem getöteten Vater erfüllt wurden, an dessen Stelle ein Totemtier gesetzt wurde, das grundsätzlich tabu und unberührbar war, aber einmal im Jahr als ritueller Nachvollzug des Vatermordes verzehrt wurde. Daß diese Legende, die sich ja in unzähligen Urhorden gleichförmig hätte ereignet haben müssen, keine wissenschaftliche Theorie des vielumstrittenen Totemismus darstellt, sondern in das Reich der spekulativen Phantasie gehört, sollte nicht zweifelhaft sein. Wie eine wissenschaftlich fundierte und auch einleuchtende Theorie des Totemismus aussieht, kann man in dem bedeutsamen Werk von Arnold Gehlen „Der Mensch" nachlesen.[20] Selbst ein Freud in vieler Hinsicht nahestehender Traumforscher wie v. Siebenthal bezeichnet dessen Theorie denn auch als „höchst fragwürdig, ja unwahrscheinlich."[21] Auch Freuds medizinischer Biograph und treuer Anhänger Max Schur distanziert sich insofern, als er erklärt, sich im Rahmen seines Buches nicht „mit der Stichhaltigkeit dieser kühnen Hypothese befassen" zu können, die er als „kühnste Behauptung" Freuds bezeichnet.[22] Sie läuft darauf hinaus, daß das Schuldgefühl, allgemein formuliert, auf Aggressionstendenzen gegen den Vater und den Inzestwunsch gegenüber der Mutter zurückgeht, also auf den berühmt gewordenen Ödipuskomplex.[23]

Die Art, wie Freud die Theorie dieses Komplexes, allerdings in weit weniger kühner Form, erstmals in seiner Traumdeutung[24] entwickelt und zu begründen sucht, macht eine kritische Betrachtung nötig. Freud beginnt mit der These, der Traum vom Tod „teurer Verwandter, Eltern oder Geschwister, Kinder usw." bedeute den Wunsch, daß der Betreffende sterben möge, doch nur dann, wenn der Träumer dabei „tiefen Schmerz über den Trauerfall empfindet."[25] Es sei allerdings möglich, daß der Wunsch nur in der Kinderzeit bestanden habe. Zum Beweis bezieht sich Freud auf die Beobachtung, daß Kinder oft ein ihnen nachfolgendes weiteres Kind ihrer Eltern als lästigen Nebenbuhler empfinden, der ihnen einen Teil der Elternliebe und Aufmerksamkeit wegnimmt, so daß sie diesem Konkurrenten den Tod wünschen, was in der Vorstellung des Kindes, das noch keinen zutreffenden Begriff vom Tode hat, allerdings nichts weiter als Verschwinden bedeutet. Freud exemplifiziert: „Das Kind mustert den Ankömmling und äußert dann entschieden: Der Storch soll es wieder mitnehmen."[26] Freud weist dann weiter darauf hin, „daß die Träume vom Tod der Eltern überwiegend häufig den Teil des Elternpaares betreffen, der das Geschlecht des Träumers teilt",[27] und schließt daraus sowie aus weiteren Beobachtungen, daß sich dabei eine sexuelle Vorliebe für den andersgeschlechtlichen Elternteil geltend mache, „als ob der Knabe im Vater, das Mädchen in der Mutter den Mitbewerber in der Liebe erblickte, durch dessen Beseitigung ihm nur Vorteil erwachsen kann."[28] Freud weist weiter auf „den uralten Kampf zwischen Vater und Sohn" sowie auf die Konflikte zwischen Mutter und Tochter hin, die „nach sexueller Freiheit begehrt", während „die Mutter . . . durch das Aufblühen der Tochter gemahnt wird, daß für sie die Zeit gekommen ist, sexuellen Ansprüchen zu entsagen."[29] Kurz danach erklärt Freud allerdings, „daß sich der Todeswunsch gegen die Eltern aus der frühesten Kindheit herleiten dürfte."[30]

Betrachtet man diese Beweisführung kritisch, so muß man zunächst feststellen, daß dabei wieder Beobachtungen, die in vielen Fällen zutreffen, unzulässig verallgemeinert werden. Es ist gewiß richtig, daß Kinder, und zwar häufig diejenigen, die noch keine Geschwister haben, auf das Erscheinen eines möglichen Nebenbuhlers negativ reagieren. Aber genauso gibt es, und zwar, wie ich nach meinen Beobachtungen behaupten zu dürfen meine, in mindestens ebenso großer Zahl die umgekehrten Fälle, in denen sich Kinder lebhaft „ein Geschwisterchen" wünschen. Eine Bekannte erzählte mir, wie sie sich als einziges Kind sehnlichst ein Brüderchen oder Schwesterchen gewünscht habe, wie man es ihr auch versprochen und schließlich seine Ankunft verkündet habe. Wie sich dann aber das Versprochene als bloße Puppe herausgestellt habe, sei sie aufs bitterste enttäuscht gewesen. Die Schwester von Richard Strauß, Johanna von Rauchenberger-Strauß, berichtet im Richard-Strauß-Jahrbuch 1959/60: „Innigste Geschwisterliebe verband den drei Jahre älteren Richard mit mir." Meine eigene Frau hat ihren zwei Jahre jüngeren Bruder schon in der frühesten Kinderzeit aufs zärtlichste geliebt, hat ihn umsorgt und geschützt, wo sie nur konnte. Die Beispiele ließen sich beliebig vermehren, jeder Leser wird solche kennen.

Was nun das Verhältnis der Kinder zu den Eltern angeht, so halte ich Freuds These, daß jene in frühester Kindheit einen Todeswunsch gegen den gleichgeschlechtlichen Elternteil entwickelten, für unbeweisbar und anthropologisch verfehlt. Freud schildert zutreffend, wie sich Spannungen zwischen Mutter und Tochter ergeben können, wenn diese ins Alter des Aufblühens kommt und der Vater vielleicht auch ein besonderes Gefallen an ihr findet. Vorher sieht das aber ganz anders aus. In der frühesten Kindheit, in der der Mensch anders als die Nestflüchter noch ein embryonales, hilfloses Mangelwesen ist,[31] sind nicht nur Söhne, sondern auch Töchter so stark auf die sie schützende und hegende Mutter und deren helfende Hand, nach der sie immer wieder greifen, fixiert, daß sie nicht den geringsten Anlaß haben, Todeswünsche gegen die Mutter zu entwickeln. Auch der kleine Sohn pflegt im Vater zunächst den großen Mann und Beschützer zu sehen, der alles weiß und alles kann, und Spannungen treten in der Regel erst mit der beginnenden Pubertät des Sohnes auf, der nun einerseits merkt, daß der Vater doch nicht das vollkommene Wesen ist, als der er zunächst schien, und anderseits den Drang erlebt, seine eigene Persönlichkeit zu entwickeln und gegen die etwaige Autorität des Vaters durchzusetzen. Aber solche Spannungen können auch ausbleiben. Ich kenne Fälle genug, in denen das Verhältnis zwischen Vater und Söhnen völlig ungetrübt blieb und sich zwischen Mutter und Tochter ein vertrautes Verhältnis inniger Freundschaft entwickelte. Aber selbst, wenn Spannungen in der Pubertätszeit auftreten, in der Kinder längst wissen, was der Tod bedeutet, versagt Freuds ja gerade auf die kindliche Unwissenheit vom Tode gegründete Behauptung und es werden sich auch nur unbewußte Todeswünsche gegenüber Vater oder Mutter kaum entwickeln.

Die empirische Grundlage, von der Freud ausgeht, ist also brüchig und die generellen Schlüsse, die er ziehen zu können meint, rechtfertigen sich daraus nicht. Außerdem versagt seine ganz allgemeine These, wenn schmerzvoll die Tochter vom Begräbnis des Vaters, der Sohn von dem der Mutter, der Vater von dem der Frau träumt, kurz in all den Fällen, in denen das Verhältnis zwischen teuren Verwandten gar nicht die Besonderheiten aufweist, bei denen Freud einen Todeswunsch gegen den anderen Teil unterstellt. Die These versagt auch beim Traum vom Begräbnis solcher Verwandter, die außerhalb der Hausgemeinschaft leben oder die man überhaupt erst nach der Kinderzeit kennengelernt hat und die einem erst dann teuer geworden sind.

Freuds Behauptung, daß der Traum vom Begräbnis teurer Verwandter nur dann den Wunsch nach ihrem Tod bedeute, wenn der Traum von Schmerz über den Todesfall begleitet sei, widerspricht schließlich auch seiner anderen, sehr wichtigen These, wonach der die Traumgedanken beherrschende Affekt sich auch in den manifesten Trauminhalt überträgt und dort unverändert in Erscheinung tritt. Ich habe diese These schon im letzten Kapitel zitiert. Wäre sie richtig, so müßte der den Todeswunsch beherrschende Haßaffekt auch im manifesten Trauminhalt auftreten und könnte sich nicht in den ganz anders gearteten Schmerzaffekt verwandeln.

Die gesamte Theorie vom Ödipuskomplex steht nach alledem auf einer nicht tragfähigen Grundlage. Nur nebenher sei noch bemerkt, daß ihr Name nicht gerade zutreffend gewählt ist. Denn Ödipus hat zwar nach der Sage seinen Vater getötet und seine Mutter geheiratet; aber er hat beide für ihn völlig fremde Menschen gehalten und konnte es nicht besser wissen. Den Komplex, den man nach ihm benannt hat, hat er also gar nicht haben können. Denn der setzt natürlich das Wissen voraus, daß es der eigene Vater ist, den man haßt, und daß es die eigene Mutter ist, die man heimlich liebt.

Damit kehre ich zum eigentlichen Thema der Zensur zurück. Auch v. Siebenthal bezeichnet Freuds Entstehungstheorie der Schuldgefühle als unhaltbar.[32] Dennoch meint er, an Freuds Zensurbegriff festhalten zu sollen und bezieht sich dafür gegenüber der Kritik an diesem Begriff, die er als „recht dürftig" bezeichnet,[33] auf die „eindeutig nachweisbare Bildverschiebung im Traum."[34] Die Traumverschiebung, die Freud, wie zitiert, neben der Traumverdichtung als Werkmeister der Traumgestaltung bezeichnet, ist schon im 3. Kapitel erwähnt worden. Im

Gegensatz zur Verdichtung, die Freud in großer Breite mit zahlreichen Beispielen behandelt,[35] widmet er der Verschiebung nur wenige Seiten.[36] Er definiert das Phänomen dahin, „daß bei der Traumarbeit eine psychische Macht sich äußert, die einerseits die psychisch hochwertigen Elemente ihrer Intensität entkleidet, und andererseits auf dem Wege der Überdeterminierung aus minderwertigen neue Wertigkeiten schafft, die dann in den Trauminhalt gelangen."[37] Ich habe zum mindesten erhebliche Zweifel, ob der Verschiebung, wenn es sie überhaupt gibt, eine wesentliche Bedeutung zukommt. Sie setzt ja voraus, daß hinter dem manifesten Trauminhalt in Wirklichkeit die in ihm entstellten Traumgedanken stehen, und ich meine, gezeigt zu haben, daß dieser These in weitem Umfang nicht gefolgt werden kann. Wollte man freilich in der Bildersprache, in die der Traumspieler Gedankliches übersetzt, eine Verschiebung sehen, also etwa darin, daß das Gefühl des Nichtweiterkommens im Leben durch das Verpassen der Eisenbahn dargestellt wird, so könnte man dem zustimmen. Doch das meint Freud nicht. Er meint die Entstellung der Traumgedanken, das heißt des Wunsches, der verdrängt wurde und nun entstellt werden muß, weil er peinlich, illegitim oder unmoralisch ist, im Ergebnis also mit einem Schuldgefühl des Menschen verknüpft ist. Verneint man mit v. Siebenthal die Existenz eines solchen generellen Schuldgefühls oder jedenfalls die Beweisführung Freuds in diesem Punkt, so fällt mit ihrem Grund die ganze tragende Konstruktion zusammen. Ohne Schuldgefühl wäre kein Versteckspiel nötig.

Nun habe ich im vorigen Kapitel zu zeigen versucht, daß es ganze Gruppen von Träumen gibt, die überhaupt keine Wunscherfüllungsträume sind und also von vornherein keine Grundlage für Freuds Zensurhypothese abgeben können. Vor allem die quantitativ wie ihrer Art nach bedeutsamen Angstträume entziehen sich der Konstruktion Freuds. Ich habe dargelegt, daß dessen Versuche, solche Träume doch als Wunscherfüllungsträume ansehen zu können, nicht zu überzeugen vermögen. Nun können freilich Angstträume auf Schuldgefühle zurückgehen wie vielleicht im Fall eines Menschen, der wegen Steuerhinterziehung verfolgt wird. Dem braucht aber keineswegs so zu sein. Wenn im Traum die Stewardeß die Schrecknisse der Befreiungsnacht von Mogadiscio wiedererlebt oder eine Fürstin fürchtet, daß ihre Tochter gekidnappt wird, so spielen Schuldgefühle dabei kaum eine Rolle. Wie dem aber auch sei. Freuds Konstruktion vom verdrängten Wunsch, der dem Träumer von der Zensur in harmloser Entstellung serviert wird, um dessen Schlaf nicht zu stören, funktioniert hier in keiner Hinsicht. Es gibt weder einen verdrängten Wunsch, noch eine harmlose Entstellung, sondern nur Angst und Schrecken, die den Träumer in den meisten Fällen gerade nicht am Schlaf festhalten, sondern böse herausreißen. Vom Walten irgendwelcher Zensur kann in derartigen Fällen keine Rede sein.

Wie steht es aber mit den zahlreichen Wunscherfüllungsträumen? Hier ist zunächst festzustellen, daß in Träumen in großer Zahl Wünsche erfüllt werden, die in keiner Weise peinlich, unmoralisch oder sonst anstößig sind. Wenn der Träumer den verstorbenen geliebten Menschen wiedersieht, wenn ihm die verlorene Heimat gezeigt wird, wenn der Gelehrte die Lösung des ihn quälenden Problems findet, des Augustinus Mutter ihren Sohn zum gottgefälligen Leben zurückgekehrt sieht oder der Antikensammler ein schönes Stück findet, so handelt es sich dabei durchweg um völlig legitime Wunscherfüllungen. Außerdem sind das alles Träume, in denen die Wunscherfüllung ganz offen vor sich geht. Hier wird nichts entstellt und braucht auch nichts entstellt zu werden und infolgedessen ist auch keinerlei Platz für eine Zensur. Freuds Behauptung, daß es keine harmlosen Träume gebe, trifft nicht zu und er hat ja, wie wir sahen, selbst eingeräumt, daß sich mit bedenklichen Wünschen auch bedenkenfreie kombinieren können. Im übrigen gibt es Menschen, deren fragwürdige Wünsche ihnen selbst gar nicht fatal sind und auch keinerlei Schuldgefühl in ihnen zustandebringen. Der berufsmäßige Einbrecher kann ganz offen von neuen großen

Erfolgen träumen, ohne daß sein Schlaf gefährdet ist. Irgendeine Zensur, die ihm seine illegalen Wünsche verkleidet, benötigt er nicht.

Und damit komme ich zu dem Bereich von Wünschen, der für Freud so sehr im Vordergrund steht, nämlich zu den sexuellen. Hier, meine ich, muß man die Dinge historisch sehen. Es ist gewiß nicht zu leugnen, daß sexuelle Wünsche für den Menschen Jahrhunderte hindurch mit Schuldgefühlen verbunden waren oder doch in großem Umfang verbunden sein konnten. Das war nicht eine Folge der von Freud erfundenen Legende vom Vatermord in der Urhorde. Die Antike, vor allem die griechische, hatte die Sexualität noch mit unbefangener und selbstverständlicher Offenheit behandelt, völlig frei von Komplexen, wie Freud ihr doch hätte unterstellen müssen. Man braucht nur an die Behandlung der Sexualität schon bei Homer oder bei Aristophanes und auf griechischen Vasenbildern zu erinnern oder an die Vergöttlichung des Priapos. Das war alles fern von Schuldgefühlen. Sie kamen erst mit der Wendung auf, die Paulus der christlichen Lehre gab. Er erklärte nicht nur Homosexualität und sonstige Perversionen für todeswürdige Verbrechen nach Gottes Recht,[38] sondern verkündete, daß der Mensch „mit dem Fleische dem Gesetz der Sünde diene“,[39] und, so lautet sein berühmtes Wort: „Es ist dem Menschen gut, daß er kein Weib berühre.“[40] Mit dieser Wendung verbanden sich in der christlichen Welt – außerhalb von ihr sah es ganz anders aus – durch Jahrhunderte hindurch Sexualität und Schuldgefühl. Das hinderte freilich nicht, daß puritanische Epochen immer wieder von sittenfreieren abgelöst wurden und umgekehrt. Freud stand, als er die Traumdeutung verfaßte, noch im Dunstkreis des sittenstrengen Viktorianischen Zeitalters und es läßt sich leicht vorstellen, daß vor allem die jungen Damen der gutbürgerlichen Wiener Gesellschaft des fin du siècle ängstlich und unaufgeklärt ihre sexuellen Regungen mit Schuldgefühl verbanden. Daß dann auch und deshalb sexuelle Wünsche verdrängt werden konnten, in Träumen nur verkleidet auftreten durften und sich Neurosen daraus entwickelten, ist verständlich. Hier war Raum für eine Traumzensur.

Heute ist das alles ganz anders geworden. Seit Freud sein Werk schrieb, hat eine umwälzende Revolution in der allgemeinen Einstellung zur Sexualität und im öffentlichen Bekenntnis zu ihr stattgefunden, die in der Bundesrepublik Deutschland mit der Reform des Sexualstrafrechts im Jahre 1973 auch das billigende Siegel des Gesetzgebers fand. Manche, wie auch ich selbst, meinen, daß diese Reform zu weit ging. Aber an der Revolutionierung der Sexualmoral ändert das nichts. Homosexualität und Pornographie sind weitestgehend freigegeben, Ehebruch ist nicht mehr strafbar. Das Straßenbild ist durch Sex-shops fragwürdig bereichert. Sexy zu sein, ist ein auch von Frauen der Gesellschaft (soweit es eine solche überhaupt noch gibt) durchaus nicht verschmähter Ehrentitel. Paulus ist überwunden. Unter diesem Aspekt kann für eine Theorie, die Sexus und Schuldgefühl koppelt und damit eine Traumzensur für sexuelle Wünsche nötig macht, kein Platz mehr sein. Freud machte den Träumer zum ängstlichen Schüler, dem eingeredet werden muß, die verbotene süße Frucht, nach der er sich sehnt und die ihm sein Traum reichen will, sei nur eine fad schmeckende Kartoffel. In Wirklichkeit scheut sich der Träumer schon längst nicht mehr, die süße Frucht ganz offen zu genießen, und es ist auch nicht einzusehen, wieso Hans seine Grete nicht im Traum ebenso genußvoll umarmen sollte wie im Wachzustand, statt sich mit Ersatzhandlungen vertrösten zu lassen wie etwa mit dem berühmten Stoßen eines Speers in eine Ackerfurche,[41] einem Vorgang, der ihm unverständlich bleibt und keinerlei Genuß bereitet.

Ich möchte noch weitergehen und behaupten, daß Freuds Theorie schon zu seiner Zeit im wesentlichen nur für Neurotiker gelten konnte.[42] Auch das Wien der Jahrhundertwende bestand nicht nur aus prüden und verklemmten Menschen. Man braucht nur an die Figuren Arthur Schnitzlers zu denken, dessen Stücke Anatol, Liebelei und der Reigen zwischen 1893 und

1900 erschienen. Aber gerade auch bei Menschen, für die eine Zensur im Sinne Freuds eine Wohltat gewesen wäre, versagte sie offensichtlich. Wieso, so muß gefragt werden, mußten sich Augustinus, die Mönche des Mittelalters und später noch Tolstoi mit ihren ihnen unausstehlichen sexuellen Träumen quälen, wenn es die von Freud behauptete Zensur gab? Hier hätte sie doch eingreifen müssen. Warum werden die so zahlreichen sexuellen Träume, wie wir sahen, offen und keineswegs entstellt geträumt? Wie konnte es kommen, daß bei dem geschilderten hypnotischen Experiment eine große Zahl der Versuchspersonen trotz gegenteiligen Befehls ganz grobe offene Sexualträume produzierte? Sehr bezeichnend ist in diesem Zusammenhang auch die folgende Stelle aus dem Roman Vladimir Nabokovs „Durchsichtige Dinge", wo der Held über „die Art obszöner und absurder Alpträume" klagt, „die seine Nacht zerschmetterten", und es dann heißt: „Weder die zufälligen Nacherzählungen schlechter Träume, noch die Fallgeschichten in Freudschen Traumbüchern mitsamt ihren lachhaften Aufklärungen glichen auch nur annähernd der komplizierten Gemeinheit seiner fast alltäglichen Erfahrung."[43] Das ist freilich einem Roman entnommen, dürfte aber doch im Kern nicht aus der Luft gegriffen sein, sondern auf Erfahrungen des Autors oder seiner Bekannten zurückgehen. Wo bleibt hier die so nötige Zensur? Die Schlußfolgerung ist, daß es dieses Kernstück Freud'scher Traumtheorie in aller Regel gar nicht gibt. Im Gegenteil. Wie ich schon im 5. Kapitel dargelegt habe, ist der Traumerleber ganz im Gegensatz zu seinem Wachleben imstande, nicht nur sexuelle Exzesse oder sonst unmoralische Handlungen zu begehen, sondern darüber hinaus schwere Verbrechen, Mord und Totschlag nicht ausgenommen. Das bedeutet, daß der Mensch im Traum von der Kontrollinstanz, die ihn im Wachzustand kontrolliert und ihm Schranken setzt, gerade befreit ist, so daß er sich mit seinen bewußten oder unbewußten Wünschen und Aggressionstendenzen austoben und sie abreagieren kann. Ich möchte dazu noch einen besonders aussagekräftigen Traum anführen. Einer meiner Bekannten empfand im Traum ein dringendes Bedürfnis, seinen Darm zu entleeren, und dieser Drang überfiel ihn derart, daß er sich entschließen mußte, ihm in seinem Zimmer, wo er sich gerade befand, auf einer Zeitung abzuhelfen. In diesem Augenblick erschien seine Frau in der Zimmertür und sagte, die Sekretärin des Träumers komme gerade. Trotz der dringenden Bitte an die Frau, die Sekretärin zurückzuhalten, erschien diese doch im Zimmer. Darauf wurde der Träumer so wütend, daß er sein Produkt samt Zeitung der Sekretärin ins Gesicht schleuderte und erwachte. Es kann kein Zweifel sein, daß dem Träumer, einem besonders gebildeten und kultivierten Mann, derartiges im Wachzustand niemals passieren könnte. Solche Träume zeigen doch sehr deutlich: Die in der psychoanalytischen Terminologie als Über-Ich bezeichnete Kontrollinstanz, die Freud in seinem Traumdeutungswerk noch nicht entdeckt hatte, die aber mit der dort verwendeten Figur der Zensur nahe verwandt, wenn nicht identisch ist,[44] funktioniert im Traum nicht. Darin liegt gerade eines seiner charakteristischen Kennzeichen, das mit dazu beiträgt, die Traumwelt zu einem Land der Freiheit zu machen. Freuds Lehre von der Zensur ist nicht haltbar, mindestens nicht für die große Masse der Träume.

In engem Zusammenhang mit Freuds Zensurtheorie steht seine Lehre vom Traum als Hüter des Schlafes, die ich am Anfang des 11. Kapitels als 8. These formuliert habe. Denn das Unkenntlichmachen der Traumgedanken mit Hilfe der Zensur hat ja zum Ziel, daß der Träumer nicht in plötzlicher Erkenntnis seines ihm peinlichen Wunsches empört oder erschreckt erwacht. Freud hat deshalb auch gemeint, daß alle Träume in gewissem Sinn „Bequemlichkeitsträume" seien.[45] Ich habe meine Auffassung zu diesem Thema schon am Ende des 8. Kapitels dargelegt. Das Ergebnis war, daß auch hier wieder einer der Fälle gegeben ist, in denen Freud zum Teil zutreffende Erkenntnisse unzutreffend generalisiert. Auch das Wort von den Bequemlichkeitsträumen ist insofern schief, als der Traum anders als der Tiefschlaf, der auch das Gehirn ausruhen läßt, im Flachschlaf stattfindet und dem Gehirn eine Tätigkeit abfordert, die, wie im 2. Kapitel gezeigt wurde, der im Wachzustand nicht unähnlich ist. Insofern ist Träumen eine geistige Leistung und eine Unterbrechung des totalen Schlafes, die vom Träumer auch vielfach als ausgesprochene Anstrengung empfunden wird. Denn das träumende Ich erlebt eben das Spiel des Traumes mit derselben Intensität wie die Ereignisse des Wachlebens und läßt sich in Intellekt und Gemüt von diesem Spiel bewegen. Und diese Bewegung kann nicht nur im Angsttraum, sondern auch bei Träumen mit einem positiven Akzent wie bei freudig überraschenden Ereignissen eine solche Stärke erreichen, daß der Schläfer entsetzt oder freudig erregt erwacht. In solchen Fällen tritt der Traum keineswegs als Hüter des Schlafes, sondern gerade als dessen Störer und Unterbrecher auf. Daher trifft Freuds generalisierende These nicht zu. Auch sein Versuch, die störende Rolle den Tagesresten zuzuweisen, kann nicht überzeugen. Tagesreste können freilich, wenn sie den Träumer über die Schwelle der im Traum erträglichen Erregung bringen, zu Störern werden. Aber ebenso brauchen sie wie in den Fällen der Fortsetzung monotoner Tagestätigkeit im Traum den Schlaf nicht zu tangieren. Ob der Traum zum Schlafstörer wird, hat mit der Frage der Tagesreste nichts zu tun. Die Zensurtheorie läßt sich also auch mit der These vom Traum als Hüter des Schlafes nicht begründen.

Das Ergebnis dieses Kapitels ist danach: Freuds Lehre von der Zensur läßt sich, mindestens in ihrer Allgemeinheit, nicht halten. Vielmehr ist es geradezu ein Kennzeichen des Traumes, daß in ihm die das Wach-Ich im Zaum haltende Kontrollinstanz ausgeschaltet ist. Der Traumspieler ist auch keineswegs immer bemüht, den Träumer am Schlaf festzuhalten und damit dessen Hüter zu sein. Er tut oft genug das Gegenteil. Im übrigen ist Traum stets Unterbrechung des Tiefschlafs und damit keine Bequemlichkeit, sondern eine Anstrengung für den Träumer.

14. Kapitel
Der Traumentstehungsprozeß in der Lehre Freuds

Im VII. Kapitel seines Werkes, das man wohl als Krönung seines Buches und als dessen „entscheidendes Kapitel"[1] ansehen kann, entwickelt Freud in subtilster Weise seine Vorstellung von der Entstehung des konkreten Traumes mit zahlreichen, oft verwirrenden Details. Diese Entstehung ist nach seiner Darstellung ein äußerst komplizierter Vorgang. Freud rühmt selbst „die außerordentliche Kunst im Aufbau des Traumes"[2] und schreibt: „In den Traumgedanken finden wir die Beweise einer höchst komplizierten, mit fast allen Mitteln des seelischen Apparats arbeitenden, intellektuellen Leistung."[3] Gleichzeitig sieht er es als bewiesen an, daß diese „kompliziertesten Denkleistungen ohne Mittun des Bewußtseins möglich sind."[4]

Freud entwickelt zunächst das Schema eines „psychischen Apparates" mit verschiedenen Bestandteilen, die er „Systeme" nennt.[5] „An dem sensiblen Ende befindet sich ein System, welches die Wahrnehmungen empfängt", von denen im psychischen Apparat „Erinnerungsspuren" bleiben und welche Erinnerungssysteme bilden, von denen das erste „die Grundlage der Assoziation" liefert, d. h. der Verknüpfung von Wahrnehmungen „nach ihrem einstigen Zusammentreffen mit der Gleichzeitigkeit."[6] Freud nimmt weitere derartige Erinnerungssysteme an, die er nicht näher charakterisiert. Der psychische Apparat hat ein motorisches Ende, an das Freud „die kritisierende Instanz" setzt, die „unser waches Leben lenkt und über unser willkürliches, bewußtes Handeln entscheidet".[7] „Das letzte der Systeme am motorischen Ende heißen wir das *Vorbewußte*, um anzudeuten, daß die Erregungsvorgänge in demselben ohne weitere Aufhaltung zum Bewußtsein gelangen können, falls noch gewisse Bedingungen erfüllt sind . . . das System dahinter heißen wir das *Unbewußte*, weil es keinen Zugang zum Bewußten hat, *außer durch das Vorbewußte*, bei welchem Durchgang sein Erregungsvorgang sich Abänderungen gefallen lassen muß."[8]

Ich lasse dahingestellt, inwieweit sich diese Vorstellungen von unserem psychischen Apparat mit den Erkenntnissen der heutigen Psychologie vereinbaren lassen, insbesondere, was die Postulierung von Erinnerungssystemen und die Konstruktion eines zwischen Bewußtem und Unbewußtem angesiedelten Vorbewußten angeht.[9] Auf dieser Grundlage entwickelt Freud jedenfalls seine Theorie des Traumentstehungsprozesses. Er beginnt mit der Entstehung des Traumwunsches, für dessen Herkunft, wie schon erwähnt, Freud vier Möglichkeiten nennt. Der Wunsch kann „1) bei Tag erregt worden sein und . . . keine Befriedigung gefunden haben . . . 2) er kann bei Tage aufgetaucht sein, aber Verwerfung gefunden haben . . . 3) er kann . . . erst nachts aus dem Unterdrückten in uns rege werden."[10] Als vierte Quelle eines Traumwunsches nennt Freud dann noch „die aktuellen, bei Nacht sich erhebenden Wunschregungen (z. B. Durstreiz, das sexuelle Bedürfnis)".[10] Wünsche der ersten Art lokalisiert Freud im Vorbewußten; solche der zweiten Art sind vom Vorbewußten ins Unbewußte zurückgedrängt worden und von denen der dritten Art glaubt Freud, „daß sie überhaupt unfähig" sind, „das System des Unbewußten zu überschreiten."[11] Zur weiteren Entstehung des Traumes heißt es dann später zusammenfassend: „Schon im Laufe des Tages oder erst mit der Herstellung des Schlafzustandes hat der unbewußte Wunsch sich den Weg zu den Tagesresten gebahnt, seine Übertragung auf sie bewerkstelligt. Es entsteht nun ein auf das rezente Material übertragener Wunsch, oder der unterdrückte rezente Wunsch hat sich durch Verstärkung aus dem Unbewußten neu belebt. Er möchte nun auf dem normalen Weg der Gedankenvorgänge durch das Vorbewußte, dem er mit einem Bestandteil ja angehört, zum Bewußtsein vordringen. Aber er stößt auf die Zensur, die noch besteht und deren Einfluß er jetzt unterliegt. Hier nimmt er die Entstellung an, die schon durch die Übertragung auf das Rezente angebahnt war . . . Nun aber gestattet der Schlafzustand des Vorbewußten nicht das weitere Vordringen . . . Der Traumvorgang schlägt also den Weg der Regression ein ... und folgt dabei der Anziehung, welche Erinnerungsgruppen auf ihn ausüben ... Auf dem Wege zur Regression erwirbt er Darstellbarkeit ... Er hat jetzt das zweite Stück seines mehrmals geknickten Verlaufs zurückgelegt. Das erste Stück spann sich progredient von den unbewußten Szenen oder Phantasien zum Vorbewußten, das zweite Stück strebt von der Zensurgrenze an wieder zu den Wahrnehmungen hin. Wenn der Traumvorgang aber Wahrnehmungsinhalt geworden ist, so hat er das ihm durch Zensur und Schlafzustand im Vorbewußten gesetzte Hindernis gleichsam umgangen. Es gelingt ihm, Aufmerksamkeit auf sich zu ziehen und vom Bewußtsein bemerkt zu werden. Das Bewußtsein ... ist im Wachen von zwei Seiten her erregbar. Von der Peripherie des ganzen Apparats, dem Wahrnehmungssystem, in erster Linie; außerdem von den Lust- und Unlusterregungen, die sich als fast einzige psychische Qualität bei den Energieumsetzungen im Innern des Apparats ergeben. Alle Vorgänge in den 4 Systemen sonst, auch die im Vorbewußten, entbehren jeder psychischen Qualität und sind darum kein Objekt des Bewußtseins, insofern sie ihm nicht Lust oder Unlust zur Wahrnehmung liefern. Wir werden uns zur Annahme entschließen müssen, daß *diese Lust- und Unlustentbindungen automatisch den Ablauf der Besetzungsvorgänge regulieren.*“[12] Damit aber nicht genug. Es folgt noch ein „drittes Stück des Traumvorgangs“: „Ist der Traum aber einmal Wahrnehmung geworden, so vermag er durch die jetzt gewonnenen Qualitäten das Bewußtsein zu erregen. Diese Sinneserregung ... dirigiert einen Teil der im Vorbewußten verfügbaren Besetzungsenergie als Aufmerksamkeit auf das Erregende.“ Der Traum erfährt nun von „der ruhenden Kraft des Vorbewußten ... jene Beeinflussung, die wir als sekundäre Bearbeitung mit Rücksicht auf Zusammenhang und Verständlichkeit bezeichnet haben.“[13] Es nimmt nicht wunder, wenn Freud für wahrscheinlich hält, „daß das erste Stück der Traumarbeit bereits am Tage ... beginnt. Das zweite Stück ... geht wohl die ganze Nacht hindurch fort ...“[14] Freud schreibt sogar: „Ich möchte selbst nach gewissen persönlichen Erfahrungen glauben, daß die Traumarbeit oft mehr als einen Tag und eine Nacht braucht, um ihr Ergebnis zu liefern."[15] An späterer Stelle heißt es: „Es besteht aber keine Nötigung anzunehmen, daß diese Gedankenarbeit während des Schlafes vollzogen wurde, was unsere bisher festgehaltene Vorstellung vom psychischen Schlafzustand auch beirren würde. Diese Gedanken können vielmehr sehr wohl vom Tage stammen, sich von ihrem Anstoß an, unserem Bewußtsein unbemerkt, fortgesetzt haben und fanden sich dann mit dem Einschlafen als fertig vor."[16]

Liest man diese Stellen, die wohl die zentralen Passagen des VII. Kapitels in Freuds Buch darstellen, aber von einer Unzahl weiterer, ebenso komplizierter Detailüberlegungen und Detailhypothesen umgeben und ergänzt werden, so kann man nur staunen, welch ein komplizierter Apparat im Traum wirksam werden, also auch hinter dem einfachsten und kürzesten Traum auch des einfachsten Menschen stehen soll. Von diesem so umfangreichen und differenzierten Begriffsapparat möchte ich zur Erläuterung der gegebenen Zitate nur noch wiedergeben, wie Freud den oben erwähnten Begriff der Regression auffaßt, die er als „eine der wichtigsten psychologischen Eigentümlichkeiten des Traumvorgangs" bezeichnet.[17] Er versteht unter „Regression, wenn sich im Traum die Vorstellung in das sinnliche Bild rückverwandelt, aus dem sie irgend einmal hervorgegangen ist."[18] Aus der Annahme der Regression „erklärt sich uns ohne weiteres die empirisch festgestellte Tatsache, daß alle Denkrelationen der Traumgedanken bei der Traumarbeit verlorengehen oder nur mühseligen Ausdruck finden. Diese Denkrelationen sind nach unserem Schema nicht in den ersten Erinnerungssystemen, sondern in weiter nach vorn liegenden enthalten und müssen bei der Regression bis auf die Wahrnehmungsbilder ihren Ausdruck einbüßen. *Das Gefüge der Traumgedanken wird bei der Regression in sein Rohmaterial aufgelöst.*"[19]

Mit diesen Zitaten soll es genug sein. Daß Freud mit einem derartigen Konstruktionsgebäude, das der Traumarbeit eine ebenso umfangreiche wie diffizile und komplizierte intellektuelle Leistung zuweist, wie sie der bewußte Mensch im Wachzustand nicht zu erbringen vermöchte, den Boden der Empirie verläßt und sich in den Bereich reiner Hypothesen begibt, sollte nicht zweifelhaft sein. Er selbst scheint sich dessen auch bewußt gewesen zu sein. Das zeigt seine Formulierung „Wir werden uns zur Annahme entschließen müssen“ sowie sein Eingeständnis, „durch die Annahme, der Traumwunsch stamme jedesmal aus dem Unbewußten, einen Schritt weit über das Beweisbare hinausgegangen“ zu sein.[20] Ich meine, daß das Ganze nicht beweisbar ist und kritischer Nachprüfung nicht standhält.

Zunächst ist die Darstellung nicht ohne Widerspruch. Mit der Ablehnung der Vorstellung, daß die Gedankenarbeit während des Schlafs vollzogen wird und die Gedanken mit dem Einschlafen fertig vorgefunden werden, läßt es sich nicht vereinbaren, wenn Freud Wünsche und damit Traumgedanken von der 3. und 4. Art anerkennt, die erst nachts rege werden, weil sie bis dahin unterdrückt waren oder wie Durst oder Sexualreize erst nachts entstehen, und wenn er erklärt, daß das zweite Stück der Traumarbeit „wohl die ganze Nacht hindurch“ fortgeht. Dieser Widerspruch führt zugleich zu einer ersten Kritik in der Sache. Wenn Träume, wie wir sahen, ihren Anlaß in einem äußeren oder inneren Reiz finden, also etwa im Harnreiz oder, weil der Wecker klingelt oder dem Schläfer der Bettaufsatz auf den Nacken fällt, ist es unvorstellbar, daß vor der Traumerscheinung ein so komplizierter Prozeß abläuft, wie Freud ihn postuliert. Er will sich aus dem Dilemma dadurch heraushelfen, daß er die von ihm zunächst so präzis beschriebene zeitliche Sukzession der von ihm geforderten Traumarbeitsstücke am Ende verneint und erklärt: „in Wirklichkeit handelt es sich wohl vielmehr um gleichzeitiges Erproben dieser oder jener Wege, um ein Hinundherwogen der Erregung, bis endlich durch deren zweckmäßigste Anhäufung gerade die eine Gruppierung die bleibende wird.“[21] Mit dieser unklaren Bemerkung wird das Ganze nur noch verworrener. Erst wird uns ein höchst differenziertes Nacheinander überaus komplizierter Entstehungsakte unter Mitwirkung der verschiedensten Systeme vorgeführt und diese „außerordentliche Kunst im Aufbau des Traums“ soll plötzlich einem gleichzeitigen Erproben und Hin- und Herwogen Platz machen, das doch nur geeignet wäre, den langwierigen Prozeß, der ja oft mehr als einen Tag und eine Nacht dauern soll, nur noch zu verzögern. Ein derartiger Erklärungsversuch kann nicht darüber hinwegtäuschen, daß bei einem Traum, in dem der Traumspieler auf einen Augenblicksreiz mit einer Bildvorführung, die assoziativ begründet sein und deshalb äußerst schnell ablaufen kann, unmittelbar reagiert, Vorgänge wie Vordrängen aus dem Vorbewußten, Zensur, Regression, Sekundärbearbeitung und anderes mehr überhaupt nicht stattfinden können.

Gerade der Umstand, daß sich Freud genötigt sieht, angesichts des von ihm angenommenen komplizierten Traumentstehungsprozesses einen längeren Zeitraum für die Traumarbeit anzunehmen, die möglicherweise mehr als einen Tag und eine Nacht braucht, bringt ihn in weitere Schwierigkeiten, die kaum oder gar nicht aufzulösen sind. So muß er eine unbewußte Traumarbeit der Psyche während des Wachzustandes am Tage annehmen, eine zum mindesten sehr gewagte Hypothese. Ich kann mir nicht vorstellen, daß der Traumspieler schon am Tage in Aktion tritt und die Szenen der Nacht vorbereitet. Freuds Behauptung erscheint deshalb besonders fragwürdig, weil er ja Gedankenarbeit während des Schlafes ausdrücklich ablehnt. Im Widerspruch dazu steht allerdings seine Erklärung, daß die Traumarbeit auch die Nacht brauchen könne. Doch diese Meinung erscheint besonders problematisch. Der Mensch träumt doch, wie die amerikanischen Forschungen gezeigt haben, jede Nacht. Soll da gleichzeitig neben diesen Träumen noch die Vorbereitungsarbeit an einem erst später vorzuführenden Traum nebenherlaufen? Oder sollte das während der Tiefschlafphasen geschehen? Beides ist schwer vorstellbar und das letztere lehnt Freud doch offenbar ab. Aus dem Dilemma ist nicht herauszukommen. Außerdem ist noch eine Erscheinung zu bedenken, an der Freud in jedem Falle scheitern muß. Der Mensch träumt nämlich in derselben Nacht nach den durch die Erfahrung bestätigten amerikanischen Forschungsergebnissen nicht nur einen Traum, sondern mehrere, und zwar ganz verschiedene. Freud hat dieses Phänomen gesehen, aber nicht zu behaupten gewagt, daß der seelische Apparat in diesen Fällen gleichzeitig Arbeit an mehreren Träumen mit verschiedenen Traumgedanken leiste. Eine solche These hätte wohl auch die Ansprüche an den schon mit einem einzigen Traum fast überforderten Apparat übersteigert. Freud hilft sich mit einem anderen Ausweg. Er schreibt: „Alle Träume derselben Nacht gehören ihrem Inhalt nach zu dem nämlichen Ganzen, ihre Sonderung in mehrere Stücke, deren Gruppierung und Anzahl, all das ist sinnreich und darf als ein Stück Mitteilung aus den latenten Traumgedanken aufgefaßt werden."[22] Diese Behauptung widerspricht der Traumwirklichkeit. Jeder, der seine Träume aufmerksam beobachtet, wird finden, daß er in derselben Nacht mehrere Träume haben kann, die so heterogen sind, daß sie nicht als ein nämliches Ganzes angesehen werden können. Ich bringe dafür folgendes Beispiel: In der Nacht zum 17. 8. 1979 träumte ich getrennt in jeweils längeren Szenen 1. Die Wiederbegegnung mit einer Bekannten aus meiner Jugendzeit; 2. ein Tischtennisspiel gegen einen Japaner, der außerordentlich raffiniert spielte, und 3. den langwierigen Versuch, in einem großen Warenhaus einen Anzug zu kaufen. Auch bei den zwei letzten Träumen handelt es sich um Erinnerungsträume, aber alle drei stammen aus ganz verschiedenen Quellen. Tischtennis, das ich früher intensiv und sportlich gespielt habe und in dem Japaner Meister sind, spielt ebenso wie das eigentliche Tennis in meinen Träumen nicht selten eine Rolle. Auch Träume von Anzugskäufen oder ähnlichem kommen ziemlich häufig vor. Sie gehen vielleicht auch auf meine Jugendzeit zurück, in der ich oft sehnsüchtig durch Schaufensterscheiben auf Dinge sah, die ich mir damals nicht leisten konnte. Selbst wenn also ein Psychoanalytiker versuchen würde, die drei verschiedenen Träume mit seiner dialektischen Methode auf einen Nenner zu bringen, würde mich das schon deshalb nicht überzeugen, weil alle drei einen ganz verschiedenen Stimmungsgehalt hatten. Noch stärker tritt das an folgendem Beispiel zutage. Vor kurzem hatte ich in einer Nacht (das Datum habe ich leider nicht festgehalten) zuerst einen Schrecktraum, der mich erwachen ließ, und nach dem Wiedereinschlafen fand ich mich bei einem angenehmen Spaziergang durch eine liebliche Landschaft. Wenn man beachtet, daß Freud ja die Meinung vertritt, daß der die Traumgedanken tragende oder begleitende Affekt in den manifesten Trauminhalt durchschlägt, so ließen sich auch von seinem Standpunkt her die beiden Träume nicht auf einen Nenner bringen. Und wie ist es, wenn einem beliebigen Traum, der Freuds komplizierten Entstehungsprozeß durchlaufen haben könnte, nach zwei oder drei Stunden ein akuter Reiztraum, etwa ein Dursttraum oder ein Weckertraum folgte, der nur mit diesem Reiz, mit dem vorausgegangenen Traum aber nichts zu tun hätte? Daß so etwas leicht möglich ist, erscheint sicher. Freud kommt aus seinem Dilemma nicht heraus.

Von für mich durchschlagender Bedeutung ist aber der folgende Punkt, an dem Freuds Lehre und die von mir entwickelte Auffassung vom Wesen des Traums am härtesten aufeinanderstoßen. Nach Freuds Vorstellung ist der Traum zwar ein überaus kunstvoll und mühsam zustandegebrachtes Produkt, aber er ist, jedenfalls im Regelfall, „mit dem Einschlafen fertig". Das träumende Ich hat ihn nur entgegenzunehmen und über sich ergehen zu lassen. Es ist, als ob dem Schläfer ein in der Traumküche raffiniert zubereitetes Gericht fertig serviert wird und er es gefälligst zu verspeisen hätte. Oder, um ein dem Phänomen noch näher kommendes Bild zu gebrauchen: Der Traum ist zwar ein Spiel oder Theaterstück, aber eines im überkommenen Sinne, bei dem nicht nur Kulissen, Requisiten und Kostüme, sondern auch der gesamte Handlungsverlauf und die gesprochenen Worte in dem vorher geschriebenen Textbuch in allen Einzelheiten starr festgelegt sind. Selbst die Rolle des träumenden Ich ist so fixiert. Damit erhält der Traum einen ausgesprochen statischen Charakter.

Das aber widerspricht der Traumwirklichkeit und aller Traumerfahrung. Freud übersieht, daß das träumende Ich an der Gestaltung des Traums agierend und reagierend einen wesentlichen Anteil hat. Es kennt ja nach Freuds Vorstellung die versteckten Traumgedanken überhaupt nicht, sondern erlebt nur deren Maskierung im manifesten Inhalt. Dieser ist für ihn der Traum und dessen Wirklichkeit. Und in diesen manifesten Inhalt greift das träumende Ich, wie wir an zahlreichen Beispielen sahen, selbst handelnd ein und führt Veränderungen herbei, die bei der Entstehung und Entstellung der Traumgedanken gar nicht voraussehbar gewesen wären, auf die aber der Traumspieler reagieren und damit ein Abweichen vom ursprünglichen manifesten Inhalt zulassen muß. Die Annahme eines träumenden Ich, das den Traum nicht nur passiv über sich ergehen läßt, sondern auch selbst in seinem ganzen Traumverhalten von vornherein fixiert ist, ist unhaltbar. Zu einer solchen Annahme zwingt aber Freuds Konstruktion. Er hat zwar einmal erwogen, „eine neue Kategorie von Träumen zuzulassen, die nicht dem Mechanismus der Verdichtung und Verschiebung unterlegen waren, sondern als ‚Phantasien während des Schlafes' bezeichnet werden durften."[23] Doch hat er den Gedanken fallen lassen. Allerdings schreibt er in einer späteren Anmerkung: „Ich weiß heute nicht, ob mit Recht."[24] Nun gibt es nach meiner Auffassung gewiß Phantasien während des Schlafs, Freud aber hätte, wenn er sie anerkannt hätte, sein gesamtes Konzept in Frage gestellt. Der kunstvolle Bau des Traums, mit dem der Träumer über die ihm widerfahrende Wunscherfüllung raffiniert getäuscht wird, müßte einstürzen, wenn dem Träumer gestattet wäre, ihn mit seinen Phantasien anzugreifen. Eine dem Traumerleber erteilte Erlaubnis, seine im Textbuch festgelegte Rolle zu ändern, müßte nämlich notwendig auch zu Änderungen im Verhalten des Traumspielers führen und im Ergebnis wäre das ganze kunstvolle Traumgebilde zerstört. Nicht anders wäre es aber mit Phantasien des Traumspielers, die in das Konzept der Traumentstellung eingriffen.

In Wirklichkeit ist Freuds statische Konstruktion des Traumes als eines Fertigprodukts verfehlt. Der Traum ist vielmehr ein dynamischer Prozeß, der sich erst im Schlaf durch Einfälle und Assoziationen im gemeinsamen Agieren und Reagieren vom Traumspieler und Traumerleber entwickelt, gewiß einem Theaterstück vergleichbar, aber einem improvisierten der modernen Art, in das, nachdem der Traumspieler das Motiv angeschlagen hat, der Traumerleber als Zuschauer und Hauptdarsteller zugleich in aller Regel eingreift, so daß erst das in Aktion und Reaktion wechselnde Zusammenspiel den Traum endgültig formt. Der Traum hat die Spontaneität eines sich allmählich entwickelnden Kunstwerks. Er gleicht, um es modern zu sagen, einem Happening.

Das sind keine Hypothesen, sondern die Wiedergabe des empirischen Traumerlebens, wie jeder feststellen kann, der seine eigenen Träume beobachtet. Er stellt fest, daß er im Traum Entschlüsse faßt, handelt, in das Geschehen so oder so eingreift und damit den gesamten Traum mitgestaltet. Ich erinnere an den Traum Bismarcks, an Freuds Traum vom Schloß am Meer, in dem der Traumerleber den Kommandanten des Schlosses mit Fragen bedrängt, bis dieser tot umsinkt, ich erinnere an meinen im 1. Kapitel geschilderten Traum vom Besuch der Landgasthäuser mit meiner Frau und an den im 6. Kapitel wiedergegebenen Traum meiner Schwester von der Auferstehung der schönen jungen Frau aus dem Korbsarg. Sie alle bestätigen das hier Gesagte. Überall gibt es ein Eingreifen des Traumerlebers in das Geschehen, überall ein Hin und Her zwischen ihm und dem Traumspieler. Einige einfache Beispiele sollen das noch illustrieren.

In der Nacht zum 25. 7. 1979 träumte ich, daß ich in einer Gruppe von Menschen laut die Arie aus Verdis Don Carlos sänge: „Sie hat mich nie geliebt.“ An einer hohen Stelle schnappte ich aber mit der Stimme über und es entstand ein allgemeines Gelächter. In der Nacht zum 2. 11. 1979 träumte ich von einem Waldspaziergang mit anderen. Auf einer Lichtung entdeckten wir ein tierähnliches Astgebilde. Ich suchte ein rundes Stück Holz, steckte es an das Vorderteil des Gebildes und sagte, nun sei es eine Katze. Dann suchte ich ein gebogenes Holz, steckte es an den hinteren Teil und sagte, das sei der Schwanz. Als darauf jemand monierte, daß das Tier keine Ohren habe, suchte ich nach einem dafür passenden Stück, fand aber nur ein längeres mit Zacken. Als ich das angebracht hatte, sagte einer, nun sei das Tier aber ein Hirsch. Damit brach die Traumerinnerung ab. In der Nacht zum 7. 3. 1980 fand ich mich im Traum im Treppenhaus eines Gebäudes und sah vor einem Fenster eine Masse grüner Blätter auftauchen und wieder verschwinden. Meine Frau kam dazu und wir stellten fest, daß draußen der Wipfel einer Pappel vom Sturm gebogen sich immer wieder bis zu unserem Fenster neigte und dann zurückschnellte. Ich warnte meine Frau davor, daß der Wipfel durch das Fenster schlagen könne, und ging hinunter vor das Haus. Dort sah ich, völlig überrascht, zu meinem Schrecken, daß meine Frau, als der Wipfel wieder vor das Fenster kam, sich hinausschwang und an den Baum klammerte. Sie hielt etwas in der Hand, womit sie anscheinend den Wipfel festbinden wollte. Ich fürchtete, der werde sie beim Zurückschnellen in die Luft schleudern, aber das geschah nicht, sondern der Wipfel brach und senkte sich ziemlich langsam zu Boden, so daß meine Frau leicht heruntersteigen konnte. Noch im Schrecken sagte ich zu ihr: „Um Gotteswillen, warum hast du denn das getan?“ Darauf bemerkte eine hinzugekommene Frau: „Sie wollte nur ihre Jugendlichkeit beweisen!“ Ich antwortete energisch: „Sie hat es nur aus Barmherzigkeit mit dem Baum getan.“ Dann sagte ich meiner Frau, wir wollten jetzt zur Beruhigung einen kleinen Spaziergang im Schatten machen. Da sahen wir einen kleinen schwarzen Dackel, der sich mit einem Würstchen zu schaffen machte. Er wollte von uns mitgenommen werden und sprang zweimal an mir hoch. Ich wehrte ihn aber ab und gab ihm einen Klaps, worauf er sich flach auf den Boden kauerte. Damit brach der Traum ab.

In der Nacht zum 15. 3. 1980 träumte ich von einem Tennisspiel, und zwar einem Doppel, bei dem auf der einen Seite meine Frau (mit der ich niemals Tennis gespielt habe) und ich, auf der anderen Seite zwei nicht mehr zu identifizierende Herren spielten. Abgesehen von dem seltsamen Umstand, daß wir uns alle statt richtiger Schläger zusammengelegter Frottierhandtücher bedienten, was aber keine Schwierigkeiten machte, verlief das Spiel, an das ich mich am Morgen noch in allen Einzelheiten erinnerte, völlig normal. Der Traum brachte allerdings keinen ganzen Satz, sondern nur ein einziges Spiel. Meine Frau, die aufschlug, und ich lagen 0:15 zurück, weil ich einen hohen Ball ins Netz schlug, machten dann aber alle restlichen Punkte. Dabei spielte eine Rolle, daß ein gegnerischer, entlang der Linie gespielter Ball, der für uns unerreichbar gewesen wäre, knapp aus ging und ich umgekehrt das Glück hatte, daß ein von mir dem an der Feldecke rechts stehenden Gegner vor die Füße gespielter Ball gerade noch im Felde landete. Nach diesem einen Spiel erwachte ich.

Mustert man diese vier sehr verschiedenen Träume, so kann man sich nicht vorstellen, daß sie als Produkte aus einem komplizierten Aufbauprozeß bereits beim Einschlafen fertig gewesen sein könnten. Sie tragen viel zu sehr den Stempel eines sich aus sich heraus mit überraschenden Wendungen entwickelnden Spieles, dessen Ausgang am Anfang in keiner Weise vorauszusehen war.

Nun stellt aber noch ein weiterer Gedankengang Freuds Lehre in Frage. Die Ausführung in seinem entscheidenden VII. Kapitel wirken so, als sei er mit seherischen Augen begabt, die ihm gestatteten, genaue Blicke in das Räderwerk des psychischen Apparats im Menschen, einschließlich des Vorbewußten und Unbewußten, zu tun und so die einzelnen Stationen der Traumentstehung exakt verfolgen zu können. Einen Beweis für die Richtigkeit dieser Hypothesen liefert er nicht. Er macht nicht einmal den Versuch dazu. Hätte man ihn gefragt, woher ihm denn diese Erkenntnisse gekommen seien, so würde er gewiß auf seine zahlreichen Traumanalysen und die dabei zutage geförderten Assoziationen seiner Träumer hingewiesen haben. Ist es aber nicht möglich, daß die Assoziationen, die bei einer Analyse produziert werden, gar nicht aus solchen dem Traum vorausgegangenen Gedanken stammen, sondern in Wirklichkeit erst während der Analyse auftauchen und von Freud unzulässigerweise in die angebliche Traumarbeit zurückprojiziert werden? Freud hat das Problem gesehen und den eben geäußerten Verdacht mit folgender Erklärung zurückgewiesen: „Ich kann diesem Zweifel nur bedingt beitreten. Daß einzelne Gedankenverbindungen erst während der Analyse entstehen, ist allerdings richtig, aber man kann sich jedesmal überzeugen, daß solche neuen Verbindungen sich nur zwischen Gedanken herstellen, die schon in den Traumgedanken in anderer Weise verbunden sind . . . Für die Überzahl der bei der Analyse aufgedeckten Gedankenmassen muß man zugestehen, daß sie schon bei der Traumbildung tätig gewesen sind, denn wenn man sich durch eine Kette solcher Gedanken, die außer Zusammenhang mit der Traumbildung scheinen, durchgearbeitet hat, stößt man dann plötzlich auf einen Gedanken, der im Trauminhalt vertreten, für die Traumdeutung unentbehrlich ist und doch nicht anders als durch jene Gedankenkette zugänglich war."[25] Das kann nicht überzeugen, würde es doch voraussetzen, daß der Analytiker zwischen Assoziationen, die schon an der Traumarbeit beteiligt waren, und solchen unterscheiden könnte, die erst während der Analyse auftreten. Wie sollte das aber möglich sein? Der Träumer liefert dem Deuter zunächst nur seinen manifesten Trauminhalt, der die angeblich dahinter stehenden Traumgedanken gar nicht erkennen läßt und nach Freuds Theorie gar nicht erkennen lassen darf, und erst darauf die ihm dazu kommenden Ideenverbindungen. Sie kommen ihm aber während der Analyse, und zwar sämtlich. Wie sollte man feststellen können, daß und welche von ihnen schon an einer dem Traum angeblich vorausgegangenen psychischen Arbeit beteiligt waren? Zeigte mir jemand im Traum das Foto eines lange nicht gesehenen alten Bekannten, mit dem ich viel erlebt habe, so würde ich bei einer nachträglichen Analyse dieselben Gedanken assoziieren, die mir einfielen, wenn man mir das Bild im Wachzustand vorführte. Freud schreibt selbst an anderer Stelle: „Wenn ein paar Takte angeschlagen werden und jemand wie im ‚Don Juan' dazu sagt: Das ist aus ‚Figaros Hochzeit' von Mozart, so wogt es in mir mit einem Male von Erinnerungen, aus denen sich im nächsten Moment nichts einzelnes zum Bewußtsein erheben kann. Das Schlagwort dient als Einbruchsstation, von der aus ein Ganzes gleichzeitig in Erregung versetzt wird. Nicht anders brauchte es im unbewußten Denken zu sein."[26] Ich meine, daß diese Stelle sich gegen Freud selbst wendet. Denn wenn jemand, der diese Äußerung hört (sie bezieht sich wohl auf das bekannte Zitat aus Figaros Hochzeit im Finale des Don Giovanni), nachträglich examiniert wird, welche Erinnerungen er aus dem unbestimmten Wogen konkretisieren kann, so werden es dieselben sein, gleichgültig ob er den Vorgang geträumt oder im Wachzustand erlebt hat. Liest man die zahlreichen Analysen eigener Träume, die Freud in seinem Buch mitteilt, so kann man sich oft genug des Gedankens nicht erwehren, daß die verarbeiteten Assoziationen, wie es ja auch de facto der Fall war, erst nachträglich mit dem Traum in Verbindung gebracht werden. Sie können durchaus aufschlußreich für den Träumer, ja sogar therapeutisch bei der Behandlung einer Neurose von demselben Nutzen sein, wie wenn sie aus Traumgedanken stammten. Dafür aber, daß diese nachträglichen Assoziationen bereits das Material für die Traumbildung abgegeben haben, bleibt Freud den Beweis schuldig. Gegen ihn sprechen die zahlreichen Träume, die durch einen plötzlichen Reiz während der Nacht ausgelöst werden und bei denen gar keine Zeit für eine komplizierte Traumarbeit bleibt, die aber nach dem Erwachen in gleichem Umfang Assoziationen auslösen können wie andere Träume auch. Allerdings möchte ich in diesem Zusammenhang noch eine Klarstellung treffen. Auch nach meiner Auffassung spielen Assoziationen im Traum eine beträchtliche Rolle. Aber sie treten während des Träumens selbst auf und können mit der ihnen eigenen Schnelligkeit dem Traumspiel neue Wendungen geben. Solche Assoziationen aber haben mit denen Freuds, die schon vor dem Traum als Gedanken das Material für ihn liefern sollen, nichts zu tun.

Damit läßt sich das Ergebnis des Kapitels wie folgt zusammenfassen: Freuds Lehre vom komplizierten Prozeß der Traumentstehung ist eine empirisch nicht abgesicherte Spekulation, die einer kritischen Überprüfung nicht standhält und den dynamischen Charakter des Traumvorgangs verkennt.

15. Kapitel

Grundsätzliche Einwände

In den letzten vier Kapiteln habe ich so objektiv, wie mir das möglich war, die Lehre Freuds von der Traumdeutung auf der Grundlage von acht Thesen, welche die wesentliche Substanz der Lehre in Formulierungen von Freud selbst zusammenfaßten, eingehend untersucht und mich dabei möglichst um eine immanente Kritik bemüht. Keine der Thesen hat der Prüfung standgehalten. Das Ergebnis war meistens dasselbe: Eine für manche oder auch viele Fälle richtige oder doch zum mindesten nicht widerlegbare Annahme erhob Freud zu einem für sämtliche Träume Geltung beanspruchenden Gesetz und geriet damit in Widerspruch zur Wirklichkeit des Traums und nicht selten zu seinen eigenen Vorstellungen und Behauptungen. Schließlich verließ er völlig den Boden der Empirie und verlor sich in interessanten, aber fragwürdigen Spekulationen, denen zu folgen der kritische Verstand nicht in der Lage ist.

Freud gehört zu den genialen Naturen, die Systeme schaffen. Sie verschmähen es, ihre Erkenntnisse isoliert oder nur partiell gültig sein zu lassen, es drängt sie, einen geschlossenen, allumfassenden Bau des Geistes zu errichten. Nicht Erkenntnisse über das Wesen des Traumes allein wollte Freud gewinnen. Er hatte weit mehr im Sinn. Das Rätsel des Traumes im ganzen sollte von Grund auf gelöst werden. Systematiker dieser Art haben stets nur ihr großes Ziel im Auge und geraten in Gefahr, vor Erkenntnissen und Phänomenen, die zu ihrem System nicht passen wollen, die Augen zu verschließen oder die Fakten so lange zu pressen, bis sie, wie im Falle Freuds vor allem die Angstträume, im System untergebracht zu sein scheinen. Es mag sein, daß Systematikern vom Schlage Freuds der geistige Durchbruch, den sie erreichen wollen, nur dann auch wirklich glückt, wenn sie den Mut zur Einseitigkeit aufbringen und deren Nachteile für ein wirkungsvoll geschlossenes System in Kauf nehmen. Die spätere Kritik kann und darf aber diese Mängel im System nicht übersehen, vor allem wenn sie wie im Falle Freud das Ganze in Frage stellen.

Ich habe die Mängel in Freuds Lehre bisher nur behandelt, soweit es sich um seine Vorstellungen vom Entstehungsprozeß des Traumes handelte. Die Einseitigkeit, die dabei schon zutage trat, reicht aber sehr viel weiter und tiefer. Im Vordergrund steht dabei der Freud schon immer, auch in Laienkreisen, gemachte gravierende Vorwurf, daß er der Sexualität im Traum zu großen Raum und eine zu wesentliche Rolle zugewiesen habe. Freud selbst hat sich gegen den Vorwurf, die Psychoanalyse behaupte, daß alle Träume sexuellen Inhalt hätten, zur Wehr gesetzt, aber zugleich die Behauptung aufrechterhalten, daß die meisten Träume Erwachsener von dieser Art seien.[1] Er hat seinerseits, wie erwähnt, seinem Schüler Stekel „Neigung zu Verallgemeinerungen um jeden Preis"[2] vorgeworfen und hat dessen von Alfred Adler geteilte Lehre, daß alle Träume bisexuell zu deuten seien, zurückgewiesen.[3] Dennoch bleibt in Freuds eigener Lehre, seinen zahlreichen Analysen und seiner Bereitschaft, in Gegenständen aller Art vom Hut bis zum Reisegepäck[4] Genitalsymbole zu sehen, eine solche Überbetonung des Sexuellen, daß selbst C. G. Jung schreibt, Freud sei der „nicht unberechtigte Vorwurf des Pansexualismus" gemacht worden.[5] Wenn das auch vielleicht eine überspitzte Formulierung sein mag, so drängt sich einem doch bei der Lektüre Freuds der Eindruck eines fast schrankenlosen Überwucherns des Sexuellen auf. Die Libido, die des Menschen Psyche beherrscht, ist für ihn nur die sexuelle.[6] Er schreibt auch: „Man darf sagen, es gibt keinen Vorstellungskreis, der sich der Darstellung sexueller Tatsachen und Wünsche verweigern würde."[7] Nur zwei Beispiele aus Freuds Buch möchte ich anführen, die, wie ich meine, in geradezu grotesker Weise das Bemühen zeigen, sexuelle Bezüge um jeden Preis aufzudecken. So heißt es an einer Stelle: „Und ich erinnere mich, was bei einer Patientin, die nie in Italien war, die Traumanspielungen an das schöne Land bedeuten sollten (gen Italien = Genitalien)."[8] Dieser Patientin, die offenbar nur Italiensehnsucht und keineswegs die Devise „gen Italien" geträumt hatte, wird hier mit einem verblüffenden sprachlichen Trick ein Sexualtraum unterstellt. Als ob man sich nicht eben bloß nach dem Land Italien im Traume sehnen könnte, gerade wenn man noch nie dort war. Das zweite erstaunliche Beispiel ist Freuds Deutung des sogenannten déjà-vu-Gefühls, d. h. der sich in ein Erlebnis plötzlich eindrängenden Vorstellung, dasselbe schon einmal erlebt zu haben. Es gibt dafür verschiedene psychologische Deutungen, so die, daß das Bewußtsein für einen Sekundenbruchteil aussetzt und man im weiteren das vor dieser kurzen Zeitspanne Gesehene als früher schon einmal Erlebtes empfindet. Für den Traum mag diese Erklärung versagen. Freud hat eine ganz andere dafür bereit und schreibt: „Dieses ‚Déjà vu' hat aber im Traum eine besondere Bedeutung. Diese Örtlichkeit ist dann immer das Genitale der Mutter; in der Tat kann man von keiner anderen mit solcher Sicherheit behaupten, daß man dort schon einmal war."[9] Derartiges kann man in der Tat nur als Sexualmonomanie bezeichnen. Die Feststellung, daß man, nämlich bei der Geburt, schon einmal am Genitale der Mutter war, beweist doch keineswegs, daß man dieses Genitale jemals gesehen hat, auch als Kleinstkind nicht. Während der Geburt ist es zu Sinneswahrnehmungen außerstande und ob es zu einem späteren Sehen und Haftenbleiben des Eindrucks kommt, ist ganz offen. Will man durchaus auf eine Örtlichkeit aus der postnatalen Phase abstellen, so läge doch die Brust der Mutter, viel mehr aber noch die Wiege oder das Kinderbett nahe, in dem man auch mit Sicherheit war, und zwar längere Zeit, und das für das Kleinstkind die seinen ersten Lebensabschnitt beherrschende Örtlichkeit war. Stattdessen wird das Genitale der Mutter herangezogen, um ja das Sexuelle ins Spiel zu bringen, eine Deutung, die aus der Luft gegriffen ist. Es gibt stattdessen eine sehr naheliegende Erklärung des déjà-vu-Erlebnisses im Traum, nämlich das schon erwähnte Phänomen des Wiederholungstraums. Man erinnert sich im Traum, weil man dasselbe schon früher geträumt hat. Wie ich schon berichtete, sehe ich im Einschlafen öfter Traumbilder auch von Örtlichkeiten, die, wie ich mit Sicherheit erkenne, aus früheren, höchst unterschiedlichen Träumen stammen. Ein weiteres Beispiel der psychoanalytischen Sexualmonomanie stellt die Deutung von Bismarcks Traum dar, die ich im 11. Kapitel geschildert habe und die unter Freuds Beifall aus einem großartigen Erlebnistraum eine klägliche Masturbationserinnerung machen wollte. An der Dominanz der Sexualität in Freuds Traumtheorie kann also nicht gezweifelt werden, und zwar einer Dominanz, die zuweilen groteske Formen annimmt.

Und wie steht Freud selbst zu dieser prädominanten Sexualität? Es gibt dafür in seinem Buch eine etwas versteckte, aber höchst aufschlußreiche Stelle. Der Verfasser schildert nämlich, wie er nach einer von ihm gehaltenen Vorlesung über den Zusammenhang der Hysterie mit den Perversionen in ein Café gegangen sei, um sich zu entspannen; „ohne Spur von Vergnügen an meiner schweren Arbeit sehnte ich mich weg von diesem Wühlen im menschlichen Schmutz . . .“[10] Wenn auch die Vorlesung von Perversionen handelte, einem Begriff, der heute stark umstritten ist und z. B. hinsichtlich der Homosexualität von namhaften Forschern abgelehnt wird,[11] so läßt doch Freuds Bemerkung darauf schließen, daß er die Sexualität mit ihren vielfältigen Erscheinungen im ganzen nicht etwa als ein im antiken Sinne Selbstverständliches und ohne Makel zur Natur des Menschen Gehöriges ansah. Nirgends in seinem Buch findet sich ein Hinweis, daß er mit seiner Betonung der Rolle des Sexuellen für den Menschen die in der Viktorianischen Epoche besonders dicht darüber geworfene Decke des Tabu lüften und entgegen der paulinischen Moral für ein offenes Bekenntnis zur gesunden Sexualität eintreten wollte. Die Tatsache, daß ihm „die Veröffentlichung des Traumbuches . . . so peinlich war, daß" er „den Druck des bereitliegenden Manuskripts um mehr als ein Jahr aufgeschoben" hat,[12] scheint mir nicht nur die Furcht vor einem schockierenden Eindruck in der Öffentlichkeit zu spiegeln, sondern zugleich auszudrücken, daß ihn seine Entdeckungen selbst genierten. Nach seiner Theorie waren ja auch die sexuellen Wünsche des Menschen für diesen selbst so fatal und peinlich, daß sie ihm im Traum nur in harmloser Verkleidung verwirklicht werden konnten. Sich zu diesen Wünschen offen zu bekennen, hat Freud nirgends gefordert.

In all den Träumen, die uns Freud als Beispiel vorführt, regiert der Sexus in groben und gröbsten Formen. Es wimmelt von Symbolen für Genitalien und für den Geschlechtsverkehr. Was fehlt, ist Eros. Zwar hat die Psychoanalyse später, worauf Freud auch in einer Anmerkung hinweist,[13] das Wort „Sexuell" im Sinne von „Eros" gebraucht. Hier scheint mir aber nur die Terminologie verdunkelt zu werden, so wie sich Homosexuelle gern als Homoerotiker bezeichnen, auch wenn sie auf massive sexuelle Handlungen aus sind. Eros ist Sublimierung des Sexus, der zwar stets im Hintergrund mitschwingt, aber nicht unmittelbar in Erscheinung tritt. Wenn ich, wie ich berichtet habe, von meiner gestorbenen Frau geträumt habe, daß sie mir am Gartenzaun einen Rosenstrauß gibt und lächelnd sagt, ich hätte doch meinen heutigen Geburtstag vergessen, so ist dabei Eros zart am Werk, aber nicht Sexus. Wenn es in Schillers Glocke heißt: „Errötend folgt er ihren Spuren und ist von ihrem Gruß beglückt", so darf man überzeugt sein, daß es hier nur um Eros geht und Schillers Jüngling weit davon entfernt war, an das Genitale der Angebeteten zu denken. Man erinnere sich an Adalbert Stifters Jünglings- und Mädchenfiguren, an die Geschichten von großer unglücklicher Liebe etwa bei skandinavischen Schriftstellern, in denen es nie zu einer körperlichen Berührung kommt, die Liebe aber so stark ist, daß sie ein ganzes Leben hindurch den Gedanken an die Zuwendung zu einem Dritten nicht aufkommen läßt. Das alles sind Beispiele für Eros, der den dahinterstehenden Sexus nicht aktiv werden läßt. Die Beispiele sind heute, wenn man von Ausnahmen absieht, gewiß überholt. Und freilich gibt es, wie die Wellen der Pornographie zur Genüge zeigen, Sexus ohne Eros und die jungen Leute von heute lernen Sexus oft schon bis zum Überdruß kennen, ehe sie noch begreifen, was Eros ist und wie nur aus der Synthese zwischen beiden, aus der Sublimierung des einen durch den anderen, das wirkliche Glück der Liebe zustande kommen kann. In Freuds Traumdeutung regiert jedoch Sexus, und zwar in grober Form.

Freud hat – ein schon zitiertes Wort von ihm, das berühmt geworden ist, – am Ende seines Buches mit deutlichem Stolz in Sperrdruck geschrieben: „Die Traumdeutung . . . ist die Via regia zur Kenntnis des Unbewußten im Seelenleben."[14] Von einer königlichen Straße sollte man erwarten, daß sie in ein Schloß oder in ein mindestens stattliches Gebäude führt. Freuds Traumdeutung aber führt in eine schmutzige Zauberküche, in der dem Träumer die verbotenen Früchte seiner Lüsternheit mit Raffinement so täuschend zubereitet werden, daß er sie für harmlose Gerichte hält. Freud degradiert den Menschen zu einem animalischen Triebwesen, das von Lust- und Unlustgefühlen gesteuert Knecht seiner Libido ist, die die sexuelle bedeutet und dabei kaum mehr als primitive Triebe wie Hunger oder

Durst neben sich duldet. C. G. Jung schreibt, Freud erwecke den Anschein, „als ob auch der Geist aus einer sexuellen Vorstufe hervorginge und mithin nichts anderes sei, als ein Absenker der Sexualität."[15] Freuds Sexualbegriff habe eine solche „enorme Dehnbarkeit", daß man „mittels dieses Begriffes ein Kunstwerk oder ein religiöses Erlebnis auf genau dieselbe Art erklären" könne „wie ein hysterisches Symptom".[16] Es ist das Verdienst der modernen Tierpsychologie und Verhaltensforschung, insbesondere von Konrad Lorenz, sowie der modernen Anthropologie, insbesondere von Arnold Gehlen, nachgewiesen zu haben, daß der Mensch nicht ein den anderen Tieren nur quantitativ überlegenes animalisches Wesen ist, sondern daß er sich vom Tier, das fertig oder doch sehr schnell fertig in die Welt kommt, anderseits aber auf vorgegebene Verhaltensmuster festgelegt ist, qualitativ dadurch unterscheidet, daß er zwar einerseits als „sekundärer Nesthocker" ein zunächst hilfloses Mangelwesen ist, anderseits aber durch Weltoffenheit die Chance hat, sein Leben durch Eigentätigkeit nach allen Richtungen hin zu gestalten. Und er hat das getan. Er ist das Wesen, das sich Geschichte gemacht hat. Man braucht nur die großen Bereiche Religion, Kunst und Wissenschaft zu nennen, um deutlich zu machen, wie der Mensch das Triebwesen, das er auch ist, zum Geistwesen gesteigert hat. Sexus hat er zu Eros sublimiert. Und wenn davon etwas auch in allen seinen geistigen Leistungen als movens mitschwingt, so ist es nicht Sexus, sondern Eros. Des Menschen Wünsche und Sehnsüchte sind nicht nur körperliche Triebe, sondern auch, und zwar sehr viel formender, solche des Geistes, Wünsche nach religiösem Erleben, nach künstlerischer Gestaltung, wissenschaftlicher Erkenntnis, geistiger Partnerschaft, Erreichen eines beruflichen Ziels; aber auch dort, wo Körperliches mit im Spiel ist wie bei sportlichem Ehrgeiz oder der Sehnsucht, auf den höchsten Berg zu steigen oder in die tiefste Tiefe zu tauchen, ist die psychische Komponente beteiligt, die nicht nur Libido ist. Der Mensch ist ein zu vielseitiges Wesen, um ihn auf irgendwelche Einzeltriebe zurückführen zu können. Mit Recht schreibt dagegen Gehlen: „Wir kämen damit zu einer Lehre von den ‚Grundtrieben' und wären bei einer Richtung der Psychologie angelangt, der Triebelehre, die mit Schopenhauer begann und über Freud und Klages hin eine sehr große Ausdehnung genommen hat. Diese Versuche scheitern ausnahmslos und aus denselben Gründen wie die Typenlehre, nämlich an der Beliebigkeit der Setzungen. Man hat Macht, Egoismus, Sexualität, Nachahmungstrieb, Entäußerungstrieb, Behauptungstrieb, Formtrieb, Zerstörungstrieb und vieles andere in allen denkbaren Verbindungen für das ‚Eigentliche' im Menschen erklärt. Mc Dougall kennt jetzt achtzehn Grundtriebe, darunter Neugier, Behaglichkeit, Wandertrieb und Geselligkeitstrieb, während es Watson schon auf etwa fünfzig bringt."[17] Auch Jaspers hat einen sehr differenzierten Schichtaufbau der Triebe aufzuzeigen versucht, wobei die drei Hauptgruppen der somatisch-sinnlichen Triebe, der vitalen und der geistigen Triebe in weitere Untergruppen oder Unterbegriffe aufgeteilt werden.[18] Gehlen weist mit Recht darauf hin, daß auch das sexuelle Antriebssystem „stets noch anderen Determinanten Raum gibt: sozialen, ästhetischen, rituellen usw."[19] Es ist ja schließlich auch Freud selbst, der dem Libido-Wesen Mensch eine diese Libido gerade im Zaum haltende Kontrollinstanz zuweist, die später als Über-Ich bezeichnete Zensur, die außerhalb der Psychoanalyse Gewissen heißt, aber noch mehr umfaßt.

Der Vielfalt der menschlichen Strebungen und Wünsche entspricht nun auch die Vielfalt seiner Träume. Ich erinnere wieder an den Dichtertraum Grillparzers, an die religiösen Träume der Theologiestudenten, der Mutter des Augustinus und den Engelstraum Falks, den Traum des Philosophen Descartes, den des Machtpolitikers Bismarck und an die vielfach um seinen Arztberuf und seinen beruflichen Ehrgeiz kreisenden Träume Freuds. Es sind Träume von solcher Verschiedenartigkeit und Vielfalt, daß sie sich nicht auf einen Nenner bringen lassen, auch nicht auf den der Sexualität. Diese Träume zeigen auch, daß im Unbewußten des Menschen nicht nur „unordentliche und chaotische Triebkräfte“ am Werke sind, die in der Sprache des indischen Xoga Klecas genannt werden.[20] Darauf aber reduziert Freud gerade das Unbewußte im Menschen. C. G. Jung schreibt dazu: „Es hat sich bei uns . . . eine ärztliche Psychologie entwickelt, die sich speziell mit den klecas befaßt. Wir nennen dies die ‚Psychologie des Unbewußten‘. Die von Freud inaugurierte Richtung hat die Bedeutung der menschlichen Schattenseite und ihres Einflusses auf das Bewußtsein erkannt und sich in dieses Problem verwickelt.“[21]

Diese Verwicklung in Einseitigkeit wie überhaupt Freuds gesamte, einseitig orientierte Traumdeutung hat freilich, was nicht übersehen werden darf, auch eine historische Komponente und wir sehen heute Freuds Buch bereits aus einer geistesgeschichtlichen Distanz. Die Tatsache, daß dieses epochemachende Werk gerade im Jahr 1900 herauskam, erscheint mir von eminenter Symbolkraft. Der Autor und sein Buch befinden sich auf der Schwelle zwischen dem scheidenden und dem kommenden Jahrhundert und so ist auch Freud für mich eine Figur mit einem Januskopf, dessen einer Teil in die künftige Zeit vorausblickt, während der andere noch der abgelaufenen verhaftet bleibt. Auf der einen Seite macht der Autor die Menschen mit ihrem Unbewußten und dessen Strömungen, d. h. mit einer bis dahin kaum beachteten Dimension ihres Wesens von größter Bedeutung, bekannt, die sie als Geschöpfe nicht nur der scheinbar sicheren Wachwelt, sondern einer zweiten, tiefen Schicht voller Geheimnis erscheinen läßt. Er hält ihnen den Spiegel ihres Unbewußten vor, der sie vor dem, was ihnen da entgegen sieht, erschrecken oder gar schaudern läßt. Zugleich damit stößt er, jedenfalls im objektiven Ergebnis, eine Türe auf, die den Menschen zu einer neuen Sicht seiner Sexualität bringt und ihn aus der verklemmten Atmosphäre der sexuellen Tabus in eine Zeit neuer Freiheit hinausführen kann. Auf der anderen Seite geht Freud methodisch und systematisch wie ein Naturwissenschaftler der zweiten Hälfte des 19. Jahrhunderts vor und betreibt, wie C. G. Jung betont hat, die Traumdeutung mechanistisch auf einer kausalen Ebene[22] mit entsprechenden Ergebnissen. In der Tat drängt sich einem, wenn man die Vorstellungen Freuds vom Entstehungsprozeß des Traumes betrachtet und dabei auch berücksichtigt, daß er seine Terminologie nur als Versuch versteht, psychische Prozesse anschaulich zu machen, doch der Eindruck auf, daß da in einem mechanischen Apparat ein ganz bestimmter Herstellungsprozeß mit verschiedenen ganz bestimmten Werkstationen abläuft, aus dem schließlich der Traum als ein für den Träumer unabänderliches Fertigprodukt hervorgeht. Das ist kausal verlaufende Mechanik im Sinne klassischer Naturwissenschaft.

Noch in einem zweiten, sehr wesentlichen Punkt erweist sich Freud als Naturwissenschaftler der 2. Hälfte des 19. Jahrhunderts. Bekanntlich waren die Physiker von damals der Meinung, daß sie die Rätsel der Welt bis auf ein paar unwesentliche Einzelheiten gelöst hätten und daß das von ihnen errichtete Gebäude der klassischen Physik für alle Zeiten fest gegründet stehe. Von der Hybris, die darin zum Ausdruck kam, kann man auch Freud nicht freisprechen. Durch sein ganzes Buch zieht sich das Bewußtsein, das Rätsel des Traumes gelöst zu haben, und noch im Vorwort von 1908 zur 2. Auflage der Traumdeutung schreibt er, daß er bei seiner Arbeit an den Neurosenproblemen wiederholt ins Schwanken geraten und an manchem irre geworden sei, aber „dann war es immer wieder die ‚Traumdeutung', an der ich meine Sicherheit wiederfand." Er fand auch in der 2. Auflage wenig zu verändern. Ganz in diesem Sinne schreibt Freuds Biograph Max Schur: „Was als eine Methode zur Behandlung von Psychoneurosen begonnen hatte, entwickelte sich zu dem kühnen Versuch, zu einer allgemeinen Psychologie zu gelangen. Er eröffnete unserem Verständnis die Welt des Unbewußten und entschleierte das Geheimnis des Traumes."[23]

Im gleichen Jahr 1900, in dem Freuds Traumdeutung erschien, schrieb Max Planck jene berühmte Postkarte, welche die grundlegende Formel der Quantentheorie enthielt und den Auftakt zu dem umwälzenden naturwissenschaftlichen Prozeß bildete, der das scheinbar so sichere Gebäude der klassischen Physik zum Einsturz brachte und die Naturwissenschaft wieder ins Offene führte. Zu den Ergebnissen gehörte vor allem: „Der klassische Determinismus lag in Trümmern“, wie es der amerikanische Physiker John Wheeler unlängst formulierte.[24] Die grundsätzlichste aller Grundsatzfragen, die auch weltanschauliche und religiöse Konsequenzen größten Ausmaßes impliziert, nämlich die Frage nach der Entstehung des Weltalls und seiner Entwicklung, ist heute wissenschaftlich völlig ungeklärt. Es wird darüber gestritten, ob das System der Himmelskörper vor 14 oder gar 22 Milliarden Jahren durch den sogenannten Urknall entstand und das darauf folgende rasende Auseinanderfliehen der Sternsysteme sich einmalig in einem unendlichen, gekrümmten Raum fortsetzt oder ob es sich dabei um einen sich wiederholenden pulsierenden Prozeß handelt oder ob das Weltall doch unendlich alt ist und nur in seinem Rahmen ein Werden und Vergehen stattfindet. Man streitet darüber an Hand bestimmter Phänomene wie der kosmischen Hintergrundstrahlung und der sogenannten Hubble-Konstanten. Ob die Frage aber je zuverlässig beantwortet werden kann, erklären Naturwissenschaftler auch heute für offen.

Zu dieser Entwicklung paßt es, daß ein französischer Naturforscher des vergangenen Jahrhunderts nicht ohne Stolz erklären konnte, daß er in seinem System „ohne die Hypothese Gott“ auskommen könne, während Männer wie Planck und Einstein gläubige Menschen waren, mindestens im Sinne Spinozas. Vor diesem Hintergrund ist es geistesgeschichtlich bemerkenswert, daß Freud Atheist war und sich sehr klar zu diesem Standpunkt bekannte. Er war zwar, wie Schur sehr anschaulich schildert, überaus abergläubisch und fortgesetzt damit beschäftigt, im Zusammenhang mit Zahlentheorien seines langjährigen Freundes Fließ Spekulationen über den voraussichtlichen Zeitpunkt seines Todes anzustellen, wobei er sich auch nicht scheute, die Nummern seiner Hotelzimmer mit ins Kalkül zu ziehen.[25] Schur schreibt selbst von einem „zwanghaften Aberglauben“.[26] Aber Freud war überzeugter Atheist. Schon 1901 schrieb er in Briefen an Fließ, daß „wir uns den lieben Herrgott abgeschafft“ haben und daß er „die Lüge von der Erlösung der Menschheit“ nicht gut vertrage.[27] Ich will mit diesem Hinweis nicht im mindesten etwas gegen die atheistische Weltanschauung sagen, die ich durchaus respektiere. Aber so, wie es zum Bild von Planck und Einstein paßt, daß sie als gläubige Menschen ein letztes Geheimnis in der Natur anerkannten, rundet es das Bild des Naturforschers Freud ab, daß er, der das Geheimnis des Unbewußten und des Traumes entschleiert zu haben meinte, Atheist war. Er steht, alles in allem, an einer Jahrhundertschwelle.

Schon mit seinem bedeutendsten, aber dann von ihm abgefallenen Schüler, dem Pfarrerssohn C. G. Jung, änderte sich das. Er versuchte, an die Stelle der kausalen und mechanistischen Betrachtungsweise des Traumes, die er, wie wir sahen, Freud vorwarf, eine finale zu setzen, die er auch als energetische bezeichnete,[28] entdeckte im Traum das Geistige als „ein Prinzip sui generis, nämlich die der Triebkraft unerläßliche Form“,[29] lehnte es gegen Freud ab, in Begierde und Lust alle Elemente der primitiven Seele und im Geist nichts anderes als einen Absenker der Sexualität zu erblicken.[30] Im Traum entdeckte er unter Ablehnung fester Symbolbedeutungen einen ihm eigentümlichen Sinn und mit dem kollektiven Unbewußten das Walten uralten menschlichen Geistes, der in den Archetypen Ausdruck findet.[31] Ich habe das schon geschildert. Hervorgehoben werden aber soll hier vor allem, daß Jung ganz im Gegensatz zu Freud das Problem der Traumbedeutung 1928 als noch immer ungelöst bezeichnete,[32] und noch 1947 erklärte er, mit dem Freud'schen Modell des Traumes sei das Erfahrungsmaterial nur ungenügend geklärt.[33] An die Stelle der angeblichen Lösung des Rätsels ist also auch hier wieder das Geheimnis getreten.

16. Kapitel

Der Traum, ein Leben

Nun kann der Schlußpunkt gesetzt werden. Ich habe versucht, eine Theorie des Traumes zu entwickeln, die ihn so nimmt, wie er erscheint, als ein improvisiertes Spiel der Phantasie zwischen dem Traumerleber, dem träumenden Ich, und dem Traumspieler, der als ein mindestens im Schlaf selbständig gewordenes Teil-Ich den Traum in Szene setzt und im Hin und Wider mit dem Traumerleber gemeinsam gestaltet, das Ganze ein Innenwelterlebnis als Gegenstück zu den Außenwelterlebnissen im Wachzustand. Ich habe den Akzent ganz auf dieses Erlebnis gesetzt und versucht, dessen Bedeutung und Gewicht für den Menschen zu beschreiben und deutlich zu machen, wie die Innenwelt des Traumes mit ihren intensiven Erlebnissen ein dem Menschen unentbehrliches Gegenstück zur Wachwelt darstellt, eine zweite Welt, ein zweites Leben.

In einem weiteren Teil der Untersuchung habe ich mich dann bemüht, die Fragwürdigkeit aller Versuche aufzudecken, die das Traumerleben nur als Scheinfassade verstehen wollen, hinter der sich der eigentliche Sinn des Traumes verberge, den es daher zu deuten gelte. Ich habe dabei zunächst die Fragwürdigkeit aller Traumdeutung zu zeigen versucht und mich dann eingehend mit der Theorie Sigmund Freuds auseinandergesetzt, der wie kein anderer die moderne Traumdeutung begründet und ihr die richtungweisenden Impulse gegeben hat. Es hat sich dabei gezeigt, wie brüchig diese Theorie bei näherer Untersuchung nicht nur in ihren Einzelheiten erscheint.

Bei alledem ist ein Gesichtspunkt im Auge zu behalten, der schon im Verlauf der Untersuchung deutlich geworden ist: Jeder hat die Träume, die zu ihm gehören. Wie einer ist, so ist sein Traum. Man kann aber noch weitergehen und sagen: Wie einer ist, so erlebt und deutet er seine Träume, aber auch die anderer Menschen. Um nur die wichtigsten Gegenpole zu nennen: Der

Psychiater deutet Träume anders, als der Künstler sie erlebt und begreift. Ein Psychiater wie Freud seziert den Traum, er versucht nachträglich, ihn in einzelne Bauelemente aufzulösen und aus den Bruchstücken rückwärts die Deutung des Ganzen zu gewinnen. Dabei geht dem Traum das Phantasievolle und Schöpferische verloren, das Zauberische und Magische, mit einem Wort sein Geheimnis. Genau das war ja auch das Ziel Freuds, das Geheimnis des Traums zu enthüllen, und er war überzeugt, daß ihm das gelungen sei. Was dabei enthüllt wurde, war leider kaum etwas anderes als fatale menschliche Erbärmlichkeit. So ist jedenfalls das Resultat der Traumdeutung Freuds. Später hat er allerdings in „Jenseits des Lustprinzips", das 1920 erschien, eben diesem, die Traumdeutung noch beherrschenden banalen Prinzip als ein zweites die geheime Sehnsucht des Menschen nach dem Tode hinzugefügt und gegenübergestellt, so daß Freuds Menschenbild damit doch noch ein Element von Großartigkeit gewann. Auch hat Freud, wie das 1911 geschriebene Vorwort zur 3. Auflage zeigt, damals erkannt, daß die Traumdeutung „einen engeren Anschluß an den reichen Stoff der Dichtung, des Mythos, des Sprachgebrauchs und des Folklore suchen" müsse, eine Bemerkung, mit der er sich der Erkenntnis zuwendet, daß im Traum nicht nur „absolut egoistische" Libido herrscht, sondern Kräfte der Seele und des Geistes wirksam werden, die aus der Frühzeit der Menschen und den Visionen der Dichter stammen. Damit näherte sich Freud den im letzten Kapitel noch einmal kurz zusammengefaßten Vorstellungen C. G. Jungs, die eine Brücke zu den Traumvorstellungen der Künstler schlagen.

Ich habe schon im 10. Kapitel hervorgehoben, wie die moderne surrealistische Kunst den Traum, so absurd er auch auftreten mag, als solchen akzeptiert und zur Quelle einer künstlerischen Gestaltung gemacht hat, die nicht nach etwaigen rationalen oder triebhaften Hintergründen gefragt und gedeutet, sondern erlebt und geschaut sein will, als ein Stück Kunst, das unter Umgehung der Ratio als seelischer Ausdruck auch unmittelbar seelisch aufgenommen werden soll. Es ist höchst bemerkenswert, wie die hohe Wertschätzung des Traums, die nach der Abwertung während der Aufklärung in der deutschen Romantik einen bedeutsamen Höhepunkt findet und vor allem aus den Fragmenten von Novalis herausleuchtet, durch ein Tief in der Hälfte des 19. Jahrhunderts im 20. wieder einen neuen Höhepunkt erreicht. Zwar haben große Künstler die Bedeutung des Traums zu allen Zeiten hervorgehoben. Neben Nietzsche ist für die zweite Hälfte des 19. Jahrhunderts vor allem Hebbel zu nennen, der ein Tagebuch über seine Träume führte und von der Einheit des Dichtens und Träumens überzeugt war.[1] Auch Gottfried Keller ist hier zu erwähnen. Aber es ist doch sehr bemerkenswert, daß gerade die Kunst des 20. Jahrhunderts die Impulse der Romantik wieder aufnahm, was ohne Freud gewiß nicht geschehen wäre, sich aber in einer Weise vollzog, die weg von der scheinbaren Entschleierung des Traumgeheimnisses als eines nur libidinösen Phänomens wieder zum geheimnisvollen Traumerleben hinlief. Ich habe schon erwähnt, daß Kubin, der seine Träume als reiche Fundgrube empfand, den Traum für „schlechthin unergründbar" erklärte.[2] Aber auch so subtile Vertreter des französischen Esprits und einer damals als hypermodern angesehenen Kunst wie Guillaume Apollinaire und Jean Cocteau haben die überragende Bedeutung des Traumerlebens erkannt und aus dieser Quelle geschöpft. Apollinaire erklärte, daß der Traum eine der ergiebigsten Tätigkeiten des Geistes sei,[3] und Cocteau bekannte: „Intensiv zu leben beginne ich erst im Schlaf und im Traum."[4]

So kann der Traum selbst zu einem Kunstwerk werden. Als Beispiel dafür, wie ein Traum künstlerisch und gleichzeitig voll Geheimnis sein kann, möchte ich noch einen wiedergeben, den eine meiner Schwestern im Winter 1979 träumte, und zwar dieselbe, von welcher der Traum von der Auferstehung der schönen jungen Frau aus dem Korbsarg stammt. Ihre Aufzeichnung lautet:

„Mir träumte, ich wäre mit meinem lange verstorbenen Bruder in einem lichten Waldstück, in dem eng nebeneinander zwei Straßen liefen. Wir waren in Hast und Eile und mein Bruder drängte, während ich versuchte, noch eine alte, verfallene Holz-Gartentür zu schließen, was mir nicht recht gelingen wollte. ‚Laß das doch, hier kommt nie wieder jemand her‘, rief mein Bruder und lief auf die andere Straße. Da hörte ich auch schon auf der ersten Straße die erwartete Postkutsche vierspännig vorbeidonnern und sah ihre Farben durch die Stämme vorbeifliegen. Ich lief meinem Bruder nach. Auf der zweiten Straße rannten in entgegengesetzter Richtung zwei Pferde, wie ich noch nie so schöne gesehen hatte; sie hatten schwarz-umränderte Augen und ein leuchtendes Fell, besonders das eine, welches mein Bruder zu fangen versuchte, war herrlich und mit hellen Punkten bedeckt. Auf der Straße stand auch eine Kutsche, aber sie war schemenhaft wie aus Schleiern gewoben. Mit ihr und den Pferden sollten wir der Postkutsche, die jeden Moment in entgegengesetzter Richtung zurückkommen konnte, entfliehen. Aber wir konnten die Pferde nicht fangen, viel weniger sie einspannen. Mir gelang es noch, meinem nachlaufend, es am Schweif zu packen und ich wich in einem Bogen aus, um nicht vom Huf getroffen zu werden. Damit erwachte ich."

Dieser Traum, an dem sich ein Deuter gewiß versuchen könnte, hat ein ganz eigentümliches Fluidum. Die Szene mit den herrlichen Pferden erinnert von ferne, nicht so sehr im Motiv, sondern mehr noch in diesem Fluidum an ein Fresko von Marées, an das 4. Stück aus dem Lied von der Erde von Mahler, auch an ein griechisches Vasenbild, von all diesem etwas und doch verschiedenes, etwas ganz für sich. Solch ein Traum ist wie ein Schmetterling. Wollte man ihn sezieren, wie das Freud mit den Träumen getan hat, so würde man ein armseliges Stück lebloser Substanz in den Händen halten, farbiger Schmelz und schimmernder Glanz wären verloren und damit auch Poesie und Geheimnis.

Ich habe mich auch darzustellen bemüht, wie die Gegenwelt des Traumes, die zugleich ganz die Welt des Träumers, aber auch die Spiegelung seiner Wachwelt ist, ein zweites Leben für ihn bedeutet. Man hat dieses Gespanntsein des Menschen zwischen zwei Leben schon früh erkannt. In der Geschichte des Abendlandes sind dafür zwei bekannte Theaterstücke schon mit ihren Titeln bezeichnend. Das eine ist Calderons „Das Leben ein Traum", das Gegenstück dazu „Der Traum ein Leben" von Grillparzer, das dieser verfaßt hatte, nachdem lange vorher seine Übersetzung des Stückes von Calderon einen großen Erfolg im Burgtheater gebracht hatte. Der Durchschnittsmensch von heute nimmt seine Wachwelt ebenso als eine Selbstverständlichkeit hin wie seine Traumwelt. Erst wenn es dem Menschen nicht nur zu denken, sondern zu erfühlen gelingt, wie wenig selbstverständlich seine Wachwelt und wie sehr sie ein Wunder und so wenig fest gegründet ist wie seine Träume, wird er auch begreifen, daß die Traumwelt, die ihm so vage und irreal erscheint, nicht weniger real ist als die scheinbar so sichere der Wachwelt, und er wird es verstehen, daß es zwei Leben sind, die er lebt. Ostasiatische Weisheit, uns in so vielem voraus und überlegen, hat das schon früh erkannt. Zeugnis dafür ist der oft zitierte Bericht von Dschuang Dschous Traum, der in dem „Wahren Buch von der südlichen Blüte" des Chuang-tse aus der klassischen Zeit Chinas wiedergegeben wird: Einst träumte Dschuang-Dschou, daß er ein Schmetterling sei, ein flatternder Schmetterling, der sich wohl und glücklich fühlte und nichts wußte von Dschuang-Dschou. Plötzlich wachte er auf: da war er wieder wirklich und wahrhaftig Dschuang-Dschou. Aber er sagte sich: „Nun weiß ich nicht, ob Dschuang-Dschou geträumt hat, daß er ein Schmetterling sei, oder ob der Schmetterling träumt, daß er Dschuang-Dschou sei."[5] Dieser Traum trifft ganz das Richtige. Realität ist nur eine menschliche Vorstellung. Wachwelt und Traum können denselben Anpruch auf sie machen.

In dieser Erkenntnis möchte ich mit den Zeugnissen zweier Dichter schließen, die sehr deutlich machen, wie anders schöpferische und sensible Künstler das Träumen empfinden als der traumdeutende Psychiater. Zu diesem Unterschied ist noch zu sagen: Die Dinge dieser Welt sind für den Menschen nicht eindeutig und einschichtig. Sie ändern ihr Wesen, je nachdem wie sie betrachtet und befragt werden. Eine Rose z. B. kann chemisch untersucht werden und sie wird sich als ein chemischer Gegenstand mit entsprechenden Eigenschaften erweisen. Sie kann biologisch untersucht werden und sie wird sich als lebendige Pflanze zeigen. Sie kann aber auch ästhetisch betrachtet werden und sie wird sich als ein Gebilde voll Schönheit zeigen. Man sage nicht, daß nur die beiden ersten Betrachtungsweisen real seien. Alle drei sind nichts als Ergebnisse menschlicher Anschauungsformen und für uns in gleicher Weise real. Auch die Schönheit, der wir uns nicht entziehen können, ist für uns wirklich. Ebenso ist es mit dem Traum. Man kann ihn auf sehr verschiedene Weise sehen.

Wie ihn ein von starken Emotionen und größter Erlebniskraft bestimmter Dichter wie Gerhart Hauptmann gesehen hat, zeigt die nachstehende Darstellung, die sich im „Buch der Leidenschaft" unter „Soana, am 22. Februar 1900" findet. Ich habe die Stelle erst entdeckt, als ich das Manuskript meiner Schrift bereits abgeschlossen und dem Verlag zugeschickt hatte. Ich war, als ich diese Seiten las, frappiert, wieviel Parallelen sich in dieser dichterisch gestalteten Anschauung vom Traum zu den Vorstellungen finden, die ich in abstrakter Gedankenarbeit zu entwickeln versucht habe. Dem Leser der folgenden Seiten, die ich ihrer Bedeutung wegen ohne jede Kürzung wiedergebe, wird das nicht entgehen. Gerhart Hauptmann schreibt:

„Ich habe heute wieder seltsam geträumt. Jetzt, im Wachen, werden meine Träume Gegenstand des Nachdenkens. ‚Gegenstände' in bezug auf Träume, ein seltsames Wort. Aber ich weiß augenblicklich kein besseres. Träume: das ist der Teil des menschlichen Wesens, der sich durchaus selbst begnügt. Es ist derjenige Inhalt des Geistes, der Realität vortäuscht. Es ist der vollkommen allein schöpferische Teil des Geistes, der auf Regungen hin tätig wird, aber nicht dadurch, daß Objekte von den fünf Sinnen ergriffen werden. Am Tage durchschreitet das Bewußtsein wie ein Mann mit einem Lämpchen die äußere Welt, in der Nacht die innere. Aber was ist das für ein Mann, der die innere Welt mit dem Lämpchen durchschreitet? Ein anderer, ganz unsichtbarer und doppelt schöpferischer, der Objekt und Beleuchtung zugleich bedeutet.

Ich kann mein Ich bei diesem inneren Vorgang nicht ausschließen. Was ist nun aber wohl dieses Ich? Ich treibe keine wissenschaftliche Psychologie. Herbart sagt, das Ich sei durchaus kein wirkliches Wesen, ebensowenig wie die Seele selbst: es beruhe dagegen auf einem Geschehen der Seele. Aber nicht einmal als ein ursprüngliches Geschehen der Seele sei es anzusprechen. Es sei zum Beispiel beim Säugling nicht da, sondern kristallisiere sich erst aus den Niederschlägen während der Sukzession der übrigen Lebensvorgänge. Das reine Ich sei lediglich ein Werk der Spekulation. Es gäbe nur ein sogenanntes empirisches Ich: es bestünde aus der Summe seiner Erfahrungen. Seltsam, daß wir trotz alledem immer das reine Ich voraussetzen. Meinethalben: beim Säugling ist es nicht da, aber im Tiefschlaf ist es auch nicht da. Warum soll man nicht einen geschliffenen Diamanten in dickem Seidenpapier unsichtbar aufbewahren und ihn in einem gegebenen Augenblick herauswickeln?!

Während meiner Träume ist mein Ich das Lämpchen, als Bewußtsein gedacht: dieses Bewußtsein erstreckt sich auf Empfindungen des Gesichts, des Gehörs, des Geruchs, des Geschmacks und des Tastgefühls, ohne daß die Sinne durch wirkliche Gegenstände beschäftigt sind.

So entsteht eine zweite Welt. Ist es vielleicht die einzig wirkliche Welt, von der andern, der zweiten, der trügerischen, die wir nicht kennen, noch kennen werden, unabhängig? Sie ist ebenso weit, ebenso reich, makrokosmisch und mikrokosmisch ebenso ausgestattet wie die äußere. Sie bietet Details bis in die Fäden eines Rockes, eines Hemdes, eines seidenen Taschentuchs. Ja, sie bietet weit mehr als die wirkliche Welt, da sie uns den Luftraum ebenso wie die Tiefen des Meeres erschließt, in die wir uns mühelos versenken, während wir ebenso mühelos, und zwar ohne Flügel, uns in die Lüfte erheben können.

In ihrem Traumbesitz besteht und besitzt sich die Persönlichkeit. Und darum hat jeder mehr als nur das Recht, Träumer zu sein. Es ist für ein großes Leben, für ein Aus-dem-Grunde-Leben notwendig, immer wieder in die allüberflutende Traumsee hinabzutauchen. Wie sollten Erfahrungen des wirklichen Lebens einen Wert, einen Klang, kurz Poesie erhalten, ohne mit dieser magischen Flut getauft zu werden! Wie eng und beschränkt, wie klein, blöde, stumpf, zerbröckelt, zerstückelt müßte ohne das Traumreservoir, ohne den Zauber des unerschöpflichen unterirdischen Stroms das Dasein hinlaufen. Ohne den schöpferischen Durchbruch der Universalität des Traumes würde der Mensch kein Mensch geworden sein.

Was wissenschaftlich trockene Menschen über Träume aussagen, interessiert mich nicht. Man kann am Rande des Traumsees verharren und nie von seinem Wasser geweiht werden. Auch will ich nichts wissen vom Handwerk der Traumdeuter. Sie führen das Wunder der Träume auf eine Zukunftsbanalität zurück, wie die Psychologen auf eine ursächliche Banalität, also auf eine in der Vergangenheit. Ich gebe mir nur von der Universalität Rechenschaft, in welche das Traumleben den zusammenfassenden Geist versetzt.

Also: ich bin im Traum, um mit dem düstersten Erfahrungsgebiet anzufangen, erschossen, von rückwärts erdolcht, kurz, auf alle möglichen Arten und Weisen getötet worden und habe ebensooft das Ereignis des Todes bis zur Bewußtlosigkeit durchgemacht. Ich bin mit dem Pferd, mit dem Rad gestürzt, mit oder ohne Pferd und Rad in Abgründe, Gletscherspalten und dergleichen kopfüber hineingeschleudert worden. Immer wieder habe ich erfahren, wie einem in dem Augenblick zumute ist, wo das Unglück eben geschieht und nicht mehr zu wenden ist. Es wäre ein Ding der Unmöglichkeit, auch nur einen Teil von diesem Erleben mit allen seinen minuziösen Einzelheiten darzustellen. Man hebt im Traum eine Hand voll Sand und hätte man die entsprechende, jahrelange Zeit, so könnte man seine Körner zählen, die einer ganz bestimmten Summe entsprechen würden.

Ich komme nun zu den andere betreffenden Todesfällen: Bevor mein Vater wirklich starb, wie oft habe ich, in Weinen aufgelöst, an seinem Totenbett, seinem Sarge, seinem Katafalk gestanden! Dasselbe geschah bei meiner Mutter, die heut noch lebt. Welche Menge schwerster Erfahrungen ringsherum, die mich wissend gemacht haben, bevor ich irgendeinen wirklichen Todesfall erfuhr, der dann keineswegs stärker, sondern milder wirkte.

Und dann, bevor die Liebe in mein Leben trat: wie viele Liebchen habe ich nicht in Träumen gehabt, so süß, zärtlich, gütig, jung und schön, daß der Abschied auf ewig, den ich von ihnen jedesmal beim Erwachen nehmen mußte, mir nicht leicht wurde! Es half nichts – so vollkommen war ihre Existenz –, mir zu sagen, daß ich mich in ein Geschöpf meiner eigenen Phantasie verliebt hätte, das ja schließlich, wenn auch im zerteilten Zustand, noch in mir sei. Es war mir, als wenn mich ein wirkliches Wesen besucht, geküßt, umarmt und hingebend geliebt hätte. Viele Tage, oft wochenlang, gingen mir diese Erscheinungen nach. Ich gedachte ihrer mit bitter schmerzender Wehmut und Entsagung. Dies alles geht über die enge menschliche Erfahrungsmöglichkeit bereits weit hinaus.

Nun aber hatte ich schon als Kind kosmische Träume, hatte eine Größenvorstellung, eine Größenempfindung, die eine noch so unsinnige Zahl der bekannten Weltraummessungen mir heut nicht mehr vermitteln kann. Später – da diese Träume mir noch heute wirklicher als jede erlebte Wirklichkeit vor der Seele stehen und mir noch immer die gleiche Größenvorstellung, die gleiche Empfindung ungeheurer Massenausdehnungen geben – glaubte ich zu dem Schlusse berechtigt zu sein, daß man, fünf- oder sechsjährig, den kosmischen Ursprüngen näher sei und die Erinnerung an sie noch unverhüllter bei sich trage. Nun also: in einer Zeit, wo mir noch die Welt mit dem allerengsten Horizont zu Ende war, ich einen Blick in den nächtlichen Himmel wohl kaum mit Bewußtsein getan habe, sah ich Weltkörper riesenhaftester Art in mir kreisen, die mir noch nach dem Erwachen Schreie des Entsetzens, Schreie des Staunens, Rufe der Bewunderung abnötigten.

So habe ich, lange bevor ich den Pizzo Centrale in Leinwandschuhen mühsam bestieg, im Traum auf unendlich höheren Bergen gestanden: damit verbunden ist meist ein Schwindelgefühl. Was ist überhaupt das Schwindelgefühl? Ist es nicht etwas, dem eine Realität entspricht und das wir um unserer Erhaltung willen überwunden haben? Der Mann, der über das Turmseil geht, hat es ebenfalls überwunden, sonst würde er auf das Pflaster hinabstürzen.

Und enthält nicht der Traum den unendlichen Raum und in ihm Myriaden von Welten, Myriaden von Göttern und Menschen, Dingen, von denen in der wirklichen Welt nichts sichtbar geworden ist? Darum ist der Traum keineswegs nur der Inbegriff aller Erfahrungen der Wirklichkeit, sondern unendlich viel mehr und etwas ganz anderes!

Nehmen wir nun die Oberfläche der Erde, soweit sie Landschaft zu nennen ist. Ich weiß ungefähr von den Landschaftstypen, die meinem offenen Auge im Leben vorgekommen sind, etwa: Schlesien, Gebirge und Ebene, Oder, Elbe, Teile von anderen großen Flußläufen, Städte, Blicke auf die Hochalpen, Ostseegebiete, Seereise um Europa herum. Wie mit einem Scheinwerfer vermag sie noch heute mein inneres Auge in einem fast zeitlosen Augenblick zu übergehen. Ich sehe Landschaften aller Art, von den Landschaften meiner Träume ist keine darunter. Bin ich selber in meinen Träumen der einzige Demiurg und Weltschöpfer? In gewissem Sinne, aber in einem weit höheren Sinne nur Medium. Andere Planeten, andere Weltzeitaugenblicke, andere Sphären sind es, aus denen meine Traumlandschaften hervorgegangen, in welche sie hineingeboren sind. Die mir bekannte Flora sehe ich wohl darin, aber in einem ganz anderen, fremden Lichte. Die rote Tulpe hat ein ganz anderes Rot, die Hyazinthe ein anderes Blau. Wenn mir

Anja oder Melitta in einer solchen Landschaft begegnen, so haben sie wohl mit ihren Urbildern eine mir unverkennbare Ähnlichkeit, sie sind aber nicht mehr Menschen, sondern Göttinnen. Und dementsprechend ist auch meine Empfindung süßer, heißer, und zwar von einem neuen Feuer, und selig geworden. Ich werde hier nicht diese Landschaften schildern, in denen meine ganze Seele, seelenhaft innig verbunden mit jedem Blatt, Wassertropfen, Sonnenstrahl, Grashalm oder Sandkorn, hängt: das abgenutzte Wort ‚paradiesisch' dafür einsetzen hieße ihr Wesen nicht verdeutlichen. Genug daß alle diese Landschaften meines Innern eine zweite, andere Erde ausmachen, auf deren heiligen und seligen Fluren – ein Geschenk meiner Träume – ich mich auch im Wachen ergehen kann. – Mein Leben fängt in den sechziger Jahren dieses Jahrhunderts an: wie kommt es, daß ich heut so alt wie die Menschheit zu sein glaube?! Das läppische nahe Datum hemmt mich nicht, ich gehe drei, vier, fünf Jahrtausende, Jahrmillionen in die Vergangenheit. Ich lasse die Diluvialperiode, die Bronze-, die Steinzeit, die Zeit des Pithekanthropos hinter mir, kurz, ich bin ‚so alt wie der Westerwald', und das alles aus Gnaden meines Traumlebens. Eine so ungeheure Welle wirft die nächtliche Traumwelt in die trockene Wüste des Lebens herauf und hinein, alles in Zauberprismen spiegelnd.

Aber der Traum enthüllt auch das Furchtbare. Schrecken, Schrecken ohne Ende, nie im Leben erlebt, dringen ein. Metzgereien, Zerschmetterungen, Totschläge, Folterkeller, Bergstürze, blutige Henker und Henkerwerkzeuge. Sie lassen mich Verbrechen begehen, Verbrechen hehlen. Ich muß mich verstecken, ich habe Häscher hinter mir. Ich werde überführt und zum Richtplatz geschleppt. Und wenn ich in Schweiß gebadet erwache, glaube ich dem schrecklichen Verhängnis eines früheren Lebens entflohen zu sein."

Nach dieser eindrucksvollen Betrachtung Hauptmanns, die in so vielen Einzelheiten bestätigt und in dichterischer, seherischer Sprache wiederholt, was ich in meiner Schrift dargelegt habe, soll als zweites Dichterzeugnis folgendes Gedicht Hermann Hesses[6] den Abschluß bilden, in dem in lyrischer Form eindringlich gezeigt wird, was das Träumen den Menschen bedeuten kann.

Die Nacht

Blume duftet im Tal,
Ferne Blume der Kindheit,
Die nur selten dem Träumer
Ihre verborgenen Kelche öffnet
Und das Innre, Abbild der Sonne, zeigt.
Auf den blauen Gebirgen
Wandelt die blinde Nacht,
Überm Schoß das dunkle Gewand gerafft,
Streut sie ziellos und lächelnd
Ihre Gaben, die Träume, aus.
Unten lagern, vom Tag verbrannt,
Schlafende Menschen;
Ihre Augen sind voller Traum,
Seufzend wenden viele das Antlitz
Hin nach der Blume der Kindheit,
Deren Duft sie zärtlich ins Dunkel lockt
Und dem väterlich strengen
Ruf des Tages tröstlich entfremdet.
Rast der Ermüdeten ist's,
In der Mutter Umarmung zurückzufliehn,
Die mit lässigen Händen
Über das Haar dem Träumenden streicht.
Kinder sind wir, rasch macht die Sonne uns müd,
Die uns doch Ziel und heilige Zukunft ist,
Und aufs neue an jedem Abend
Fallen wir klein in der Mutter Schoß,
Lallen Namen der Kindheit,

Tasten den Weg zu den Quellen zurück.
Auch der einsame Sucher,
Der den Flug der Sonne sich vorgesetzt,
Taumelt, auch er, um die Mitternacht
Rückwärts seiner fernen Herkunft entgegen.
Und der Schläfer, wenn ihn ein Angsttraum weckt,
Ahnt im Dunkeln mit irrer Seele
Zögernde Wahrheit:
Jeder Lauf, ob zur Sonne oder zur Nacht,
Führt zum Tode, führt zu neuer Geburt,
Deren Schmerzen die Seele scheut.
Aber alle gehen den Weg,
Alle sterben, alle werden geboren,
Denn die ewige Mutter
Gibt sie ewig dem Tag zurück.

Anmerkungen

I. Verzeichnis der in den Anmerkungen verwendeten Abkürzungen für häufig zitiertes Schrifttum

Bender = Hans Bender, Unser sechster Sinn, Rowohlt-Taschenbuch, Hamburg 1977.

Freud = Sigmund Freud, Die Traumdeutung, Fischer-Bücherei, Ungekürzte Ausgabe, Frankfurt 1961.

Gottschalk = Herbert Gottschalk, Reich der Träume, Kulturgeschichte, Erforschung, Deutung, Bertelsmann, Gütersloh, ohne Jahr.

Jung I = Carl Gustav Jung, Bewußtes und Unbewußtes, Fischer-Bücherei, Frankfurt, 1960.

Jung II = Carl Gustav Jung, Über psychische Energetik und das Wesen der Träume, Studienausgabe bei Walter, Olten, 2. Aufl. 1971.

Schaefer = Hans Schaefer, Universitas, 1979, Heft 7, S. 707.

Schur = Max Schur, Sigmund Freud, Leben und Sterben, Suhrkamp, Frankfurt, Sonderausgabe 1977.

Siebenthal = W. v. Siebenthal, Die Wissenschaft vom Traum, Springer, Berlin 1953.

II. Anmerkungen zur Einleitung und den einzelnen Kapiteln

Einleitung

1. Freud S. 91, Anm. 1 2. Gottschalk S. 138 3. Siebenthal S. 189 4. Freud S. 494 5. Vgl. Gottschalk S. 200 ff. 6. Freud S. 85 7. Jung II S. 98 8. Freud S. 13 9. Freud S. 17 10. Freud S. 7, 9

1. Kapitel

1. Vgl. Sante de Sanctis bei Gottschalk S. 318 2. Siebenthal S. 203 3. Bossard bei Gottschalk S. 343 4. Freud S. 53 5. Vgl. Siebenthal S. 244; Schaefer S. 714 6. 5. Kap. am Ende 7. Siebenthal S. 313 f. 8. Siebenthal S. 158 9. Gottschalk S. 90 10. Laurence Cherry in Welt am Sonntag v. 17. 7. 1977, S. 27 11. bei Siebenthal S. 198 12. S. 181 13. Eingehende Darstellung bei Siebenthal S. 160 ff. 14. S. 477 15. Siebenthal S. 165 16. Siebenthal S. 203 17. Bender S. 9 18. Vgl. Freud S. 37, 51; Siebenthal S. 94, 156, 246, 251 19. Siebenthal S. 309 20. Siebenthal aaO.; ferner S. 180, 183; Schaefer S. 708; Freud S. 375, der allerdings S. 381 f. behauptet, daß die Traumzensur zu einer Affektverarmung und -hemmung führe 21. Vgl. Freud S. 398; Siebenthal S. 307 22. S. 202 23. Freud S. 261 meint freilich, die „komplizierten Geistesoperationen im Traum" seien nur Traummaterial, nicht Darstellung intellektueller Arbeit im Traum. Das hängt mit seiner eigenwilligen Hypothese der Traumentstehung zusammen; vgl. 14. Kap. 24. S. 261 f., 264 f.; abgeschwächt S. 281 25. S. 341 26. Freud S. 337; 342 27. S. 266 28. Zitiert nach Gottschalk S. 216

2. Kapitel

1. Schaefer S. 713; Gottschalk S. 84 2. S. 713 3. S. 217 4. S. 713 5. Bei Siebenthal S. 79 6. Ich verweise dazu auf die Darstellungen bei Jung I S. 145, Jung II S. 55, 61, 63, 108 f., 178; sowie Gottschalk S. 105 ff. 7. Lévy-Brühl bei Gottschalk S. 106 f. 8. Gottschalk aaO. 9. aaO. S. 121 10. aaO. S. 110 11. aaO. S. 132, 95 (Frobenius) 12. Bei Gottschalk S. 107 f. 13. Der Mensch, seine Natur und seine Stellung in der Welt, 7. Aufl. 1962, S. 131 ff. 14. Vgl. Freud S. 30 ff. 15. Freud S. 30 ff., 189 ff. 16. Jung II S. 143 17. Vgl. Freud S. 189 18. Bei Freud S. 35 19. Siebenthal S. 198 20. aaO. S. 160 21. aaO. S. 198 22. F. W. Hildebrandt, der Traum und seine Verwertung fürs Leben, 1875 S. 37 23. Freud S. 34 24. Statistics of dreams, Amer. J. of Psychology, V. 1893 25. Freud S. 189 26. Bei Gottschalk S. 210 27. Freud S. 303 f. 28. Siebenthal S. 63

29. S. 708 30. S. 437 31. S. 430 32. Jung II (S. 15) 33. Bei Gottschalk S. 351 34. Bei Gottschalk S. 349 ff.; Bender S. 43 ff.; Diagramm der Schlafphasen dort S. 46 35. Gottschalk S. 351 36. Schaefer S. 710 37. Schaefer S. 712 38. R. A. Scherner, Das Leben des Traumes, 1861; bei Freud S. 445 39. Jung II S. 123 40. S. 196 f. 41. Siebenthal S. 196 42. Freud S. 111 43. Nach Freud S. 81 aber auch, den Träumer an schäumendes Wasser führen 44. Siebenthal S. 190 f. 45. Gottschalk S. 309 46. Versuch über Geistersehen und was damit zusammenhängt, Parerga und Paralipomena; bei Gottschalk S. 251 47. S. 710 bzw. 713 48. Gottschalk S. 351 49. S. 283 50. S. 425 51. S. 421 52. S. 420, 424, 429 53. S. 48 54. Gottschalk S. 353 55. aaO. S. 355 56. S. 49, 421 57. S. 709 58. Vor dem Spiegel, Luchterhand 1978, S. 173 59. Bei Gottschalk S. 355 60. So auch Dement bei Gottschalk S. 352

3. Kapitel

1. Siebenthal S. 160 ff., 201 2. aaO. S. 161, 269 3. Tabelle bei Siebenthal S. 160 4. Siebenthal S. 162 5. Vgl. Siebenthal S. 209 ff., 313 6. Bei Siebenthal S. 161 7. S. 162 8. Wilhelm Meisters Wanderjahre; aus Makariens Archiv 9. Bjerre bei Gottschalk S. 368 10. Siebenthal S. 309 f. 11. Vgl. Gottschalk S. 225 ff. 12. Jung II S. 108 13. Bei Gottschalk S. 43 f. 14. Siebenthal S. 289 f. 15. Freud S. 261 16. Siebenthal S. 123 17. Fragment Nr. 308 18. Fechner bei Freud S. 437 19. S. 436 20. Bei Gottschalk S. 340 21. Siebenthal S. 281 22. Freud S. 264 23. Siebenthal S. 228 24. S. 264 25. Siebenthal S. 269 f. 26. Freud S. 485 27. aaO. S. 249 28. Hoche bei Siebenthal S. 219 29. Siebenthal S. 151, 223 30. Bei Gottschalk S. 252 31. Bei Freud S. 56 32. Bei Freud S. 73 f. 33. Siebenthal S. 307 34. aaO. S. 203 35. Jung II S. 161 f. 36. aaO. S. 160 f. 37. Siebenthal S. 227 38. S. 274 39. Siebenthal S. 231 40. Vgl. Freud S. 105 41. S. 207 42. S. 708 43. Freud S. 246 44. S. 205 45. Freud S. 155, 255 ff., 273, 284 46. S. 259 f., 266, 306 47. Welt am Sonntag v. 13. 7. 1977, S. 27 48. Siebenthal S. 261 49. aaO. S. 175 50. S. 260 f. 51. Gerhart Hauptmann, Die großen Beichten, Berlin 1966, S. 291 ff.

4. Kapitel

1. Bei Gottschalk S. 251 2. aaO. S. 345 3. Jung II S. 180 4. Siebenthal S. 266 5. aaO. S. 73 6. Jung II S. 129 7. S. 232 8. Bei Gottschalk S. 258 9. Gottschalk S. 111, 113 10. Jung II S. 81 11. aaO. S. 88 12. aaO. S. 88 f., 181 13. Bei Siebenthal S. 129 f. 14. S. 444 15. Siebenthal S. 191, 231 16. Bei Gottschalk S. 306 17. Frankfurter Allgemeine Zeitung vom 16. 5. 1980

5. Kapitel

1. S. 252, 239 f., 109 2. Bei Gottschalk S. 341 3. Bei Siebenthal S. 428 4. Morgenröte II 1, 2 5. Jung II S. 180 6. S. 240 7. S. 238 8. aaO 9. Fragment Nr. 216 10. Bei Siebenthal S. 29 11. Jung II S. 45 f. 12. Bei Siebenthal S. 270 13. Nähere Darstellung im 7. Kap. 14. Siebenthal S. 309 15. Siebenthal S. 67, 76 16. Siebenthal S. 68 17. Vgl. Siebenthal S. 420 18. S. 64 19. Zum Vorstehenden Siebenthal S. 78, 80, 129 20. Beraschoth 55 b; bei Siebenthal S. 70 21. Bei Freud S. 64 22. Bei Freud S. 68 Anm. 23. Bei Freud S. 70 24. Bei Siebenthal S. 80 25. Bei Freud S. 70 26. Bekenntnisse X, 30; zit. nach Auswahl Bernhart, Kröner 1947, S. 182 f. 27. S. 289 28. Bei Siebenthal S. 289 29. Hildebrandt bei Freud S. 65 30. Gerhart Hauptmann, aaO. 4. Kap. Anm. 51, S. 919 31. S. 226 32. S. 255 33. Bei Freud S. 53 34. Jung II S. 97 35. Siebenthal S. 223 36. Jung II S. 46 37. Schaefer S. 714 38. Nach Gottschalk (Stekel) S. 290 39. Bei Gottschalk S. 129 40. Siebenthal S. 193; Freud S. 399 41. S. 399 42. Siebenthal S. 243 43. S. 465 44. Siebenthal S. 78 Anm. 1; der Traum ist im 9. Kapitel näher geschildert.

6. Kapitel

1. Siebenthal S. 126 2. Jung II S. 89 3. aaO. S. 88 f. unter Hinweis auf Janet und Prince 4. Gottschalk S. 18 5. Freud S. 20 ff. 6. Siebenthal S. 284 7. Bei Siebenthal S. 102 8. Freud S. 159

9. Siebenthal S. 24, 164 10. Freud S. 165 11. Bei Gottschalk S. 36 12. Freud S. 497 f. 13. Bei Siebenthal S. 135 14. Alle und noch weitere Beispiele bei Siebenthal S. 134 15. Ausgabe des Hartfried Voss-Verlages, 1972, S. 32 16. S. 498 17. Siebenthal S. 128 18. aaO. S. 231 19. aaO. S. 135 20. Bei Siebenthal S. 79 f. 21. aaO. S. 130 22. Bei Gottschalk S. 252 23. Bei Siebenthal S. 127 f. 24. aaO. S. 130 25. Bei Gottschalk S. 240 26. Bei Freud S. 61 27. Bei Siebenthal S. 130 28. S. 332 29. Freud S. 378 f. 30. Bei Gottschalk S. 245 f. 31. Siebenthal S. 269 32. Schlaf und Traum, 1928, S. 148 33. Siebenthal S. 285 34. Über Sprachstörungen im Traum, 1910 35. Beispiele bei Siebenthal S. 220.

7. Kapitel

1. Bei Siebenthal S. 63 2. S. 20 3. S. 97 4. S. 99 5. Bei Gottschalk S. 346 6. aaO. S. 153 7. Bei Siebenthal S. 120 8. aaO. 9. Schur S. 95, 105, 111 ff., 169 f., 177, 191, 204 f., 213, 252, 405, 407 10. Freud S. 98 11. Bei Gottschalk S. 300 12. aaO. S. 263 13. Jung I S. 26, 46 f. 14. Bei Gottschalk S. 306 15. Vgl. im einzelnen Siebenthal S. 254 16. Freud S. 145, 195 17. S. 254 18. Siebenthal S. 417 19. aaO. S. 316 20. Vgl. Jung I S. 81; Gottschalk S. 297 21. S. 20 Anm. 1 22. Freud S. 423 mit Anm. 1 23. Fragmente Nr. 93, 97; Siebenthal S. 110 24. Bei Gottschalk S. 268 25. Jung II S. 168 26. Jung I S. 12 27. Jung II S. 19 28. Jung I S. 161 29. aaO. S. 12 30. Jung II S. 172 31. Jung I S. 12 32. Jung II S. 168 33. aaO. S. 169 34. aaO. S. 157 35. aaO. S. 159 36. Jung I S. 37, 43 37. aaO. S. 49, 62, 70 38. Vgl. Keyserling bei Gottschalk S. 264 39. Vgl. Siebenthal S. 110 40. Siebenthal S. 117 f. 41. Gottschalk S. 86 mit Zeichnung 42. F. Alverdes, Die Wirksamkeit von Archetypen in den Instinkthandlungen der Tiere, 1937 43. Bei Gottschalk S. 222 44. Jung II S. 157 45. S. 382 46. Jung I S. 44 f. 47. Ein Sanskritterminus, der „Kreis" bedeutet und von Jung als Zentralsymbol des kollektiven Unbewußten verstanden wird; Jung I S. 161 48. Jung I S. 45 f. 49. Gerhart Hauptmann, aaO., 4. Kap. Anm. 51, S. 275 50. Klementine Lipfert, Symbolfibel, 3. Aufl., 1961, S. 26

51. S. 110ff. 52. Jung II S. 172 53. Bei Gottschalk S. 341 54. aaO. S. 345 55. aaO. S. 345 f. 56. aaO. S. 343 57. Universitas 1979, S. 1282 58. Jung I S. 100 59. Gottschalk S. 85 f. 60. Siebenthal S. 113 61. Jung I S. 50 62. Jung II S. 185 mit Anm. 6 63. aaO. S. 169 Anm. 8 64. Siebenthal S. 57 65. aaO. S. 61 66. 1. Mose 40 67. Siebenthal S. 57; Gottschalk S. 162 68. Gottschalk S. 154 69. Siebenthal S. 59 70. Gottschalk S. 157 71. Jung I S. 61; Gottschalk S. 137, 148 72. Bei Siebenthal S. 58 73. Bei Gottschalk S. 156; Siebenthal S. 66 74. Odyssee Buch XIX, Verse 562 ff. 75. Bei Siebenthal S. 80 76. Gottschalk S. 214. Eine etwas abweichende Schilderung bei Bender S. 17 77. S. 17 78. 1787, Bd. V S. 103 79. Bei Siebenthal S. 454 80. Werke in 3 Bänden, Hanser München 1956, 3. Bd. S. 17 81. Bei Gottschalk S. 271 82. S. 16 f. 83. S. 57 ff. 84. Bei Siebenthal S. 452 85. S. 453 ff. 86. Vgl. Bender S. 43, 56 87. S. 504 88. Schur S. 300 89. aaO. S. 635 90. Jung II S. 124 91. Beispiele bei ihm S. 52 ff., deren Deutung als Wahrträume sehr problematisch erscheint. 92. S. 52 93. S. 41

8. Kapitel

1. Freud S. 478 2. S. 449 3. So z. B. S. 451, 479 4. Jung II S. 147 5. Bei Siebenthal S. 427 6. Beiträge zur systematischen Traumbeobachtung in Archiv f. Psychologie 1912, S. 482 7. Siebenthal S. 422 mit weiteren Nachweisen 8. S. 58 9. S. 47 ff. 10. 5. Kap. Anm. 27; vgl. auch Gottschalk S. 58 11. Gottschalk S. 146 12. Vgl. oben 4. Kap. Anm. 10 und 11 13. S. 199 ff. 14. Jung II S. 113 15. Vgl. Freud S. 203 Anm. 1

9. Kapitel

1. Bei Siebenthal S. 420 2. E. R. Jaensch bei Gottschalk S. 23 3. S. 448 4. Frobenius bei Gottschalk S. 95 5. Frankfurter Allgemeine Zeitung v. 28. 12. 1979, S. 21 6. Inwieweit das philosophisch zutrifft, braucht hier nicht geprüft zu werden. 7. Bei Sie-

benthal S. 120 8. Bei Gottschalk S. 150 9. Beraschoth 55 b; bei Siebenthal S. 70 10. S. 126 11. S. 426 12. Bei Gottschalk S. 329 13. Jung II S. 126 14. S. 425 15. Bei Siebenthal S. 396 16. Bei Gottschalk S. 206 17. Stekel bei Siebenthal S. 421 18. Vgl. Siebenthal S. 449 19. Jung II S. 97 20. Berlin 1928, S. 401 21. Hör-Zu, Datum nicht mehr feststellbar. 22. S. 245 23. S. 381 24. Bei Siebenthal S. 130 25. Fragment 93 26. Gottschalk S. 124; vgl. auch Siebenthal S. 429 27. S. 63 28. Oben Anm. 3 29. S. 128 30. Frankfurter Allgemeine Zeitung v. 5. 1. 1980 in Frankfurter Anthologie 31. Jung II S. 178 32. Bei Gottschalk S. 257 33. Freud S. 26 34. Alles bei Freud S. 352 f. 35. Bei Siebenthal S. 130 36. Oben 5. Kap. Anm. 26; S. 80 37. Freud S. 480; Jung II S. 105, 111, 154; Siebenthal S. 267, 270 38. Bei Gottschalk S. 202 39. Bei Freud S. 17 40. Siebenthal S. 269 f. 41. Siebenthal S. 192; Gottschalk S. 240, 69 42. Jung II S. 116 f. 43. Siebenthal S. 284 44. aaO. S. 417 45. Freud S. 480 im Anschluß an Robert 46. Bei Siebenthal S. 271 47. Siebenthal S. 417 48. Vgl. auch Freud S. 398; Siebenthal S. 291; Gottschalk S. 262, 376 49. Jung II S. 155 f. 50. Bei Siebenthal S. 430 f. 51. Bei Gottschalk S. 336 52. Frankfurter Allgemeine Zeitung v. 20. 11. 1979; Meridiane der Hoffnung, Limes-Verlag 1979 53. Bei Siebenthal S. 428 54. Jung I S. 30 55. aaO. S. 83 56. Jung II S. 46 57. S. 309 58. 2. Fernsehen, Gesundheitsmagazin Praxis am 26. 9. 1977 59. S. 302 60. Jung II S. 122 f. 61. Vgl. M. Ullmann bei Gottschalk S. 353 62. Jung II S. 120 63. aaO. S. 117 64. Zum Vorstehenden Gottschalk S. 352; Schaefer S. 713 65. Bei Freud S. 75 66. Gottschalk S. 57 67. Bei Siebenthal S. 425 68. Siebenthal S. 67, 133 69. Gottschalk S. 351 70. Siebenthal S. 170 71. Jung II S. 117 72. S. 429 73. Bei Siebenthal S. 430 74. Welt am Sonntag, 13. 4. 1980, Magazin S. 4

10. Kapitel

1. W. Spies in Frankfurter Allgemeine Zeitung v. 19. 1. 1980 2. Abgedruckt in Frankfurter Allgemeine Zeitung v. 17. 11. 1979 3. Frankfurter Allgemeine Zeitung v. 6. 10. 1979 4. Bei Gottschalk

S. 279 5. Bei Siebenthal S. 430 6. Freud S. 284 7. Jung I S. 46 f. 8. Jung II S. 105 9. aaO. S. 160 10. Siebenthal S. 368; Gottschalk S. 66 f. 11. Freud S. 318 12. Bei Siebenthal S. 368 13. Jung II S. 152 14. Siebenthal S. 324 ff., 391 15. Freud S. 291 16. aaO. S. 292 17. aaO. S. 293, 298 18. aaO. S. 296 19. aaO. S. 293 ff. 20. aaO. S. 299 21. Siebenthal S. 390 f. 22. aaO. S. 369 23. Freud S. 230 f., 324 f. 24. Nachweise für die verschiedenen Deutungen bei Siebenthal S. 383 ff. 25. Siebenthal S. 385 ff. 26. Bei Siebenthal S. 385 27. aaO. S. 370 ff. 28. Freud S. 206 ff. 29. Gottschalk S. 72 im Anschluß an Jung 30. Freud S. 232 f. 31. aaO. S. 232 32. aaO. S. 233 33. aaO. 34. aaO. 35. Bei Siebenthal S. 388 36. Freud S. 334 37. Bei Siebenthal S. 415 38. Freud S. 379 ff., 446 39. Bei Gottschalk S. 341

11. Kapitel

1. Z. B. S. 412 ff., 434 2. S. 408 3. S. 400 4. S. 239 5. S. 234 6. S. 412 7. S. 269 8. Vgl. S. 488, 492 9. S. 141 10. S. 434 11. S. 463 12. S. 195 13. S. 450 14. S. 451 15. S. 462 16. S. 122 ff., 128 f. 17. S. 434, 402, 412 f. 18. S. 145 19. S. 452 20. S. 458 21. S. 199 22. S. 200 23. Siebenthal S. 393 24. Freud S. 459 25. S. 7 26. S. 96 27. Gottschalk S. 103 28. Bei Freud S. 309 29. So S. 486, 492 f. 30. S. 96 31. Siebenthal S. 406 32. S. 364 33. S. 435 34. S. 159 35. Jung II S. 122 f. 36. Frankfurter Allgemeine Zeitung v. 20. 10. 1979, S. 8 37. Bei Siebenthal S. 401 38. S. 448 39. S. 450 40. aaO. 41. S. 396 42. Vgl. 9. Kap. Anm. 58 43. Das Vorstehende nach Roffenstein, Z. Neur. 1923, S. 362; vgl. dazu Siebenthal S. 378; Freud S. 317 44. S. 411 45. S. 160 ff., 274, 335, 339 ff., 415 ff. 46. Freud S. 312 47. Gedanken und Erinnerungen, Bd. II, mitgeteilt bei Freud S. 312 f. 48. In Anführungszeichen gesetzte Stellen sind, wenn nichts anderes vermerkt, Zitate aus der Analyse von Sachs.

12. Kapitel

1. S. 400 2. S. 400 ff. 3. Bei Siebenthal S. 401 4. Bei Gottschalk S. 340 5. aaO. S. 321 f. 6. S. 472 Anm. I 7. S. 453 f. 8. S. 453 9. S. 388 10. S. 454 11. S. 389 Anm. I 12. S. 454 13. S. 142 14. S. 474 15. S. 201 16. S. 474 17. Welt am Sonntag v. 17. 9. 1978 S. 39 18. Gerhart Hauptmann, aaO., 4. Kap., Anm. 51, S. 451 19. S. 376 20. aaO. 21. S. 378 f. 22. So S. 445, 447, 451, 462, 479, 486, 490 23. S. 134 24. S. 228 ff. 25. S. 230 26. S. 123 ff. 27. S. 98 ff., 109

13. Kapitel

1. S. 413 2. S. 343 3. S. 335 4. S. 284 5. S. 286 6. S. 371 7. S. 427 8. S. 257 9. S. 367 10. S. 292 11. S. 265 12. S. 258 13. aaO. 14. S. 399 15. S. 467 16. S. 468; Hervorhebung von mir. 17. S. 492 Anm. I; Hervorhebung von mir. 18. S. 258 19. Vgl. Siebenthal S. 409 ff. 20. Arnold Gehlen, Der Mensch, 7. Aufl. 1962, S. 394 ff. 21. Siebenthal S. 410 22. Schur S. 336 23. Siebenthal S. 411 24. S. 224 Anm. 1 25. S. 211 26. S. 213 27. S. 217 28. aaO. 29. S. 218 30. S. 219 31. Gehlen aaO. Anm. 20, S. 31 ff., 45 32. S. 412 ff. 33. S. 407 34. S. 408 35. S. 235 bis 255 oben 36. S. 255 unten bis 259 oben 37. S. 257 38. Römer I, 26 bis 28 39. Römer VII, 25 40. Korinther VII, 1 41. Vgl. Siebenthal S. 369 42. Auch die zum Teil Freud zustimmende Darstellung Siebenthals beruft sich immer wieder auf Neurotiker; so S. 411 f., 414. 43. Frankfurter Allgemeine Zeitung v. 20. 3. 1980, S. 27 44. Vgl. Siebenthal S. 410 45. Siebenthal S. 417

14. Kapitel

1. Schur S. 237 2. S. 469 3. S. 480 4. S. 482 5. S. 437 ff. 6. S. 439 7. S. 440 8. S. 440 f. 9. Vgl. dazu etwa Schepank, Universitas 1979, S. 1279; Seitelberger aaO. 1980, S. 39

10. S. 449 11. aaO. 12. S. 466 f. 13. S. 468 14. aaO. 15. S. 469 16. S. 482 17. S. 442 18. aaO. 19. S. 443 20. S. 492 21. S. 469 22. S. 278 23. S. 276 24. aaO. 25. S. 236; vgl. auch S. 429 ff. 26. S. 406

15. Kapitel

1. S. 139 Anm. 2; S. 327; vgl. auch Siebenthal S. 294 2. S. 296 3. S. 327 4. S. 297 5. Jung II S. 28 6. Jung II S. 40 7. S. 307 8. S. 198 9. S. 330 10. S. 383 11. Z. B. von Giese, Der homosexuelle Mann in der Welt, 2. Aufl. 1964 12. Freud S. 390 13. S. 142 unten 14. S. 494 15. Jung II S. 64 16. Jung II S. 70 17. aaO. Anm. 20 zum 13. Kap., S. 328 18. Bei Siebenthal S. 295 19. aaO. Anm. 17 S. 330 20. Jung I S. 158 21. aaO. S. 160 22. Jung II S. 11 ff., 106 23. Schur S. 267 24. Universitas 1980, S. 194 25. Brief an C. G. Jung v. 16. 4. 1909, bei Schur S. 278 f. 26. S. 407 27. Bei Schur S. 259, 263 28. Jung II S. 11 ff. 29. Jung II S. 72 30. Jung II S. 63 f. 31. Jung II S. 99 f., 106 32. Jung II, Vorwort zur 1. Aufl. 33. Jung II, Vorwort zur 2. Aufl.

16. Kapitel

1. Bei Gottschalk S. 296 2. aaO. S. 279 3. aaO. S. 278 4. aaO. S. 289 5. Nach Gottschalk S. 128 f. und Debon/Speiser, Chinesische Geisteswelt, 1957 6. Stufen, Ausgewählte Gedichte; Bibliothek Suhrkamp, 1970/77. S. 100